AF742556

www.ingramcontent.com/pod-product-compliance
Lightning Source LLC
LaVergne TN
LVHW010931051026
849532LV00003B/947
9789358720013

ادبیات و شخصیات

(علمی و ادبی شخصیات کے خاکے)

مصنف:

ڈاکٹر فرمان فتح پوری

Adbiyaat-o-Shakhsiyaat *(Khaake)*
by: Dr. Farman Fatehpuri
Edition: July '2023
Publisher & Printer:
Taemeer Publications LLC (Michigan, USA / Hyderabad, India)

ISBN 978-93-5872-001-3

کتاب	:	**ادبیات و شخصیات (خاکے)**
مصنف	:	**ڈاکٹر فرمان فتح پوری**
صنف	:	تحقیق و تنقید
ناشر	:	تعمیر پبلی کیشنز (حیدرآباد، انڈیا)
زیر اہتمام	:	تعمیر ویب ڈیولپمنٹ، حیدرآباد
سالِ اشاعت	:	۲۰۲۳ء
تعداد	:	(پرنٹ آن ڈیمانڈ)
طابع	:	تعمیر پبلی کیشنز، حیدرآباد - ۲۴
صفحات	:	۱۹۴
سرورق ڈیزائن	:	تعمیر ویب ڈیزائن

انتساب

عمر میں چھوٹے

صلاحیتوں میں بڑے

عزیز مکرّم پروفیسر ڈاکٹر سید معین الرّحمٰن کے نام

جن کی سیرت و تحریر میں

ان بزرگوں کے آثار و نشانات نظر آتے ہیں

جن کا ذکر میں نے

"ادبیّات و شخصیات" کے صفحات میں

کیا ہے

فرمان فتح پوری

فہرست مضامین

(۷) ڈاکٹر سلیم الزماں صدیقی

* سائنس داں * مصوّر * شاعر * مشرقی روایات کے ترجمان

(۸) پروفیسر حمید احمد خاں

* پیکر علم و عمل * نکتہ رس * نسخۂ حمیدیہ کا مرتب * غالب شناس

(۹) پروفیسر مجنوں گورکھپوری

* افسانہ نویس * نقّاد * عالمِ زبان * رفیقِ نیاز و نگار

(۱۰) پروفیسر سید عابد علی عابد

* شاعر * معلّم * زبان داں * مشرقی شعریات کا نبّاض

(۱۱) ڈاکٹر محمود حسین خاں

* مورّخ * ماہرِ تعلیم * قدر دانِ علم و ادب * مشرقی اقدار کا پاسدار

(۱۲) ڈاکٹر اختر حسین رائے پوری

* بلغت زبان * افسانہ نگار * ناقد * ترقی پسند ادب کا محرکِ اوّل

کتاب سے پہلے

"ادبیات و شخصیات" میں، جیسا کہ اس عنوان سے ظاہر ہے چند ایسی اہم و عظیم شخصیات کے سوانح اور علمی و ادبی خدمات کو موضوعِ گفتگو بنایا گیا ہے، جنہوں نے اردو کے تعلیمی و ادبی، علمی و فکری اور ثقافتی و تہذیبی افق پر لازوال نشانات، یادگار چھوڑے ہیں، ان کی زندگی اور ان کے چھوڑے ہوئے قلمی سرمایہ نے بیسویں صدی کے اردو ادب اور ادیبوں پر بہت گہرا اثر ڈالا ہے اتنا گہرا، کہ آج ہم، اردو زبان و ادب کے خواہ کسی پہلو پر بھی، قلم اٹھائیں یا بحث کریں، کسی نہ کسی نہج سے، ان شخصیات کا تذکرہ ناگزیر ہو جائے گا۔ ان کی رہنمائیاں وقتی نہیں دائمی ہیں اور ان کے فیضان سے صرف، ہم اور آپ نہیں بلکہ آئندہ نسلیں بھی تادیر مستفیض ہوتی رہیں گی

"ادبیات و شخصیات" کی ساری تحریریں تحقیقی و تنقیدی نوعیت کی ہیں۔ پھر بھی مجھے یہ کہنے میں عار نہیں کہ ان کی نوعیت، معروضی سے زیادہ موضوعی اور تاثراتی ہے، یوں بھی میرے زاویہ نظر سے ادب سے متعلق کوئی تحریر، صد فی صد معروضی نہیں ہو سکتی۔ البتہ تاثراتی تحریروں کے لیے ضروری ہے کہ وہ حقائق سے اپنا رشتہ جوڑے رکھیں اور ایسی مبالغہ آرائیوں سے اپنے دامن کو آلودہ نہ کریں جو، ادب اور ادبی شخصیات، دونوں کو مجروح کرتی ہیں۔ اس کتاب کی تحریریں، اسی نوعیت کی ہیں ان میں جو کچھ کہا گیا ہے، سچ کہا گیا ہے، وہی کہا گیا ہے جو کچھ دیکھا اور سنا گیا ہے اور وہی لکھا گیا ہے جو کچھ حقیقتاً محسوس کیا گیا ہے۔

اس کتاب کے مضامین کی ایک نمایاں خصوصیت یہ ہے کہ ان میں مذکور شخصیات میں سے ہر ایک کا قد و قامت، بہ اعتبار فکر و نظر، اور علم و فن اتنا بڑا ہے کہ میں ان کی ہمسری و ہم عصری کا تصور بھی نہیں کر سکتا۔ عمر میں بھی یہ سب، مجھ سے اتنے بڑے تھے کہ میرا شمار، ان کے بعد کی دوسری، تیسری نسل میں، ہونا چاہیے پھر بھی یہ بات میرے لیے محض یادگار نہیں بلکہ باعث مسرت و افتخار ہے کہ ان میں سے ہر

ایک کو میں نے دیکھا ہے، ہر ایک سے ملا ہوں، ہر ایک سے باتیں کی ہیں، ہر ایک کی باتیں اپنے کانوں سے سنی ہیں، ہر ایک سے میرے نیاز مندانہ روابط رہے ہیں اور ہر ایک نے صرف میرے ذہن پر ہی نہیں بلکہ میری عمر کے سارے ذہنوں پر، زبان و ادب، تعلیم و تاریخ، ثقافت و تہذیب اور علم و فن کے حوالے سے بہت گہرے نقوش یادگار چھوڑے ہیں اتنے گہرے کہ اگر ہم انہیں بھلانا بھی چاہیں تو بھلا نہیں سکتے۔

مولوی عبدالحق، اردو زبان کے جاں باز سپاہی، اور کلاسیکی ادب کے بلند پایہ مدون و محقق کے رشتے سے، مولانا حسرت موہانی اپنی سیرت و کردار کی پختگی، حق گوئی و بے باکی اور اُردو غزل میں تہذیب رسم عاشقی کو معتبر بنانے کے حوالے سے، علامہ نیاز فتح پوری، حریت فکر و آزادی قلم کے علمبردار ہونے کی حیثیت سے، مولانا حامد حسن قادری ماہر فن تاریخ گوئی اور داستان تاریخ نثر اردو کے مصنف ہونے کے توسط سے، ڈاکٹر سلیم الزماں صدیقی سائنس اور سائنسی ایجادات میں مشرق کا نام اونچا کرنے کے حوالے سے، پروفیسر حمید احمد خاں تعلیم و ادب کے رشتے سے، پروفیسر مجنوں گورکھپوری اور ڈاکٹر اختر حسین رائے پوری جدید تنقید و ترقی پسند تحریک کے حوالے سے، سید عابد علی عابد مشرقی شعریات کی تفہیم و تنقید کی نسبت سے اور ڈاکٹر محمود حسین مشرقی تہذیب و روایات کے امین اور ماہر تاریخ و تعلیم کی حیثیت سے، نہ صرف یہ کہ ہماری نگاہوں میں معزز و محترم ہیں بلکہ اپنے اپنے میدانوں میں نہایت ممتاز و منفرد مقام کے مالک ہیں اور پاکستان کے باہر کی دنیا میں بھی پہچانے جاتے ہیں۔

یہ وہ لوگ ہیں جنہوں نے سر سید احمد خاں، مولانا حالی، مولانا شبلی، ڈپٹی نذیر احمد، مولوی چراغ علی اور محمد حسین آزاد وغیرہ جیسے جید علمائے علم و ادب کی آنکھیں دیکھی ہیں، براہ راست ان سے کسب فیض کیا ہے اور زبان و ادب کے حوالے سے ان کے حقیقی وارث و جانشین کہلانے کے مستحق ہیں۔

"ادبیات و شخصیات" کے مضامین، جو اس وقت قارئین کے پیش نظر ہیں وقتاً فوقتاً لکھے گئے ہیں۔ اس لیے ان میں کہیں کہیں پیوند کاری اور شتر گربگی کے نشانات بھی ملیں گے۔ ان نشانات کو دور کرنے کے لیے، ان مضامین پر از سر نو ایک نگاہ ڈالی گئی ہے۔ حک و اصلاح اور ضروری ترمیم و اضافہ کے ذریعے انہیں تازہ کاری سے ہم

کنار کرنے کی کوشش کی گئی ہے۔ ویسے بھی، یہ مضامین ہمیشہ تازہ بہ تازہ شمار کیے جائیں گے، اس لیے کہ ان میں جو کچھ کہا گیا ہے اور جن شخصیات کے بارے میں کہا گیا ہے وہ سب کے سب اتنی معزز و موقر اور مستند و مستحکم ہیں کہ میرے ہم عصروں ہی کو نہیں، بلکہ میرے بعد کی نسلوں کو بھی اپنی ذہنی و فکری بقا و ارتقا کیلئے اور اپنی تہذیبی و ثقافتی اور تعلیمی اور تہذیبی ورثے کے تحفظ کیلئے، ان کو پڑھنا پڑے گا اور ان کے خیالات و افکار سے خود کو ہم رشتہ رکھنا ہوگا۔

"ادبیات و شخصیات" میں شامل مضامین کی ایک بہت نمایاں خصوصیت یہ ہے کہ ان میں، جن شخصیات کا ذکر آیا ہے وہ اپنی سیرت کی پختگی، کردار کی استقامت، علم و فضل کی وسعت، ملک و ملت سے وابستگی اور اپنی تہذیبی تاریخ سے غیر معمولی لگاؤ کی بنا پر حد درجہ متنوع ہیں۔ اس تنوع کے سبب کتاب کے موضوعات یک رخے نہیں رہے بلکہ اپنی رنگا رنگی کے سبب ہماری زندگی کے بیشتر شعبوں پر محیط ہو گئے ہیں۔

اگرچہ یہ کتاب صرف چند افراد کے تذکرے پر مبنی ہے پھر بھی چونکہ یہ سب مختلف علوم و فنون کے نباض ہیں اور اپنے اپنے شعبوں میں انفرادیت کے مالک ہیں اس لیے صاحبان ذوق میں سے اکثر کے لیے کشش و دلچسپی کا بھرپور سامان رکھتے ہیں۔ ان شخصیات میں محقق ہیں، نقاد ہیں، صاحب طرز ادیب ہیں، زبان کے عالم ہیں، شاعر ہیں، مورخ ہیں، ماہرِ تعلیم ہیں اور مشرقی اقدار کے پاسدار و علمبردار ہیں۔ ان کی خدمات اور کارنامے معمولی نہیں غیر معمولی ہیں اور ہم ان کی جتنی بھی قدر افزائی کریں کم ہیں۔

میں اس کتاب کی آخری پروف ریڈنگ اور طباعت و اشاعت کے سلسلے میں تہہِ دل سے شکر گذار ہوں محبی پروفیسر ڈاکٹر احسان الحق کا، جن کے لطفِ خاص سے سارے مرحلے بہت تیزی و آسانی سے طے پا گئے۔

فرمان فتح پوری

۶ ستمبر ۱۹۹۲ء

مولوی عبدالحق

(۱۸۷۰ء۔۔۔۔۔۱۹۶۱ء)

مولوی عبدالحق کا نام، یوں تو سنا ہوا تھا لیکن اس نام سے پوری طرح مانوس اس وقت ہوا جب ۱۹۴۰ء اور ۱۹۴۷ء کے درمیان، تحریک پاکستان کے حوالے سے، ان کے نام کی گونج، برعظیم پاک و ہند کے ہر علاقے اور ہر گوشے میں سنائی دے رہی تھی۔ یہ زمانہ وہ تھا کہ مسلم لیگ کے لیے فنڈ جمع کرنے کی غرض سے جگہ جگہ بڑے پیمانے پر مشاعرے کیے جارہے تھے اور ان مشاعروں کے انعقاد میں مولانا حسرت موہانی، مولوی عبدالحق اور جگر مراد آبادی خاص طور پر دلچسپی لے رہے تھے۔ چنانچہ ۱۹۴۶ء کی سردیوں میں فتح پور کے خاموش ما کیز ہال میں جو مشاعرہ منعقد ہوا اس کی صدارت مولوی عبدالحق صاحب نے فرمائی تھی۔ میں اس مشاعرے کے فعّال کارکنوں میں تھا اور اس لیے میری دعوت پر کانپور کے بعض احباب یعنی پیام فتح پوری، سید اشتیاق حسین اظہر، سرشار صدیقی، سید ابو الخیر کشفی اور حسنین کاظمی بھی شریک ہوئے تھے اور مجھے مولوی صاحب کو پہلے پہل دیکھنے اور اُن سے ہاتھ ملانے کا موقع اسی مشاعرے کے طفیل میّسر آیا تھا۔

۱۹۵۰ء میں جب میں پاکستان آیا تو ہر طرف انجمن ترقی اردو اور مولوی عبدالحق کا غلغلہ تھا۔ میرے ایک ہم وطن اور عزیز سید شبّر حاتمی صاحب، انجمن کے احاطے میں مولوی عبدالحق صاحب کے ساتھ رہتے تھے۔ کبھی کبھی میں شبّر صاحب سے ملنے جایا کرتا تھا، پھر جب، میں اردو کالج کے شعبۂ شرقیہ میں، ڈاکٹر غلام سرور، پروفیسر سید عبدالرشید اور پروفیسر عبدالسلام جیسے بزرگوں کے ساتھ، پڑھانے لگا تو مولوی صاحب کو دور سے دیکھنے کا بارہا موقع ملا۔ البتہ قدرے قریب سے دیکھنے اور ملنے کا موقع حبیب صدیقی اور بہار کوٹی کی معیّت میں نصیب ہوا۔ یہ ۱۹۵۱ء کے آخری مہینوں کی بات ہے۔ جبکہ میں نے مولانا حسرت موہانی سے خاص عقیدت رکھنے کے سبب ان کی وفات کے فوراً بعد،

"حسرت نمبر" نکالنا چاہتا تھا۔

حسرت نمبر کے سلسلے میں پہلے مولوی صاحب کو خط لکھا پھر ملاقات کی۔ مولوی صاحب خوش دلی سے ملے اور مضمون دینے کا وعدہ کر کے میری ہمت بڑھائی۔ بعد ازاں انجمن کی جوبلی کے موقع پر اُن کی تقریریں بھی سنیں لیکن دل و دماغ پر سب سے زیادہ اثر مولوی صاحب کی اُس ولولہ انگیز برجستہ تقریر کا ہوا، جو انہوں نے ۱۹۵۸ء میں رائٹرگلڈ کے افتتاحی اجلاس منعقدہ کراچی میں فیلڈ مارشل محمد ایوب خاں کے روبرو کی تھی۔ غرضکہ مولوی صاحب کے نام اور کام سے ذہنی وابستگی کا سلسلہ ۱۹۴۰ء سے ہوا اور کسی نہ کسی شکل میں برابر قائم رہا۔ برادر عزیز ڈاکٹر سید معین الرحمٰن کی رفاقت نے اس سلسلۂ تعلق کو مضبوط تر بنائے رکھا کہ وہ مولوی صاحب کے سچے چاہنے والوں میں ہیں اور مولوی صاحب پر بہت کچھ لکھ بھی چکے ہیں۔ میرے لیے مولوی صاحب پر کچھ لکھنے کی صورت اس وقت پیدا ہوئی جب ۱۹۵۹ء میں سلمان الارشد صاحب نے "الشجاع" کے مولوی عبدالحق نمبر نکالنے کا ڈول ڈالا۔

اردو میں مولوی عبدالحق کی کئی جہتیں ہیں، وہ اردو کے سچے عاشق، اردو کے پارکھ، اردو کے سپاہی، ناقد، محقق اور بلند پایہ مبصر و صحافی ہیں، ان کے خطبات، ان کے مقدمات، ان کے خاکے اور ان کے تبصرے، سب کے سب غیر معمولی اہمیت کے مالک ہیں۔ انہیں بجا طور پر بابائے اردو کہا جاتا ہے وہ اس لقب کے مستحق ہیں۔ انہوں نے اردو زبان و ادب کو کئی زاویوں سے سیراب و شاداب کیا ہے لیکن میری توجہ اور دلچسپی کا مرکز عموماً مولوی صاحب کے خطبات و مقدمات اور تبصرے یعنی تحقیقی و تنقیدی تحریریں رہی ہیں، چنانچہ میں نے ان کے لسانی و ادبی مرتبے کو انہیں کی روشنی میں دیکھنے دکھانے کی کوشش کی ہے۔

یوں تو اردو میں ہمارے کئی بزرگوں کے خطبات شائع ہو چکے ہیں اور ان میں سے بعض اکابر ادب مثلاً سید سلیمان ندوی اور علامہ اقبال کے خطبات چند وجوہ سے بڑے اہم و وقیع شمار کئے جانے کے لائق ہیں ان میں قومی، ملکی اور ملی مسائل پر غیر معمولی بصیرت کے ساتھ روشنی ڈالی گئی ہے اور اس لحاظ سے وہ گذشتہ سو سال کی اسلامی تحریکات، مسلمانوں کے ذہنی رجحانات، ان کے سیاسی افکار کے آئینہ دار ہیں اور

ہماری قومی تاریخ کے ثقافتی اور تہذیبی ورثے میں ان کی اہمیت غیر معمولی ہے۔ ان بزرگوں کے خطبات سے صرف برصغیر ہی نہیں بلکہ تمام دنیا کے مسلمانوں کی ذہنی تاریخ کی تدوین و تفہیم میں مدد ملتی ہے۔ ان میں سے بعض خطبات اور ان کے بعض اجزا زبان و بیان کی دلکشی کے اعتبار سے ادبی محاسن کے بھی حامل ہیں لیکن بحیثیت مجموعی ان میں وہ ادبی شان نہیں ہے جو ہمیں مولوی عبدالحق کے خطبات میں ملتی ہے اِن خطبات میں صرف ہیئت و لہجہ نے ادبی آثار پیدا نہیں کئے بلکہ ان کے موضوعات کا بھی ہمارے ادب سے گہرا تعلق ہے اور ادبی نقطۂ نظر سے مولوی صاحب کے خطبات کی یہی ایک خصوصیت انہیں دوسروں سے ممتاز کرتی ہے۔ یوں تو مولوی صاحب کے یہاں بھی دوسروں کے خطبات کی طرح برّصغیر کے تمام سیاسی رجحانات، ذہنی محرّکات، معاشی مشکلات اور قومی انقلابات کا ذکر آیا ہے لیکن عام طور پر اُن کے موضوعات پر ادبیات و لسانیات کا اثر غالب ہے۔ پھر چونکہ مولوی صاحب کے سادہ نگار قلم نے ان میں ایک مخصوص قسم کی "سادگی و پرکاری" اور "بیخودی و ہشیاری" کی کیفیت پیدا کر دی ہے اس لئے اِن کی اہمیت اردو ادب کی تاریخ میں غیر معمولی ہو گئی ہے

مولانا شبلی نے ایک جگہ لکھا ہے کہ "خطبات کا مقصود حاضرین سے خطاب کرنا ہوتا ہے۔ اسپیکر، حاضرین کے مذاق و معتقدات اور میلانات طبع کی جستجو کرتا ہے تاکہ ان کے لحاظ سے تقریر کا ایسا پیرایہ اختیار کرے جو اُن کے جذبات کو برانگیختہ کر سکے اور اپنے کام میں لائے۔" مولوی صاحب کے خطبات میں خطابت کا یہ بنیادی عنصر پوری طرح موجود ہے۔ ان کے خطبے اپنے سننے والوں پر جادو کا اثر ڈالتے ہیں۔ لیکن ان کا دائرہ عمل صرف خطابت کی تنگ فضا تک محدود نہیں ہے بلکہ ان میں حاضرین کے حلقے سے باہر نکل کر دور تک ایک خاص فضا پیدا کرنے کی قوت ہے۔ یوں تو خطابت عام طور پر صحافت سے قریب تر ہوتی ہے اور اس میں وقتی تاثر چھوڑ جانے کے سوا مستقل اثر پذیری کی صلاحیت بہت کم ہوتی ہے۔ لیکن مولوی صاحب کے خطبات اس عیب سے پاک ہیں۔ ان کے خطبات میں زود اثری کے ساتھ ساتھ ادب کے وہ دیرپا نقوش بھی پوری طرح اُبھر آئے کہ لوگ اردو سے دلچسپی لینے اور ان کے خیال کی تائید کرنے پر مجبور ہو گئے ہیں۔ ان کے تمام خطبات میں مخاطبے کا یہی انداز ہے اور اسی کی بدولت انہیں

اپنے مقاصد کے حصول میں غیر معمولی کامیابی ہوئی ہے۔ مولوی صاحب کے کردار کی بعض دوسری خصوصیات مثلاً ان کے عزم و استقلال اور ان کی غیر معمولی قوت ارادی کا اندازہ بھی صرف خطبات سے ہوتا ہے۔ وہ دشواریوں اور مخالفتوں سے گھبراتے نہیں بلکہ ایسا معلوم ہوتا ہے جیسے مخالفت و دشواری کے سامنے آنے سے ان کے قوائے مضمحل میں ایک نئی توانائی و تازگی پیدا ہو جاتی ہے۔ ان کے کام کرنے کی رفتار بڑھ جاتی ہے۔ مقاصد کے حصول میں دوسروں کی مخالفت ہماری کیا مدد کرتی ہے؟ اس کا اندازہ کرنا ہو تو ان کا وہ خطبہ دیکھیے جو انہوں نے اردو کانفرنس کراچی منعقد ۱۹۵۱ء میں پڑھا تھا اس میں مولوی صاحب مخالفت کے متعلق لکھتے ہیں۔

"کسی تحریک کو ہمدردوں کی ہمدردی اور مربیوں کی سرپرستی سے تقویت نہیں پہنچتی بلکہ حقیقت یہ ہے کہ اس تقویت کا راز بہت کچھ مخالفت میں ہے۔ مخالفت بیدار کرتی ہے عملی قوت کو ابھارتی ہے۔ انسان کے ان جوہروں کو جلا دیتی ہے جو پہلے مدّہم پڑے تھے۔ مخالفت درپردہ امتحان ہے۔ تحریک اگر حق پر ہے اور کام کرنے والوں میں خلوص و استقلال ہے تو مخالفت دب جائے گی۔ اور تحریک سو بسوے کے کامیاب ہوگی مخالفت نے پاکستان بنایا ورنہ کیا اتنی جلد بن جاتا۔ اور مخالفت ہی کے طفیل اردو کو ترقی نصیب ہوئی ہے"۔

اس بیان سے ان کی حوصلہ مند طبیعت کا اندازہ کیجئے۔ ہر ان کے قویٰ مضمحل ہو چکے ہیں اور عناصر میں اعتدال باقی نہیں رہا لیکن ان کے خطبات دیکھئے تو ان میں وہ حوصلہ مندی نظر آتی ہے جو نوجوانوں میں بھی مفقود ہے۔ بات یہ ہے کہ مولوی صاحب نے اپنی زندگی میں حرارت، توانائی اور تازگی برقرار رکھنے کے لئے اپنے آپ کو ہمیشہ کسی نہ کسی اعلیٰ مقصد سے وابستہ رکھا ہے اس سلسلے میں ان تازہ خطبوں کو دیکھنے کی ضرورت ہے جو پچھلے دنوں پاکستان رائٹر گلڈ کے پہلے اجلاس اردو کانفرنس لاہور اور اسلامیہ کالج لاہور کے طلباء کے جلسے میں پڑھے گئے تھے۔ گلڈ کو مخاطب کرتے ہوئے انہوں نے کہا۔

"صرف انجمنیں بنا دینا، قرار دادیں منظور کر دینا یا حکومت سے امداد

حاصل کر لینا کافی نہ ہوگا ہمیں کام کرنا ہوگا۔کام سے مراد یہ نہیں جو سرکاری دفتروں میں ہوتا ہے کہ نو بجے آئے اور چار بجے چلتے بنے یہ کام جو ہمیں کرنا ہے پوری قوت اور استقلال سے کرنا ہوگا۔ دن، رات، گرمی، سردی، بارش سے بے نیاز ہو کر کام سے عشق ہونا چاہیئے عشق نہیں تو وہ کام نہیں بیگار ہے جو لوگ کسی بڑے مقصد کو لے کر خلوص و صداقت سے والہانہ کام کرتے ہیں اور اپنی جان تک کھپا دینے کی پروا نہیں کرتے وہ کبھی نہیں مرتے، ہمیشہ زندہ رہتے ہیں اور جو اپنی جان عزیز رکھ کر محنت سے جی چراتے ہیں مُردے ہیں۔"

اسی طرح بزم فروغ اردو اسلامیہ کالج لاہور (جس کے روح رواں پروفیسر سجاد باقر رضوی ہیں) کے سامنے مولوی صاحب نے بڑی ولولہ خیز تقریر فرمائی تھی۔ انہوں نے اپنے خطبے میں طلبا سے کہا۔

"میں آپ کے لئے دعا کرتا ہوں کہ آپ ہمیشہ جوان رہیں۔ میری طرح بوڑھے نہ ہوں۔ اس دعا کو کوئی معمولی یا ناممکن بات نہ سمجھیں ہمیشہ جوان رہنا ممکن ہے۔ بے شک جوانی لوٹ کر نہیں آتی لیکن وہ قائم رہ سکتی ہے جوانی قائم رکھنے کے لئے کوئی بلند مقصد ہونا چاہیئے مقصد سے زندگی بنتی ہے بڑھتی ہے اور قائم بھی رہتی ہے ..... جوانی کوئی چوڑے چکلے سینے، کسے ہوئے ڈنڈ اور بھاری ڈیل ڈول سے نہیں بنتی اور بڑھاپا سفید بالوں اور کبڑی کمر سے نہیں آتا۔ جوانی ہمت و عزم سے ہوتی ہے، جوان وہ ہے جس کا عزم جوان ہے میں اپنی جوانی پھر واپس لاؤں گا اور اس وقت تک نہ مروں گا جب تک اردو یونیورسٹی نہ قائم کر لوں گا۔"

غرض کہ مولوی صاحب کی زندگی کے اصل ترجمان اُن کے خطبے ہیں۔ اور مولوی صاحب اور ان کے کاموں کی اہمیت کو سمجھنے کے لئے ان کے خطبات کا مطالعہ بہت ضروری ہے۔

خالص ادبی اور لسانی نقطہ نظر سے یہ خطبات مولوی صاحب کے مقدمات سے

کسی طرح کم نہیں ہیں۔اُن کے خطابیہ لب و لہجہ میں جو حلاوت، اثر اور دلکشی ہے وہ ان کی دوسری تحریروں میں مشکل سے ملے گی۔مولوی صاحب کو ایک صاحب طرز نثر نگار بنانے میں اُن کے مقدمات، قواعد اور لغت کو کم، خطبات کو زیادہ دخل ہے۔ان خطبوں میں ایسی سادگی، سلاست صفائی، روانی، صداقت اور اثر انگیزی پائی جاتی ہے جو کسی دوسرے کے خطبوں میں نظر نہیں آتی۔زبان و بیان کی خوبیوں سے قطع نظر ان کے موضوعات کی ادبی اہمیت بھی مسلم ہے۔ان میں تحقیق، تنقید اور اسلوب کے اہم مسائل زیر بحث آگئے ہیں، زبان کی ساخت و پیدائش، سوسائٹی اور زبان کے تعلق، زبان کی حیثیت، زبان اور ہمارا تہذیبی و ثقافتی سرمایہ، زبان اور قومی کردار اور اسی قسم کے بڑے مفید اور اہم موضوعات پر مولوی صاحب نے قلم اٹھایا ہے۔زبان کے متعلق عموماً اور اردو زبان کے متعلق خصوصاً ان کی نظر بڑی گہری اور وسیع ہے۔اردو کی پیدائش اس کے ارتقا۔اس کے ماخذ و مبداء اس کے اصول و قواعد اس کے عروج و زوال کے اسباب اس کے مزاج کی ساخت اور خصوصیات سے کماحقہ واقفیت کے لئے خطبات عبدالحق کا مطالعہ ضروری ہے۔بعض اہل قلم نے مذکورہ مسائل پر پوری پوری کتابیں لکھی ہیں لیکن مولوی صاحب نے اپنے خطبات میں ان اہم مسائل پر جس اختصار و جامعیت کے ساتھ گفتگو کی ہے وہ مولوی صاحب کی قادرالکلامی، ان کی وسیع النظری اور تبحر علمی پر دلالت کرتی ہے چند سطور دیکھیے ان میں مولوی صاحب نے اردو کی پیدائش اور اس کی مقبولیت کے متعلق کیسے دل کش پیرائے میں اظہار خیال کیا ہے۔لکھتے ہیں۔

> "اردو ایک مخلوط زبان ہے۔یہ زبان کی ایک قسم ہے۔دنیا میں ایسی متعدد زبانیں ہیں اس قسم کی زبان کے وجود میں آنے کے مختلف اسباب ہوتے ہیں۔منجملہ دیگر اسباب کے ایک سبب کشور کشائی ہے مسلمان بھی اس ملک میں آریاؤں کی طرح فاتح کی حیثیت سے آئے تھے۔وہ فارسی بولتے تھے اور اہل ملک دیسی زبان۔ان حالات میں جیسا کہ دستور ہے معاشرتی، ملکی اور کاروباری ضرورت سے مسلمان بول چال میں دیسی لفظ استعمال کرنے کی کوشش کرتے تھے اور

ہندو فارسی الفاظ ۔ فاتحوں کی تعداد اہلِ ملک کے مقابلہ میں بہت کم تھی اور اس لئے وہ اہل ملک کی زبان سیکھنے پر مجبور تھے ۔ دو چار نسلوں کے بعد ان کی اولاد ملکی زبان خوب بولنے لگی لیکن فاتح قوم کی زبان کا اثر بھی ملکی زبان پر پڑتا رہا اور اس اختلاط نے ایک گمنام بولی کو جو عوام کی بلکہ دیہات کی بولی تھی ایک ، شائستہ اور مستقل زبان کے رتبے تک پہنچا دیا ۔ جسے اردو کہیے یا ہندوستانی ۔ جو لوگ یہ خیال کرتے ہیں (جیسا کہ گاندھی جی وغیرہ نے فرمایا ہے) کہ زبان مسلمان بادشاہوں نے بنائی اور حکومت کے زور پر پھیلی ، وہ نہ صرف اس زبان کی تاریخ سے ناواقف ہیں بلکہ اُصولِ لسانیات سے بھی ناآشنا ہیں ۔ یہ زبان فطری اصول پر خود بخود بنی اور حالات و ضروریات نے اسے بڑھایا اور پھیلایا ۔ مسلمان بادشاہوں نے کبھی اس طرف توجہ نہیں کی ان کی سرکاری اور درباری اور دفتری زبان آخر تک فارسی رہی ۔"

اردو کی پیدائش گاہ کی بحث اُردو ادب کی تاریخ میں اختلافی قضیہ بن گئی ہے لیکن مولوی صاحب اسے اردو کی مقبولیت کا سبب قرار دیتے ہیں ۔ وہ اپنے ایک خطبے میں فرماتے ہیں کہ :

"یہ امر خاص مسرت کا باعث ہے کہ تقریباً ہر صوبہ اس بات کا مدّعی ہے کہ اردو زبان نے وہیں جنم لیا ۔ اہل پنجاب کو یہ دعویٰ ہے کہ اردو کا بیج اس زمین میں بُویا ۔ اہل دلّی کا خیال ہے کہ یہ دلّی اور اس کے قرب و جوار کی زبان تھی ۔ جو بن سنور کر اردو کہلائی ، صوبہ متحدہ والے کہتے ہیں کہ میرٹھ اور اس کے پاس کے دیہات کی بولی پر فارسی کی قلم لگائی گئی اور اس سے اردو پیدا ہوئی یا بقول ایک فریق کے برج بھاشا یا سورسینی بولی سے اس کا ظہور ہوا ۔ اسی نے نکھارا ، سنوارا اور بنایا ۔ اہلِ دکن کا دعویٰ ہے کہ اس زبان نے ادبی شان یہاں پیدا کی اور فروغ پایا ۔ بہار والے چاہیں تو وہ بھی گجرات و دکن کی طرح اس بات کا

دعویٰ کر سکتے ہیں ۔ اس سے اردو کی مقبولیت کا اندازہ ہو سکتا ہے
اور قبول عام ہی سب سے قوی دلیل اور سب سے بڑی پسند ہے ۔"

اسی طرح مولوی صاحب نے اردو کے مختلف ناموں ، ان کی وجہ تسمیہ ان کے اشتقاق و ماخذ پر بڑی تفصیل سے گفتگو کی ہے ۔ اردو ، اردوئے معلی ، زبانِ ہندوستان ہندوستانی ، ہندی ۔ ہندوستانی ، ریختہ ، زبان دہلوی اور اردو کے بعض مترادفات کا انھوں نے سراغ لگایا ہے اور ان کے رواج پذیر ہونے پر مدلل بحث کی ہے اردو کی آئندہ ترقی و اشاعت کا مکمل پروگرام بھی ان خطبات میں موجود ہے اس پروگرام کو عملی جامہ پہنا کر مولوی صاحب نے اردو کے لئے جو کچھ کیا ہے اس کی تفصیل بھی ان میں آپ کو مل جائے گی ۔ مادری زبان قومی کردار بنانے میں کیا مدد کرتی ہے اور قومی کردار کا مادری زبان سے کیا تعلق ہے ؟ مولوی صاحب نے اس پر بھی جگہ جگہ عملاً روشنی ڈالی ہے ایک خطبے میں انہوں نے بیان کیا کہ ۔

"قومیت کے لئے یک رنگی کی ، یک رنگی کیلئے ہمخیالی کی اور ہم خیالی کے لئے ہم لسانی کی سخت ضرورت ہے ۔ جہاں زبان ایک نہیں وہاں خیال کا رنگ ایک نہیں جہاں خیال ایک نہیں وہاں دل بھی ایک نہیں ۔ یہ دلوں کو جوڑتی اور بیگانوں کو یگانہ بنا دیتی ہے ۔ اردو نے بدرجۂ کمال یہ خدمت انجام دی ہے اور یہ اس کی بڑی کرامت ہے ۔"

مقامی بولی اور قومی زبان کے فرق کو انہوں نے بڑی سادگی ، اختصار اور استدلال سے اپنے ایک خطبے میں بیان کر دیا ہے لکھتے ہیں ۔

"مقامی یا مادری زبان ہر ایک کو عزیز ہوتی ہے اور ہونی چاہیئے لیکن اس کے علاوہ ایک اور زبان بھی ہے جس کا درجہ ، مادری یا مقامی زبان سے بڑھ کر ہے اور وہ قومی زبان ہے ۔ مقامی بولی صرف ایک مقام کی ہے ۔ قومی زبان ساری قوم کی ہے قومی زبان پورے قومی خصائص اور اس کی روایات کی آئینہ دار ہوتی ہے ۔ مقامی بولی صرف ایک جزو کی نمائندگی کرتی ہے اور بس قومی زبان قوم کے شیرازے کو مضبوط کرتی ہے اور اسے منتشر ہونے سے بچاتی ہے اور قومیت کے،

ولولوں کو زندہ و تازہ رکھتی ہے اگر اس مسئلے کو گہری نظر سے دیکھا
جائے اور اس کی تہہ تک پہنچا جائے تو معلوم ہوگا کہ قومیت و زبان
ایک ہیں۔"

جب اردو کو قومی زبان کی حیثیت سے تسلیم کر لیا گیا اور صوبہ پنجاب نے اسے عدالتی زبان قرار دینے کی تجویز کی تو انہوں نے اپنی قومی زبان اردو کی اہمیت کا اظہار اس طور پر کیا۔

"قومی زبان کی اہمیت اور قوت و اثر کو بہت کم لوگوں نے سمجھا ہے۔
اس کا ہر لفظ ہر جملہ ہر محاورہ اور روزمرہ اس کی ہر ہر ترکیب، ہماری
تہذیب، ہمارے ادب اور ہماری معاشرت کی جڑوں اور ریشوں تک
پہنچی ہوئی ہے اور اس کے ایک ایک لفظ کے پیچھے ہماری تاریخ و
تہذیب کا ایک بڑا سلسلہ ہے جس کی تہہ میں ہماری زندگی کے نقوش
کا ایک جال پھیلا ہوا ہے۔ یہ ہمارے اسلاف کی صدہا سال کی دماغی،
ذہنی، اخلاقی اور روحانی کاوشوں کا نتیجہ ہے۔ اس زبان نے جسے
ہماری قومی زبان ہونے کا فخر حاصل ہے ہر دور میں زمانے کا ساتھ دیا
ہے اور ادب و معاشرت، سیاست و علم و فن کی ضروریات کو کما حقہ
پورا کیا اور کبھی اس کی طرف سے کوتاہی نہیں ہوئی۔"

قومی زبان کی اہمیت پر روشنی ڈالتے ہوئے انہوں نے اردو کی فضیلت و برتری کو تاریخی اور تہذیبی وراثت کی مدد سے یوں ثابت کیا ہے کہ۔

"جہاں جہاں جس حد اور جس درجے تک اردو مروّج ہے وہاں
مسلمانوں میں اسی حد اور درجے تک شائستگی، روشن خیالی اور قومی
شعور پایا جاتا ہے۔ جہاں اردو کا رواج کم ہے یا نہیں ہے وہاں اسی حد
اور درجے تک شائستگی، روشن خیالی اور قومی جذبہ مفقود ہے۔ یہ
زبان ہماری قوم کا آلہ ترقی پیما ہے۔ تھرما میٹر کی طرح اسے لگا کر آپ
فوراً معلوم کر سکتے ہیں کہ کون سا علاقہ تہذیب و ترقی میں کس درجے
پر ہے۔"

ان چند اقتباسات سے یہ واضح کرنا تھا کہ مولوی صاحب کے خطبات میں صرف واقعات و حالات کو جمع نہیں کیا گیا ان میں مختلف مسائل کا حل پیش کیا گیا ہے۔ زبان و قوم کے ہر پہلو پر غور و فکر کی دعوت دی گئی ہے اور مختلف نظریات کی تنقید کر کے ان سے مفید و اہم نتائج کا استخراج کیا گیا ہے۔ ادب و زندگی، زبان، سماج، تخلیق و تنقید، تحقیق و تاریخ کے مختلف النوع مسائل ان میں زیر بحث آئے ہیں۔ ادب و زبان کے متعلق مولوی صاحب کے نظریات کا خلاصہ ان خطبوں میں پوری طرح موجود ہے۔ اس لئے جو لوگ مولوی صاحب کے متعلق ان کے مقدمات کو دیکھ کر یہ رائے قائم کر لیتے ہیں کہ وہ عملی تنقید کے سوا نظریاتی مسائل پر قلم اٹھانے کے صلاحیت نہیں رکھتے غلطی پر ہیں۔ خطبات کے مطالعہ سے اندازہ ہوگا کہ ان کے ذہن میں وہ تمام فنی و ادبی نظریات واضح ہیں جن کا سہارا لے کر تنقیدی مقالات کو غیر ضروری طول دینے کا رواج ہو گیا ہے۔ وہ ہر مسئلے پر گہری نظر رکھتے ہیں اور جیسا کہ اوپر تفصیل دی گئی ہے انھوں نے اہم سے اہم اور مشکل سے مشکل مسئلے پر اپنی رائے کا اظہار بڑی جامعیت کے ساتھ کر دیا ہے، آسان و مشکل لکھنے کا جھگڑا امیر امّن اور سرور کے زمانے سے شروع ہوا اور آج تک جاری ہے۔ لیکن یہ تو سب جانتے ہیں کہ سادہ اسلوب میں جو اثر آفرینی و دلکشی و ہمہ گیری ہوتی ہے وہ مشکل اسلوب کو بہت کم نصیب ہوتی ہے مولوی صاحب نے اپنے کئی خطبات میں اس موضوع پر بحث کی ہے اور سادہ وہ مشکل کے فرق کو بڑی خوبی سے اجاگر کر دیا ہے وہ ایک خطبے میں لکھتے ہیں۔

" ایسی سادہ زبان لکھنا جس میں سلاست کے ساتھ لطف بیان اور اثر بھی ہو صرف باکمال ادیب کا کام ہے، محض سیدھے سادے لفظ جمع کر دینا اور سپاٹ، بے لطف بے جان تحریر لکھنا نہ لکھنے سے بدتر ہے ہر شخص کا طرز اسلوب جدا ہوتا ہے ادب و شعر میں کوئی کسی کو مجبور نہیں کر سکتا زبان میں ہر قسم کے الفاظ کا ذخیرہ موجود ہے اور شخص کو اختیار ہے کہ وہ اپنے مضمون یا مقتضائے حال کے مطابق جو الفاظ موزوں اور برمحل ہوں استعمال کرے۔ اگر ہمیں اپنے بھائیوں کا درد ہے تو ہماری تقریر اور تحریر ضرور سادہ اور سہل ہوگی۔ لیکن بے چارے ادیب یا مصنف ہی کی گردن دبانا کہ تو سہل لکھ ٹھیک نہیں۔ ہمیں دوسرے پہلوؤں کو بھی دیکھنا چاہئے آسان اور مشکل

انسانی لکھے ہیں۔ ممکن ہے مجھے جو چیز مشکل معلوم ہوتی ہے وہ آپ کے لئے آسان ہو اور جسے میں آسان سمجھتا ہوں وہ آپ کے لئے مشکل ہو۔"

ایک اور خطبے میں مولوی صاحب نے سادہ اسلوب کی مشکلات اور اس کے فوائد پر مدلل بحث کی ہے بعض خطبات میں ادب و انسانیت سوسائٹی اور ادب' زبان اور عورت' سیاست و زبان اصطلاحات و محاورات زبان کے اشتقاق' ماخذ کے اصول وغیرہ کے موضوعات پر بڑی عالمانہ بحث ملتی ہے اُن تفصیلات سے یہ ثابت کرنا مقصو، تھا کہ مولوی صاحب کے خطبات میں مختلف علوم وفنون کی معلومات کا ایک گراں قدر ذخیرہ جمع ہوگیا ہے وہ علمی ادبی اور تاریخی حیثیت سے غیر معمولی اہمیت کے حامل ہیں اور اپنی جامعیت کے لحاظ سے انھیں تمام ادبی خطبات پر فوقیت و برتری حاصل ہے مولوی صاحب اپنے خطبات میں گارساں دتاسی کی طرح پوری ایک صدی کی ادبی رفتار کا جائزہ بھی پیش کرتے ہے لیکن ان کا کام گارساں سے بہت آگے بڑھ گیا ہے گارساں نے اپنے خطبات میں صرف اردو کی مقبولیت اس کے حلقہ اثر اس کی ارتقائی ر‍ ‍ ر اور سال بہ سال شائع ہونے والے اردو ا‍ ‍ ر رسائل اور تالیف و تصنیف کے اعداد و شمار کا ذکر کیا ہے ان میں لسانی یا ادبی اصول و نظریات کی بحث کہیں نہیں آئی۔ وہ ایک طرح کی تاریخی اطلاعات تو فراہم کرتا ہے لیکن ان اطلاعات کی سچائی اور ان کے معیار کو زیر بحث نہیں لاتا اس کے برعکس مولوی صاحب نے اپنے خطبات میں ادبی جائزہ کو تحقیق و تنقید کی مدد سے بے لاگ مدلل موثر اور مفید تر بنا دیا ہے۔ مولوی صاحب کے خطبات میں گارساں کے خطبات کی طرح صرف تاریخی حقائق کا ذکر نہیں ہے بلکہ ان کے اسباب و نتائج و اثرات کی تفصیل بھی ہے ان کے خطبات کا موضوع گارساں کے مقابلے میں بہت زیادہ وسیع اور متنوع ہے غرض مولوی صاحب کے خطبات کی حیثیت صرف تاریخی نہیں بلکہ علمی لسانی تحقیقی سوانحی تنقیدی اور ادبی بھی ہے اور جیسا کہ میں نے شروع میں کہا ہے ان میں سے کوئی حیثیت نظر انداز کر دینے کے لائق نہیں ہے۔

❀ مولوی عبدالحق کے مقدمات سے پہلے، ہم نے زبان و ادب کے توسط سے صرف دو مقدموں کے نام سنے تھے۔ ایک مقدمۂ ابن خلدون، دوسرے مقدمۂ شعر و شاعری یہ دونوں مقدمے اب مقدمے نہیں رہے مستقل تصنیف بن گئے ہیں۔ بلکہ ان کی

اہمیت اصل تصانیف سے بھی بڑھ کر ہو گئی ہے۔ لیکن ایسا ہونا زیادہ حیرت انگیز اس لیے نہیں ہے کہ ان مقدمات کا تعلق صاحبِ تصنیف ہی سے ہے یعنی یہ ایسے مقدمے ہیں جو مصنفین نے اپنی ذاتی تصانیف کے لئے قلم بند کئے ہیں۔ ایسی صورت میں ظاہر ہے کہ مقدمہ نگار کے ذہن میں ہر بات پوری طرح واضح رہتی ہے۔ موضوع کی اہمیت و وسعت اس کے نکات و رموز اور تصنیف و ترتیب کے دوسرے مسائل و مباحث غرض کہ کتاب کا ہر پہلو اس کے سامنے روشن ہوتا ہے۔ اس روشنی میں وہ اپنے مقدمے کی تنقیحات قائم کرتا ہے۔ ایک ایک کر کے انہیں علم و فکر کی میزان پر تولتا ہے۔ ا پر جرح و بحث کا سلسلہ چھیڑتا ہے اور اپنی تصنیف کے مقصد و غایت اور اصول و ضوابط کی ایک کار آمد دستاویز یادگار چھوڑ جاتا ہے لیکن اگر کسی شخص کو اپنی تصنیف کے بجائے کسی دوسرے کی تصنیف پر کوئی مقدمہ لکھنا ہو تو یہ کام اتنا آسان نہیں رہ جاتا۔ خصوصاً ہمارے معاشرے میں جہاں "خطائے بزرگان گرفتن خطا است" کو اخلاق کا معیار سمجھا جاتا ہے اور دروغ مصلحت آمیز کو راست گوئی پر ترجیح دی جاتی ہے وہاں دیانت کے ساتھ مقدمہ نگاری خاصی مشکل ہو جاتی ہے۔ اردو میں ان مقدمات کا نام آپ تعارف رکھ لیں۔ پیش لفظ اور تقریظ کا نام دیں۔ اپنی نہج اور غرض و غایت کے لحاظ سے سب ایک سے ہوتے ہیں۔ ان پر آمد سے زیادہ آورد کا غلبہ ہوتا ہے اور عام طور پر مقدمہ کہہ اٹھتا ہے کہ

میں خود آیا نہیں لایا گیا ہوں

یوں سمجھ لیجئے کہ یہ مقدّمات، بالعموم نثر میں مصنف کا قصیدہ ہوتے ہیں جہاں معاملہ اس کے برعکس ہوگا وہاں اوّل تو مقدمہ کو کتاب میں جگہ ہی نہیں دی جائے گی اور اگر بادل ناخواستہ اسے کتاب میں شامل ہی کرنا پڑا تو کتاب کا مصنف لمان کے تیسرے درجے پر اتر آئے گا یعنی کچھ اور نہ کر سکا تو دل ہی دل میں مقدمہ نگار کو عمر بھر برا سمجھتا رہے گا۔ یہ باتیں کچھ آج کل کے لئے مخصوص نہیں ہیں۔ اخلاقی قدروں کے احترام کے پردے میں مقدمہ نگاری کی یہ رسم ہمارے یہاں ایک مدت سے چلی آرہی ہے۔ یہ بھی نہیں کہ اس قسم کی باتوں کا تعلق محض ہمہ شما سے رہا ہو۔ دیکھنے میں یہ آیا ہے کہ بڑے بڑے آزاد خیال بزرگ تک مقدمہ نگار کے دیانت دارانہ اظہار خیال کو

برداشت نہیں کر سکے۔

آپ کے علم میں ہے کہ گذشتہ صدی کے سب سے بڑے آزاد خیال ادیب سرسید احمد خاں نے ابوالفضل کی تصنیف "آئین اکبری" کو نئے ڈھب سے مرتب کیا تھا دھلی کے کئی بزرگ اہل قلم نے اس کی تقریظیں لکھی تھیں۔ چنانچہ مرزا غالب نے بھی اس کی ایک منظوم تقریظ لکھی اور سرسید کی خواہش پر لکھی۔ لیکن غضب یہ ہوا کہ غالب نے تعریف کرتے کرتے اس میں اپنی ذاتی رائے کا اظہار بھی اس طور پر کر دیا کہ۔

پرور ذن مبارک کار نیست
خود بگوکان نیز جز گفتار نیست

اس کا جو نتیجہ نکلا وہ سب کو معلوم ہے۔ یہی نہیں کہ سرسید احمد نے اس تقریظ کو کتاب میں شامل نہیں کیا۔ بلکہ وہی سرسید جن کے بارے میں مرزا غالب نے آثار الصنادید کی تقریظ میں یہ دعویٰ کیا تھا کہ ان میں اور مجھ میں رسمی دوستی نہیں تعلق خاطر ہے۔ مرزا سے عمر بھر بدظن رہے۔ کہا جاتا ہے کہ آخر آخر دونوں کے دل صاف ہو گئے تھے۔ واللہ اعلم بالصواب۔ لیکن اس سے اتنی بات تو ثابت ہے کہ ہمارے یہاں مدح سرائی کے سوا غالباً مقدمہ نگاری کا کوئی اور معیار پسندیدگی کی نگاہ سے نہیں دیکھا گیا۔ اس لئے محتاط اور دیانتدار لکھنے والے اوّل تو کچھ لکھنے ہی سے دور بھاگتے تھے اور اگر کچھ لکھنا ہی پڑ جائے تو اصل موضوع کو ہاتھ لگانے کے بجائے ادھر ادھر کی باتوں سے چند صفحے کالے کر دیا کرتے تھے۔ مولانا حالی نے یادگار غالب میں مرزا کے بارے میں لکھا ہے کہ۔

> "تقریظ نگاری کا انہوں نے ایسا طریقہ اختیار کیا تھا کہ کوئی بات راستی کے خلاف بھی نہ ہو اور صاحب کتاب خوش بھی ہو جائے۔ بہت سا حصہ تمہید یا مصنف کی ذات اور اس کے اخلاق یا اس کی محبت اور دوستی کے بیان میں یا اور لطیف یا پاکیزہ باتوں کے ذکر میں
> ختم ہو جاتا" ۔ اخیر میں کتاب کی نسبت چند جملے جو اصلیت سے خالی نہ ہوتے تھے۔ مصنف کو خوش کرنے کے لئے کافی ہوتے تھے لکھ دیتے تھے۔"

ان حالات میں اگر مقدمہ نگاری کی کوئی معیاری صورت یا روایت اردو میں نظر نہ آئے تو ہمیں چنداں تعجب نہیں کرنا چاہیئے۔ دنیا کا ہر کام اپنے تکملے کے لئے کسی مناسب اور اہل شخص کے انتظار میں رہتا ہے۔ اردو مقدمہ نگاری بھی ایک مدت تک اس انتظار میں رہی ہے آخرکار مولوی عبدالحق کے روپ میں

مردے از غیب بروں آمد و کارے کرد

مولوی عبدالحق پہلے شخص ہیں جنہوں نے اردو مقدمہ نگاری کو ایک بلند معیار ایک دلکش اسلوب اور ایک آبرومند مقام عطا کیا۔ ان سے پہلے اردو میں مقدمہ نگاری کی روایت بڑی بے جان۔ رسمی اور پست تھی۔ مولوی صاحب نے اس کے مردہ جسم میں تازہ روح دوڑائی۔ اس کی رسمی حیثیت کو ختم کر کے اسے مستقل فن کی حیثیت دی اور اسے پستی سے نکال کر بلندی پر فائز کیا۔ حتیٰ کہ مقدمہ نگاری کا فن تقریظ و پیش لفظ سے بہت آگے بڑھ کر گراں قدر تحقیق و تنقید کا مظہر بن گیا۔

یہ مانا کہ اردو کے حق میں مولوی صاحب کی دین یک گونا نہیں گونا گون ہے انہوں نے اردو قواعد اردو لغت اور خاکہ نویسی سب کو نئی راہیں دکھائی ہیں، سب کی منزلوں کا تعین کیا ہے۔ تبصرہ نگاری کا فن بھی ان کی رہنمائی میں آگے بڑھا ہے خاص طور پر اردو کے خطباتی ادب کی سطح کو انہوں نے اتنا بلند کر دیا ہے کہ اس کی حیثیت ایک روشن مینار کی سی ہو گئی ہے۔ بایں ہمہ میری ناقص رائے میں ان کے حقیقی ادبی منصب و قد و قامت کا تعین ان کے مقدمات کرتے ہیں۔ مقدمات ہی کی بدولت مولوی صاحب اردو کے ایک بلند پایہ نقاد اور محقق سمجھے جاتے ہیں اور ان مقدمات کی روشنی میں ان کی ادبی شخصیت، قدآور اور عظیم نظر آتی ہے ان کی تحقیقی و تنقیدی صلاحیت کے نقوش و آثار ان کی دوسری تحریروں میں بھی ملتے ہیں لیکن ان صلاحیتوں کا جیسا خوبصورت اور بھرپور اظہار مقدمات میں ہوا ہے کسی اور جگہ نہیں ہوا۔

مولوی صاحب کے مقدمات پہلے پہل دو جلدوں میں مرزا محمد بیگ نے حیدرآباد دکن سے شائع کئے تھے۔ پھر انہیں ایک ہی جلد میں ڈاکٹر عبادت بریلوی نے یکجا مرتب کیا اور اردو اکیڈمی سندھ کراچی نے شائع کیا۔ اس جلد میں ایک کم ساٹھ مقدمے شامل ہیں۔ ان پر نظر ڈالتے ہی اندازہ ہو جاتا ہے کہ مولوی عبدالحق صاحب کی

مقدمہ نگاری کا دائرہ بلحاظ موضوعات کس قدر وسیع اور متنوع ہے۔ تذکرے، منتخبات مسدّس، شعری مجموعے۔ مذہبی رسائل۔ داستانیں، مکتوبات، سوانحی خاکے، تاریخی کتب و تراجم، اصطلاحات علمیہ، لغات، قواعد، مجموعۂ مقالات، آپ بیتیاں خطبات اور تحقیق و تنقید غرض کہ ہر صنف سخن اور موضوع کی کتابوں پر مولوی صاحب نے مقدمے لکھے ہیں لیکن کسی ایک جگہ بھی آپ یہ نہیں کہہ سکتے کہ مولوی صاحب کتاب سے سرسری گذر گئے ہیں یا کتاب کو پوری طرح پڑھے بغیر خانہ پری کے لئے مقدمے لکھے ہیں۔ ہر جگہ کتاب اور کتاب کے موضوع سے ان کی ذاتی واقفیت اور لگاؤ کا پتہ چلتا ہے مقدمے کیا ہیں مولوی صاحب کے تبحر علمی، وسعت نظر۔ ذہنی رسائی، تصنیفی شغف، تحقیقی دسترس اور تنقیدی صلاحیتوں کا آئینہ ہیں۔ پڑھنے والے کو ہر طرح یقین ہو جاتا ہے کہ مقدمہ نگار جو کچھ لکھ رہا ہے پوری قلمی دیانت اور کامل احساسِ ذمہ داری کے ساتھ لکھ رہا ہے۔ مقدمہ نگار کی معلومات، صاحبِ کتاب کی معلومات سے کچھ کم نہیں ہیں۔

مولوی صاحب کی مقدمہ نگاری کا ایک خاص ڈھب ہے۔ یہی ڈھب اب اردو میں مقدمہ نگاری کا معیار کہلاتا ہے۔ مولوی صاحب کے ادبی مقدمات، عام طور پر تین خاص منزلوں سے گزرتے ہیں۔ سب سے پہلے وہ کتاب کے مصنف کا بھرپور تعارف کراتے ہیں، اس کی علمی قابلیت، سیرت، تعلیم و تربیت، انداز فکر۔ تصنیفی شغف اور تحقیقی و تنقیدی صلاحیت سب کا جائزہ لیتے ہیں۔ اس کے بعد وہ ہمیں کتاب کے موضوع سے روشناس کراتے ہیں، یہ روشناسی کچھ اتنی مفصّل اور جامع ہوتی ہے کہ قاری اگر کتاب کے اصل موضوع سے چنداں واقف نہ ہو تو بھی مقدّمے کے مطالعے کے بعد وہ اس قابل ہو جاتا ہے کہ کتاب سے استفادہ کر سکے۔ اس کے بعد مولوی صاحب اصل کتاب کی طرف رجوع ہوتے ہیں۔ یہ مقدمے کی تیسری اور آخری منزل ہوتی ہے۔ اس میں وہ کتاب کے سارے پہلوؤں کا ایک ایک کر کے جائزہ لیتے ہیں۔ اور اردو زبان و ادب میں اس کی قدر و قیمت کا تعیّن کرتے ہیں۔ یہ سارا کام مولوی صاحب عجیب سادگی و پرکاری اور مدلل دل نشینی کے ساتھ انجام دیتے ہیں۔ جگر نے کہا

مجھے تو کر دیا سیراب ساقی نے مرے لیکن
مری سیرابیوں کی تشنہ سامانی نہیں جاتی

ذہن میں کچھ اسی طرح کی کیفیت مقدمات عبدالحق کے مطالعے کے بعد پیدا ہوتی ہے ۔ اگر آپ نے کسی کتاب کے سلسلے میں مولوی صاحب کا مقدمہ پڑھ لیا ہے تو پھر مطالعے کا یہ نشہ آسانی سے نہ اترے گا ۔ خمار سا طاری رہے گا ۔ آپ خود لیا اصل کتاب پڑھنے پر مجبور پائیں گے ۔ بات یہ ہے کہ ان کا مقدمہ موضوع کی حد تک آپ کو سیراب کرے گا ۔ لیکن اس درجہ نہیں کہ آپ کتاب کے مطالعے سے غافل ہو جائیں ۔ مولوی صاحب خوب جانتے ہیں کہ مقدمہ کتاب کا اصل مقصود نہیں ہے بلکہ قاری کو کتاب اور اس کے نفسِ مضمون تک پہنچانے کا وسیلہ ہے ۔ اس وسیلے کو مولوی وسیلہ ہی رہنے دیتے ہیں نتیجتاً ان کے مقدمات کے مطالعہ کے بعد ہم میں اصل کتاب کے مطالعہ کا ذوق و شوق کم نہیں ہوتا بلکہ کچھ اور بڑھ جاتا ہے ۔ سچ پوچھئے تو فنی و معنوی اعتبار سے مقدمہ نگاری کا حقیقی منصب و مقصد بھی یہی ہے ۔ اس منصب و مقصد کو جس خوش اسلوبی کے ساتھ مولوی صاحب نے پورا کیا ہے ابھی تک اردو میں اس کا جواب نہیں بن سکا ۔

جیسا کہ ابھی میں نے کہا ہے کہ مولوی عبدالحق کے ادبی سرمائے کا سب سے اہم اور قابلِ قدر حصہ ان کے مقدمات ہیں ۔ ہر چند کہ یہ مقدمات کسی خاص کتاب اور اس کے مصنف کی علمی و ادبی قدر و قیمت کا اندازہ لگانے کے لئے لکھے گئے ہیں ۔ لیکن ان مقدمات کا اس سے بھی اہم تر پہلو یہ ہے کہ خود مولوی صاحب کے ادبی کاموں کی قدر و قیمت کا تعیّن کرنے میں جو مدد ان مقدمات سے ملتی ہے وہ ان کی کسی اور تحریر سے نہیں ملتی ۔ اردو میں ایک بلند پایہ محقق اور نقاد کا منصب مولوی صاحب کو ان کے مقدمات ہی کی بدولت ملا ہے اور مقدمات ہی نے انہیں اردو تحقیق و تنقید کی تاریخ میں زندہ جاوید بنایا ہے ۔

اردو میں ادبی تحقیق کا اعلیٰ معیار بھی اوّل اوّل مولوی صاحب کے مقدمات سے نمودار ہوا ہے ان کے مقدمات سے عملاً پہلی بار اس بات کا اظہار ہوا کہ بے مصرف کوہ کنی یا خواہ مخواہ بال کی کھال نکالنے کا نام تحقیق نہیں ہے ۔ تحقیق کا اصل کام اہم

حقائق کی نشان دہی اور ادب و ادیب کی راہنمائی ہے۔ اس راہنمائی کا ادبی ذوق و شوق اور تنقیدی شعور سے گہرا رشتہ ہے۔ اگر اس رشتے سے محقق بے نیاز ہو جائے تو پھر اس کی تحریریں ادب نہیں رہتیں۔ میونسپلٹی کے شعبہ وفات و پیدائش کا رجسٹر بن جاتی ہیں۔ ان سے وفات و پیدائش کی صحیح تاریخیں تو معلوم ہو جاتی ہیں۔ لیکن یہ پتہ نہیں چلتا کہ موت و پیدائش کے درمیان کا فاصلہ کس نوعیت کا تھا اور مرنے والے نے اسے کس طرح طے کیا تھا۔ ادبی ذوق اور تنقیدی شعور سے بیگانہ تحقیق کی نوعیت عام طور پر یہی ہوتی ہے۔ اِس قسم کی بے جان اور بے مصرف تحقیق سے مولوی صاحب کی طبیعت ہمیشہ ابا کرتی رہی ہے۔ وہ ادبی تحقیق میں انتخابی نظر کے قایل رہے ہیں انہوں نے اہم اور غیر اہم میں ہمیشہ فرق کیا ہے اور کسی شخص یا موضوع کی ادبی اہمیت ہی کے پیش نظر اُس پر قلم اٹھایا ہے۔ اس لئے مولوی صاحب کی تحقیقی تحریریں، واقعات کی بے روح کھتونی نہیں، ہیں بلکہ ادبی ذوق کو نکھارنے اور تنقیدی صلاحیتوں کو آگہی کے ساتھ بروئے کار لانے کا ذریعہ بن گئی ہیں۔

مولوی صاحب کے یہاں اعلیٰ درجے کا تحقیقی مواد و معیار زیادہ تر ان مقدمات میں نظر آتا ہے جو اردو شعرا کے قدیم تذکروں اور بعض قدیم ترین تصانیف کے لئے لکھے گئے ہیں۔ میری مراد " نکات الشعرا " تذکرہ ریختہ گویان۔ مخزن نکات مخزن شعرا، قطب مشتری۔ گلشن عشق۔ دیوان اثر معراج العاشقین، سب رس، باغ و بہار اور اس طرح کی بعض دوسری تصنیفات کے مقدمات سے ہے۔ یہ مقدمات مولوی صاحب کی وسعت مطالعہ۔ دقت نظر اور تحقیقی بالغ نظری ہی کا مظہر نہیں ہیں بلکہ وہ ہمیں یہ بھی بتاتے ہیں کہ ادب کے ایک محقق کو اپنی تحقیقی صلاحیتوں کو کس قسم کے موضوع اور کس نوع کی تصانیف پر صرف کرنا چاہیے۔ ساتھ ہی وہ اپنے انداز تحریر سے تحقیقی صلاحیتوں کے صرف کا وہ طریقہ کار بھی سکھاتے ہیں جو حقائق تک پہنچانے کے لئے واقعات و حالات کے سارے پہلوؤں کی چھان بین تو کرتا ہے لیکن اس چھان بین میں ادب اور ادبیت کا خون نہیں ہونے دیتا۔

مقدماتِ عبدالحق کے تنقیدی اجزا کی نوعیت بھی دوسروں سے بہت مختلف ہے مولوی صاحب کے مقدمات میں تحقیق و تنقید دو الگ چیزیں نہیں رہیں بلکہ ادب کے

رشتے سے دونوں ایک ہو گئی ہیں وہ اس قسم کے نقاد یا مقدمہ نگار نہیں جو واقعات و حالات سے بے خبر رہ کر صرف نظری مسائل کے سہارے کسی تصنیف یا مصنف کے بارے میں اچھے بڑے ہونے کا حکم لگاتے رہتے ہیں۔اور یہ زعم خود یہی سمجھتے ہیں کہ تنقید کا حق ادا ہو گیا۔مولوی صاحب کا تنقیدی مسلک اس سے بہت مختلف ہے۔ان کے یہاں تنقید نام ہے شعور و آگہی کو ادب کے سلسلے میں بروئے کار لانے کا۔اور اس کے ذریعہ زندگی اور زندگی کی کوکھ سے پیدا شدہ ادب کو سنوارنے بنانے اور آگے بڑھانے کا۔چنانچہ ان کے مقدمات میں تحقیق و تنقید کے عناصر ایک دوسرے میں اس طرح گھل مل گئے ہیں کہ آپ انہیں ایک دوسرے سے الگ کر کے نہیں دیکھ سکتے۔وہ تحقیق و تنقید دونوں کو ایک ساتھ لے کر چلتے ہیں اور حسب ضرورت کہیں تحقیقی مواد سے اپنی تنقید کو اور کہیں تنقیدی شعور کی مدد سے اپنی تحقیق کو جاندار بناتے ہیں۔

کسی تصنیف پر قلم اٹھاتے وقت تصنیف کے موضوع و مواد کے علاوہ صاحبِ تصنیف کا خارجی ماحول اس کی سیرت۔ذہنی محرکات۔سماجی عوامل ماحول کی تبدیلیوں کے اثرات داخلی کیفیات اور نفسیاتی پیچیدگیاں سبھی چیزیں مولوی صاحب کے پیش نظر ہوتی ہیں۔لیکن وہ انہیں الگ الگ کر کے نہیں ایک دوسرے سے منسلک کر کے دیکھتے ہیں۔نتیجۃً ان کی تنقید فنی حیثیت سے نہ ختم ہونے والی اکائی بن گئی ہے۔ہرچند یہ اکائی مختلف رنگوں کے ملاپ اور مختلف نظریات و افکار اور واقعات و حالات کی ہم آہنگی ہی سے وجود میں آئی ہے' بایں ہمہ آپ اسے الگ الگ اجزا میں تقسیم کر کے نہیں دیکھ سکتے۔ان کی تنقید میں ادب کے سارے حیات افروز نظریات اور مکاتبِ فکر کا احترام نظر آتا ہے۔زندگی کی ساری مثبت قدروں کی ترجمانی ملتی ہے۔لیکن اگر آپ یہ چاہیں کہ آپ ان کی تنقید کو کسی خاص قسم کے خانے میں رکھ دیں تو یہ ممکن نہ ہوگا۔وہ خود کو نقاد کہلوانے کے لئے کسی خاص نظریئے کے محتاج نہیں ہیں۔اردو میں کوئی تاثراتی نقاد ہے۔کوئی جمالیاتی۔کوئی وجدانی نقاد ہے۔کوئی تاریخی۔کوئی سائنٹفک نقاد ہے' کوئی مارکسی۔مولوی صاحب ان میں سے کسی خاص قسم کے نقاد نہیں ہیں۔ان کی تنقید نگاری کا مقام ان سب سے بلند ہے۔وہ ادب کے نقاد ہیں اور سارے نظریات و افکار کو ادب کا خام مواد سمجھ کر ادب ہی کے توسط سے دیکھتے ہیں۔

لیکن اس کا یہ مطلب ہرگز نہیں کہ مولوی صاحب تنقیدی مسلکوں اور ان کے نظریات و افکار سے واقف نہیں۔ وہ خوب واقف ہیں اور ایک ایک بات ان کے ذہن میں واضح ہے۔ یہ ضرور ہے کہ انہوں نے ادبی مباحث میں نظریات کی لمبی چوڑی خشک بحثیں چھیڑ کر ادب کو گورکھ دھندا بنانا پسند نہیں کیا۔ یہ بھی صحیح ہے کہ ادب و تنقید کے نظری مسائل پر انہوں نے مضامین کی شکل میں الگ سے کچھ نہیں لکھا پھر بھی اگر آپ ان کے مقدمات کو غور سے دیکھیں تو ادب اور ادبی نظریات کی جملہ اقسام و اصناف کے بارے میں نہایت واضح اور جچی تلی رائیں مل جائیں گی۔ مثلاً تنقید کیا ہے اور کیا نہیں ہے۔ اس کے جواب میں انہوں نے الگ سے کوئی مقالہ قلم بند نہیں کیا۔ لیکن ان کی تحریروں میں درجنوں ٹکڑے ایسے مل جاتے ہیں جن سے پتہ چلتا ہے کہ مولوی صاحب کا ذہن تنقید کے باب میں بالکل واضح ہے اس سلسلے میں صرف ایک مقدمے کی چند سطریں دیکھیے لکھتے ہیں کہ

> افلاطون کے وقت سے لے کر اب تک تنقید کے بیسیوں مسلک وجود میں آچکے ہیں مثلاً جمالیاتی۔ وجدانی۔ تاریخی۔ ماحولی۔ تاثراتی۔ نفسیاتی وغیرہ اور اس زمانے میں فرائڈ اور مارکس کے نظریوں نے بھی تنقید کو متاثر کیا ہے اور جیسے جیسے حالات بدلتے رہیں گے ادب اور تنقید پر نئے نظریوں اور سائنس کے اکتشافات کا بھی اثر پڑتا رہے گا۔ افتاد طبع ماحول تعلیم و تربیت، صحبت کی بنا پر انسان کا رجحان ایک خاص جانب ہو جاتا ہے اور جب اس میں غلو ہوتا ہے تو وہی مسلک یا مذہب بن جاتا ہے۔ اس لئے تنقید کا کوئی مسلک جامع نہیں ایسے نقاد اپنے رجحان یا ذوق کے زیر اثر ایک طرف جھک جاتے ہیں اور دوسرے رخ پر یا تو سرسری نظر ڈالتے ہیں یا بالکل نظر انداز کر دیتے ہیں صحیح تنقید اسی وقت ہوگی جب ادب کے ہر رخ کو دیکھا جائے گا۔ اگر ایک گروہ دوسرے کو الہامی، ماورائی، روحانی جذباتی کہتا ہے اور اسے ماضی پرستی یا روایت پرستی کا ملزم قرار دیتا ہے اور اس کی تنقید کو تنقید نہیں سمجھتا تو دوسرا گروہ جو فرائڈ اور مارکس پرستی میں

مادیت پر اتنا زور دیتا ہے کہ دوسری انتہا پر پہنچ جاتا ہے تو اس کی تنقید بھی ادبی تنقید نہیں رہتی کچھ اور ہو جاتی ہے ۔ بے شک ادب کا کام صرف ذوق اور وجدان کی تسکین کا سامان پیش کرنا نہیں لیکن اس کا کام محض مادیت کا پرچار بھی نہیں ۔ یہ دونوں کا خادم ہے۔"

مولوی صاحب کے یہاں اس قسم کی واضح رائیں تنقید ہی کے سلسلے میں نہیں ہر صنف ادب اور ہر مکتبۂ فکر کے بارے میں مل جاتی ہیں۔ مکتوب نگاری کے فن اور اس کی خصوصیات کے بارے میں ہمارے یہاں بہت کچھ لکھا گیا ہے اور آپ نے بہت کچھ پڑھا ہوگا ۔ مولوی صاحب نے الگ سے اس موضوع پر بھی کچھ نہیں لکھا لیکن مکتوباتِ حالی اور خطوطِ عطیہ بیگم کے مقدمات میں انہوں نے جو کچھ ضمناً لکھ دیا ہے وہ پڑھنے کے لائق ہے اور بہت سے مقالات پر بھاری ہے اس طرح آپ بیتی یا خود نوشت کی دلکشی اور افادیت کے بارے میں بھی آپ نے بہت کچھ سنا اور پڑھا ہوگا لیکن ذرا مولوی صاحب کے چند فقرے دیکھیے لکھتے ہیں ۔

"آپ بیتی میں جو مزہ ہے وہ جگ بیتی (تاریخ) میں کہاں ۔ مورخ ہزار بے لاگ ہو اور تحقیق و تلاش میں سر مارے ۔ آپ بیتی لکھنے والے کو نہیں پہنچ سکتا بعض اوقات اس کے بے ساختہ جملے سے وہ اسرار حل ہو جاتے ہیں جو مدتوں تاریخوں کی ورق گردانی کے بعد میسر نہیں ہوتے ۔ اگر ہر شخص جس نے دنیا دیکھی بھالی ہے اور کچھ کیا بھی ہے اپنی آپ بیتی لکھ جایا کرے تو ادب کے خزانے میں یہ جواہرات انمول ہیں۔"

یہ سطریں مقدمۂ ذکرِ میر سے ماخوذ ہیں اور آپ بیتی کی اہمیت کے ذکر میں مختصر ترین سہی لیکن جامع رائے کی حیثیت رکھتی ہے ۔

اس طرح کی اور نہ جانے کتنی رائیں جن کا تعلق ادب کے نظری مسائل سے ہے مقدمات میں بکھری پڑی ہیں اس لیے یہ خیال کرنا کہ مولوی صاحب تنقید کے دبستانوں اور ان کے نظری مباحث سے واقف نہیں درست نہ ہوگا صرف یہ کہ وہ تنقید کو مختلف خانوں میں بانٹنے اور کسی خاص خانے سے انتہا پسندانہ لگاؤ ہی کو تنقید نہیں سمجھتے وہ تنقید کے سارے نظریوں اور دبستانوں کا احترام کرتے ہیں ۔ لیکن اس شرط کے ساتھ کہ ادبی تنقید ہر حال میں ادب اور ادبیت ہی کے دائرے میں رہے ۔ نظریوں کی

آڑ میں بے جان اور بے رس غیر ادبی تحریر کا نمونہ نہ بن جائے۔ شاید اُسی لیے انہوں نے نظری اور عملی تنقید کی بحثیں بھی الگ الگ اپنی تحریروں میں کہیں نہیں چھیڑیں۔ ہاں عملی تنقید کے ایسے نمونے ضرور یادگار چھوڑ دئے ہیں جن کی مدد سے تنقید کے بہت سے اصول اخذ کئے جاسکتے ہیں اور جن کی مدد سے یہ بھی سمجھا جاسکتا ہے کہ ادب اور ادبی تنقید میں نظریات کا دخل کس انداز سے اور کس سطح پر ہونا چاہیے۔

مولوی عبدالحق مرحوم کی حیثیت اردو ادب میں ایک ہشت پہلو ہیرے کی سی ہے۔ تنقید، تحقیق، خاکہ نویسی، خطبہ نگاری، مقدمہ نویسی نعت نگاری اور قواعد نویسی جس پہلو سے بھی دیکھیے اس ہیرے کی تابناکی ایک تازہ دلکشی رکھتی ہے۔ لیکن اس ہیرے کا ایک اور پہلو بھی ہے خدا جانے اس پہلو کو ہمارے جوہریوں نے کچھ زیادہ اہمیت کیوں نہیں دی۔ حالانکہ آب و تاب کے لحاظ سے اس کی حیثیت دوسرے پہلوؤں سے کسی طرح کم نہیں ہے۔ اس پہلو کی کیا حیثیت ہے؟ اس کا شافی جواب مجھ سے بھی نہ بن پڑے گا، میر حسن کے بیٹے میر مستحسن خلیق کی زبان میں اس پہلو کی حیثیت بس یوں سمجھ لیجے کہ

رشکِ آئینہ ہے اس رشکِ قمر کا پہلو
صاف اِدھر سے نظر آتا ہے اُدھر کا پہلو

❀ میری مراد مولوی عبدالحق کی تبصرہ نگاری سے ہے۔ تبصرہ نگاری کے سلسلے میں میں نے میر خلیق کا شعر یوں ہی نہیں سنایا، واقعہ یہ ہے کہ یہ شعر تبصرے کی معنوی حیثیت کی پوری ترجمانی کرتا ہے۔ ایک تبصرہ نگار اگرچہ اپنے تبصرے میں بظاہر کسی کتاب یا صاحب کتاب کے اہم پہلوؤں کو سامنے لانے کی کوشش کرتا ہے۔ لیکن اس کوشش میں اس کی شخصیت و فن کے پہلو بھی ڈھکے چھپے نہیں رہ جاتے۔ اِدھر سے اُدھر کا پہلو بھی صاف نظر آجاتا ہے۔ بلکہ بعض وقت تو یہاں تک ہوتا ہے کہ تبصرے سے کتاب یا مصنف کا حال ہم پر کچھ زیادہ نہیں کھلتا۔ ہاں تبصرہ نگار کے بارے میں واضح طور پر معلوم ہو جاتا ہے کہ وہ کتنے پانی میں ہے، اس کی قابلیت، اخلاقی جرأت اور نفسیات کی ساری گرہیں قاری پر کھل جاتی ہیں۔ ایسی صورت میں ہیرے کے آٹھویں پہلو کے سلسلے میں اِدھر، اُدھر والی بات کچھ ایسی بے محل نہیں ہے۔

تبصرے کے لغوی معنی روشن کرنے، روشنی بکھیرنے، تعارف کرانے، شناخت کروانے اور کسی چیز سے پردہ اٹھا کر اسے اصل صورت میں دکھانے کے ہیں۔ اس لحاظ سے یہ لفظ انگریزی کے لفظ ریویو سے زیادہ جامع ہے۔ اس لیئے کہ ہم ادبی اصطلاح میں اس لفظ کو جن معنوں میں استعمال کرتے ہیں وہ اس کے لغوی مفہوم سے بہت قریب ہیں اور اگر تبصرہ و تنقید میں کوئی فنی امتیاز برقرار رکھنا ہے تو مبصّر کو تبصرہ کرتے وقت اس کے لغوی معنی ہی تک محدود رہ کر کتاب پر روشنی ڈالنی چاہیئے۔ اس روشنی کو نہ اتنی تیز ہونا چاہیئے کہ دیکھنے والوں کی آنکھیں چکا چوند ہو جائیں اور نہ اتنی مدّہم کہ قاری کی نظریں کتاب کے اصل خال و خط دیکھنے سے بھی محروم رہیں۔ میری نظر سے مولوی صاحب کے تبصروں کے دو مطبوعہ مجموعے گزرے ہیں۔ دونوں میں مجھے تبصرہ نگاری کا وہ بنیادی وصف نظر آتا ہے جو ضروری تفصیل و تنقید کے باوجود تبصرے کو تنقیدی مقالہ یا پھونک جھاڑ کا جنتر منتر نہیں بننے دیتا۔

ہمارے ہاں عام طور پر تین طرح کے تبصرے نظر آتے ہیں، ایک فرضی تبصرے۔ دوسرے سرسری تبصرے تیسرے طول طویل تبصرے۔ پہلی قسم کے تبصرے کتاب کا مطالعہ کیے بغیر صرف عنوان کتاب اور مصنف کا نام دیکھ کر لکھ دیئے جاتے ہیں اور خانہ پری کی حیثیت رکھتے ہیں، مجھے مولوی صاحب کے کسی ایک تبصرے میں بھی خانہ پری والی بات نظر نہیں آتی، ہر تبصرے سے صاف پتا چلتا ہے کہ مولوی صاحب نے کتاب پر شروع سے آخر تک نظر ڈالنے کے بعد قلم اٹھایا ہے۔

دوسرے قسم کے تبصرے جنھیں میں نے سرسری تبصروں کا نام دیا ہے، چند سطروں یا زیادہ سے زیادہ ایک دو مختصر پیراگرافوں پر مشتمل ہوتے ہیں۔ یہ تبصرے کتاب پر سرسری نظر ڈال لینے کے بعد لکھے جاتے ہیں۔ لیکن ان کی روشنی اتنی مدہم ہوتی ہے کہ آپ کوشش کے باوجود اس روشنی میں کتاب کے کسی پہلو کو دیکھ نہیں سکتے، اس قسم کے تبصرے بالعموم سہل انگاری یا عدیم الفرصتی کا نتیجہ ہوتے ہیں۔ مولوی صاحب سہل انگار تبصرہ نگار بھی نہیں ہیں، وہ جو کچھ لکھتے ہیں۔ سرسری نہیں کامل غور و فکر کے بعد لکھتے ہیں اور اس طرح لکھتے ہیں کہ ان کی ایک ایک سطر سے پوری کتاب کے پڑھنے کا ثبوت ملتا ہے۔ ہر چند کہ مولوی صاحب کی زندگی ایک حد درجہ معروف

آدمی کی زندگی تھی اور اس لیے ان کے پاس تبصرے کے لیے موصول ہونے والی ساری کتابوں کے پڑھنے یا تبصرہ کرنے کا موقع نہ رہتا ہوگا۔ بایں ہمہ انھوں نے اپنی پسند کی جن کتابوں پر بھی تبصرہ کیا ہے ان کے مطالعہ کے لیے پورا وقت نکالا ہے۔ جو کچھ لکھا ہے پوری ذمہ داری اور مناسب و ضروری تفصیلات کے ساتھ لکھا ہے۔ چنانچہ بیگار ٹالنے یا غیر ضروری اختصار سے کام لے کر تبصروں کو بے معنی بنانے کا عیب ان کے یہاں کہیں نظر نہیں آتا۔

تبصرے کی تیسری قسم میں طویل تبصرے آتے ہیں اس کی آپ دو مزید قسمیں کر سکتے ہیں۔ ایک وہ جن میں تبصرہ نگار بات کا بتنگڑ بنانے اور غیر ضروری و غیر متعلق باتوں کا ذکر چھیڑ کر اپنی قابلیت کا جھوٹا رعب قاری پر بٹھانا چاہتا ہے۔ اس قسم کے تبصرے بتاتے ہیں کہ مبصّر کو فرصت ہی فرصت ہے اور وہ اپنے فرصت کے اوقات کو بے مقصد تبصرہ نگاری میں گزارنا چاہتا ہے۔ دوسری قسم کے طویل تبصرے وہ ہیں جن میں زیر تبصرہ کتاب کے ہر پہلو کا فی الواقع تفصیل سے جائزہ لیا جاتا ہے اس کی خوبیاں اور خامیاں استدلال کے ساتھ اجاگر کی جاتی ہیں اور موضوع کے سارے پہلوؤں کو نظر میں رکھ کر کتاب کی قدر و قیمت کا تعین کیا جاتا ہے یوں سمجھیے کہ یہ محض کہنے کو تبصرہ ہوتے ہیں ورنہ ان کی حیثیت جامع تنقیدی مقالوں کی ہوتی ہے۔ مولوی صاحب کے تبصروں کی یہ صورت نہیں ہے وہ تنقید و تبصرہ کے فرق کو سمجھتے ہیں اور ان کی حدود پر نظر رکھتے ہیں۔ انھیں معلوم ہے کہ تبصرہ کس قسم کی اور کتنی تفصیل کا متحمل ہو سکتا ہے اور تنقید سے اس حد یں کس جگہ ملتی ہے۔ اس لیے وہ اپنے تبصروں کو اتنا طول نہیں دیتے کہ وہ مقالہ بن جائیں۔

جہاں تک تبصرے کی فنی حدود اور اس کے تقاضوں کی بحث تھی اور مجھے اعتراف ہے کہ ان حدود اور ان تقاضوں کا پاس بعض دوسرے مبصّروں کے یہاں بھی پایا جاتا ہے لیکن مولوی عبدالحق کے تبصروں میں ایک وصف ایسا ہے جو مجھے دوسرے تبصرہ نگاروں کے یہاں بہت کم ہی نظر آیا ہے۔ میری مراد مولوی صاحب کے جراتِ اخلاق سے ہے اور جرأت اظہار و جرأت اخلاق کا مطلب ادبیات میں جھوٹ کو جھوٹ اور سچ کو سچ کہنے میں ہے۔

کہا جاتا ہے کہ ہمارے یہاں تنقید و تبصرہ کا وہ معیار اب تک قائم نہیں ہوا جو مغربی زبانوں میں ملتا ہے۔ ایک شکایت یہ بھی ہے کہ ہمارے یہاں مصنف کے جیتے جی اس کے فکر و فن کے بارے میں بہت کم لکھا جاتا ہے۔ مرنے کے بعد البتہ اس کی طرف توجہ دی جاتی ہے معلوم نہیں یہ بات کہاں تک صحیح ہے لیکن اگر اسے صحیح مان لیا جائے تو سوال یہ پیدا ہوگا کہ اس کا سبب کیا ہے۔ اس سوال کے جوابات اور بھی ہو سکتے ہیں میرے نزدیک اس کا اصل سبب ہماری اخلاقی بزدلی اور کمزوری ہے۔ اس بزدلی اور کمزوری کا بڑا محرّک مشرقی نظام اخلاق کا وہ پہلو ہے جس میں رواداری عیب پوشی اور خطائے بزرگاں گرفتن خطاست کی پابندی کو علمی و ادبی اور اس سے بھی اہم تر مسائل میں بھی نجات کا ذریعہ سمجھا جاتا ہے۔ خود اندازہ کر سکتے ہیں کہ اس فضا میں کسی کتاب یا مصنف کے بارے میں حقیقی رائے کا اظہار کرنے کی گنجائش کہاں رہ جاتی ہے اور جہاں بے لاگ رائے دینے کی گنجائش نہ ہو وہاں تنقید یا تبصرے کا معیار معلوم!

اس اخلاقی نظام میں پرورش پانے اور اس کے عادی ہو جانے کے سبب ہماری نفسیات کچھ عجیب سی ہو گئی ہے۔ جب ہماری کوئی نئی چیز چھپ کر آتی ہے تو اس کے بارے میں ہم دوسروں سے بڑی بے چینی کے ساتھ رائیں طلب کرتے ہیں۔ اس رائے طلبی کا مفہوم بالعموم یہ ہوتا ہے کہ ہماری تعریف کی جائے۔ اگرچہ رائے طلبی کے وقت بظاہر ہم یہ بھی کہتے جاتے ہیں کہ اظہار رائے میں تکلّف سے کام نہ لیجئے گا، خدا لگتی کہیے گا۔ لیکن جہاں کسی نے خدا لگتی کہی مصیبت میں پڑا ہم اس کے درپے آزاد ہو جاتے ہیں۔ برسوں کی دوستی اور تعلق کو ذرا سی دیر میں بھلا بیٹھتے ہیں۔ چہرے پر جھوٹی ہنسی کے ساتھ ملتے ہیں لیکن دلوں میں ہمیشہ کے لیے گرہ ڈال لیتے ہیں۔

یہ مانا کہ مبصر یا نقاد کی رائے ہر وقت صحیح نہیں ہوا کرتی۔ ہو سکتا ہے کہ کسی تخلیق یا تصنیف کے بارے میں اس کی رائے دوسروں سے مختلف ہو یا سرے سے غلط ہو۔ اس کے باوجود اس کتاب یا مصنف کے متعلق اپنی رائے رکھنے کا حق تو بہرحال ملنا چاہیئے لیکن ہمارے ہاں عام طور پر اس کی اجازت نہیں دی جاتی اگر آپ کو یقین نہ ہو تو ان لوگوں سے پوچھ لیجیے جنھوں نے کبھی اس حق کو اپنے تبصروں میں استعمال کیا ہے۔ ایک زمانے میں مولانا نیاز فتح پوری نے نگار میں مالہ و ماعلیہ کے عنوان سے بے لاگ

تبصروں کا سلسلہ شروع کیا تھا نتیجتاً بہت سے لوگ ان سے ناراض ہوئے اور آج تک ناراض ہیں اور بعض کی ناراضیاں یہاں تک بڑھی ہیں کہ ان کی علمیت و ادبیت ہر چیز کے منکر ہو گئے۔ ایسی صورت میں اندازہ کیا جا سکتا ہے کہ اردو میں حقیقی تنقید اور تبصرے سے عہدہ برآ ہونا کتنا مشکل ہے۔ اس راہ میں دو چار نہیں سیکڑوں سخت مقامات آتے ہیں اور زُہرہ درِ راہِ محبت کے مارے جانے کا خطرہ رہتا ہے۔

مولانا عبدالحق مرحوم اردو کے ان جرأت مند تبصرہ نگاروں میں سے ہیں جنھوں نے ان سخت مقامات کی کبھی کوئی پروا نہیں کی ان کے پاس، ان کے دوستوں، عزیزوں، بزرگوں اور بڑے بڑے بڑے عہدہ داروں کی کتابیں تبصرے کے لیے آتی تھیں لیکن ان کے تبصرے بتاتے ہیں کہ انہوں نے کسی کے ساتھ کوئی جانب داری یا رُو رعایت نہیں برتی، انہوں نے ہر کتاب کے بارے میں وہی راے دی ہے جو ان کی حقیقی رائے تھی وہی لکھا ہے جو چاہا ہے اور اسی تفصیل سے لکھا ہے جس تفصیل کی وہ کتاب مستحق تھی۔ یہ سب کچھ انہوں نے گول مول یا ڈھکے چھپے انداز میں نہیں، برملا اور واشگاف انداز میں لکھا ہے اور صاحبانِ کتاب کی زندگی میں لکھا ہے۔

افسوس ہے کہ اس مضمون میں اتنی گنجائش نہیں کہ مولوی صاحب مرحوم کے تبصروں کی جملہ خصوصیات کا جائزہ لے کر مثالوں اور حوالوں کے ذریعے ان کے تبحرِ علمی، وسعتِ نظر، تنقیدی رویّے، اندازِ فکر، لطافت زبان و بیان اور جرأت اخلاق و اظہار کی داد دی جائے۔ اس لیے میں آپ سے مولوی صاحب کے تبصروں کے اُن دو مطبوعہ مجموعوں پر براہ راست نظر ڈالنے کی گزارش کروں گا جن کا ذکر میں نے ابتدائی سطور میں کیا ہے۔

پہلا مجموعہ "ادبی تبصرے" کے نام سے ۱۹۴۷ء میں دانش محل لکھنؤ سے شائع ہوا ہے۔ دوسرا "تنقیدات عبدالحق" کے عنوان سے منظرعام پر آیا ہے۔ اس کے مرتب محمد تراب علی خاں باز ہیں اور اس کا چوتھا اڈیشن ۱۹۴۵ء میں عالم گیر الیکٹرک پریس لاہور سے نکلا ہے۔ پہلے مجموعے میں "روح حیات" اور "آیات و نغمات مصنفہ جوش ملیح آبادی، مرہٹی انسائیکلوپیڈیا، رسائل عماد الملک سید حسین بلگرامی، روح سیاست" مترجمہ محمد عمر نورالہیٰ "مثنوی حزن اختر" مرتبہ مولانا شرر، "، اہرات حالی، افادات مہدی۔ انجام

زندگی مولفہ ضیا بانو۔ دیوان جان صاحب، ناٹک ساگر مولفہ نور الہیٰ محمد عمر "ہند عہد اورنگ زیب میں" مولفہ مرزا سمیع اللہ بیگ "مکتوبات حالی" الناظر کا انعامی مقابلہ اور ماورا مصنفہ ن م راشد پر تبصرے کیے گئے ہیں۔

ان کتابوں میں سے بعض کا تعلق افسانے اور ڈرامے سے ہے، بعض کا ترجمہ و ترتیب سے بعض سوانح اور نعت نگاری سے متعلق ہیں اور بعض کا تعلق تخلیقی ادب سے ہے۔ مولوی صاحب نے ہر قسم کی کتاب پر تبصرہ کیا ہے اور ایسی جامعیت و ذہانت کے ساتھ کہ ہمیں ان کی قابلیت اور اخلاقی جرات دونوں کا قائل ہونا پڑتا ہے۔

یہی کیفیت "تنقیدات عبدالحق کی ہے۔ اس میں دیوان ولی مرتبہ حیدر ابراہیم سایانی مکاتیب نواب محسن الملک و نواب وقار الملک مرتبہ محمد امین زبیری سرگذشت الفاظ مولفہ احمد دین شرح دیوان غالب مولفہ عبدالباری آسی۔ تذکرہ اعجاز سخن مولفہ شیر علی خاں سرخوش، تخلیص عروض وقافیہ مولفہ نظم طباطبائی۔ "زبان اردو پر سرسری نظر" از رشید احمد صدیقی "خطوط سرسید" بانگ درا۔ مکاتیب امیر مینائی "شعر الہند" مولفہ عبدالسلام ندوی۔ روح تنقید از محی الدین قادری زور۔ گنجینہ تحقیق مولفہ بیخود موہانی "اصلاحِ سخن" مولفہ شوق سندیلوی۔ اردو شہ پارے از محی الدین قادری زور۔ ارباب نثر اردو از سید محمد۔ اکبرالہ آبادی مولفہ طالب الہ آبادی "پنجاب میں اردو، مولفہ حافظ شیرانی" مضامین احمد علی شوق "" اردو لٹریچر "مولفہ گریہم بیلی۔" نور اللغات "جامع اللغات مرتبہ خواجہ عبدالمجید اور مجموعۂ نغز مرتبہ حافظ محمود خاں شیرانی پر تبصرے شامل ہیں۔ یہ کتابیں کیسے کیسے اہم موضوعات پر ہیں، ان کے مولفین و مصنفین کیسے کیسے جید عالم ہیں اور مضامین و موضوعات کے لحاظ سے یہ کتنی متنوع ہیں، ظاہر ہے ان پر ایک جانکار کی حیثیت سے قلم اٹھانا ہر شخص کے بس کی بات نہیں ہے۔ مولوی صاحب نے ساری کتابوں پر لکھا ہے اور ایسے انداز سے لکھا ہے کہ ہر کتاب کے موضوع کے بارے میں اس کے مؤلف سے کہیں زیادہ ہم مولوی صاحب کے قائل ہو جاتے ہیں۔

مولانا حسرت موہانی

(۱۸۷۸ء............۱۹۵۱ء)

مولانا حسرت موہانی ان عظیم شخصیتوں اور بڑے شاعروں میں سے تھے جنہیں میں نے پہلے پہل ۴۰-۱۹۳۹ء میں دیکھا اور میرا یہ دیکھنا اوروں کے نزدیک کچھ اس انداز کا رہا کہ

سودا ترا حال ہے اتنا تو نہیں وہ
کیا جانیے تو نے اُسے کس آن میں دیکھا

اس کے بعد جیسے جیسے شعور بڑھا، حسرت کی زندگی اور شاعری کے بے شمار ایسے پہلو سامنے آئے جن کے سبب میں خود کو ذہنی طور پر حسرت سے بہت قریب محسوس کرنے لگا۔ پھر میری ایک کمزوری یہ بھی ہے کہ جس کی شخصیت دل میں گھر کر لیتی ہے اس کی ہر چیز میری نظر میں دلاویز ہوتی چلی جاتی ہے۔ اس زاویہ نظر کا جو نتیجہ ہونا چاہیے تھا ہوا یعنی حسرت میرے لیے زندگی کی عظمت کا نشان بن گئے۔ چنانچہ میں نے ان کے بارے میں جہاں جو کچھ ملا اسے پڑھا، جس نے جو کچھ کہا اسے سنا اور جیسا کچھ لکھ سکتا تھا ان کے بارے میں لکھا۔ لیکن کسی بات سے طبیعت سیر نہ ہوئی چنانچہ مئی ۱۹۵۱ء میں جب مولانا حسرت کا انتقال ہوا تو میں نے ان کے نام کی یاد اور یادگار قائم رکھنے کے خیال سے "حسرت" نام کا ادبی ماہنامہ نکالنے کا ارادہ کیا اور ڈکلریشن حاصل کر کے پہلے شمارے کو مولانا کی زندگی اور شاعری کے لیے مخصوص کرنے کا ڈول ڈالا۔

میں نے اس سلسلے میں، مولانا کے دوستوں اور عزیزوں کے علاوہ ممتاز ادیبوں کو بھی مضامین کے لیے خطوط لکھے۔ ہر شخص نے دل بڑھایا اور مفید مشورے دیے، مضامین بھیجنے کا وعدہ کیا اور حوصلہ افزا خط لکھے۔ علامہ نیاز نے اپنے خطوط مرقومہ ۲۷ مئی ۱۹۵۱ء اور ۳۰ مئی ۱۹۵۱ء میں ہر طرح میری مدد فرمانے کا وعدہ کیا۔ مولانا امتیاز علی خاں عرشی اور پروفیسر رشید احمد صدیقی کی طرف سے بھی اسی انداز کے جوابات موصول ہوئے۔ یہ سارے خطوط میرے پاس آج بھی محفوظ ہیں اور ان میں

سے کئی نگار پاکستان کے حسرت نمبر بابت مئی جون ۱۹۷۶ء کراچی میں شائع ہو چکے ہیں مختصر یہ کہ حسرت موہانی نمبر کے لیے میں اپنی بساط بھر کام کرتا رہا لیکن اول اس وجہ سے کہ میں کراچی میں تازہ وارد تھا اور میرے قدم ابھی پوری طرح جمے نہ تھے دوسرے اس وجہ سے کہ "حسرت نمبر" کی اشاعت کے لیے جو وسائل درکار تھے وہ میسر ہو سکے۔ "حسرت" کے اجراء کی نوبت نہ آئی پھر بھی اس سے بڑھ کر دل خوش کن بات یہ ہوئی کہ خود علامہ نیاز فتح پوری نے لکھنو سے "نگار" کے حسرت نمبر نکالنے کا اعلان کر دیا۔ اس سے بہتر کیا صورت ہو سکتی تھی۔ نیاز صاحب، حسرت کے لڑکپن کے ساتھی تھے، ہم جماعت تھے، ہم عمر تھے۔ ساتھ پڑھا۔ ساتھ کھیلے، ساتھ شعر و سخن کا سلسلہ شروع کیا اور دونوں مدرسہ اسلامیہ فتح پور کے بانی مولانا سید ظہور الاسلام کے شاگرد اور ان کی زندگی و شخصیت سے یکساں متاثر رہے۔ چنانچہ میرے پاس حسرت کے سلسلے میں جو مواد — وہ نیاز صاحب کو بھیجدیا۔ حسرت کی وہ تصویر جو نگار ۱۹۵۲ء کے حسرت نمبر میں شائع ہوئی حسرت کی آخری تصویر ہے اور یہ بھی میں نے کراچی سے نیاز صاحب کو بھجوائی تھی۔

مولانا حسرت موہانی کی شخصیت دراصل ایک عاشق، ایک صوفی، ایک مجاہد، ایک شاعر، ایک رہنما، ایک حرّ، ایک مسلمان اور ایک مرد حق آگاہ کی شخصیت ہے۔ ایسی شخصیت جس میں خلافت راشدہ کے مسلمانوں کی جھلک نظر آتی ہے اور جسے علامہ سید سلیمان ندوی کے لفظوں میں بیسویں صدی کے ابوذر غفاری کی شخصیت کہہ سکتے ہیں۔ کون ابوذر غفاری وہی جن کے بارے میں آنحضرت کا ارشاد ہے کہ:

"ابوذر سے زیادہ کسی حق گو پر آفتاب کی کرن اب تک نہیں چمکی۔"

آپ میں سے بہتوں نے مولانا حسرت کو دیکھا ہوگا۔ ان سے ملے ہوں گے اور ان کی باتیں سنی ہونگی آپ نے ان کے علاوہ بھی بہتوں کو دیکھا ہوگا، بہتوں سے ملے ہوں گے اور بہت سی ایسی باتیں سنی ہونگی جو آپ کی زندگی کے لئے یادگار اور وجہ نشاط ہوں گی۔ لیکن اگر میں اپنی زندگی میں کوئی بات قابل فخر محسوس کرتا ہوں تو صرف یہ کہ میں نے مولانا حسرت کو دیکھا ہے۔ ان سے باتیں کی ہیں ان کے ساتھ چند دن پھرا ہوں۔ تحریک پاکستان کے جلسوں میں ایک طالب علم کی حیثیت سے ان کے

سامنے الٹی سیدھی تقریریں کی ہیں اس سے بھی بڑھ کر یہ کہ میں نے فتح پور ہسوہ کے اسی مدرسہ میں ابتدائی تعلیم پائی ہے۔ جس کے ممتاز ترین طالب علم مولانا حسرت موہانی ہیں۔ اس مدرسہ کے بانی مولانا سید ظہور الاسلام تھے۔ مولانا حسرت کی شخصیت مولانا سید ظہور الاسلام نے کیا اثر ڈالا تھا اس کی تفصیل کا یہ موقع نہیں۔ یوں سمجھ لیجئے کہ سید فضل الحسن کو جلد سے جلد مولانا حسرت موہانی بنا دینے میں ان کا بڑا ہاتھ ہے۔

مولانا حسرت کی شخصیت بظاہر ایک عجیب و غریب لیکن حقیقتاً ایک انسان کامل کی شخصیت ہے۔ عجیب و غریب ان معنوں میں کہ انہوں نے بعض متضاد عناصر کو اپنی ذات سے اس طرح ہم آہنگ کر لیا تھا کہ اجتماع ضدین کی ایسی حسین اور متوازن مثال کہیں اور نظر نہیں آتی مثلاً وہ بیک وقت پکے مسلمان بھی تھے اور صاحب کردار اشتراکی بھی۔ کہا کرتے تھے۔ کہ اسلام کو کمیونزم سے کوئی خطرہ نہیں ہے۔ مجھے دیکھو سچا مسلمان بھی ہوں اور پکا کمیونسٹ بھی۔ مولانا کے کلیات میں ایک غزل نما نظم میں "سویٹ" کا لفظ اس طور پر آیا ہے۔

معیشت میں بہ ہر سو رنگ فطرت ہے جہاں میں ہوں
اُخوّت ہے جہاں میں ہوں سوِیت ہے جہاں میں ہوں

مولانا سنجیدگی سے فرمایا کرتے تھے کہ روس کے ساتھ سوویٹ کا جو لفظ آتا ہے وہ دراصل عربی کا "سویت" ہے۔ جس کے معنی مساوات کے ہیں۔ مولانا شرع کے سختی سے پابند تھے۔ نمازی ایسے کہ لڑکپن سے لے کر آخر دم تک شاید ہی نماز قضا ہوئی ہو۔ لیکن ادائے نماز میں کبھی کبھی بڑی عجلت سے کام لیتے تھے۔ بعض لوگ تفریح طبع کے طور پر کہا کرتے تھے کہ مولانا نے سورۂ فاتحہ اور بعض دوسری سورتوں کے اعداد بہ لحاظ ابجد ہوز نکال رکھے ہیں اور ہر رکعت میں اصل سورتوں کے بجائے ان کے اعداد سے کام لے لیتے ہیں۔ عاشق ایسے کہ عشق کا پیکر کہیے، اندر سے بالکل موم محبوب کی رضا پر جینا اور مرنا زندگی کا نصب العین، اس سپردگی اور از خود رفتگی کے باوصف اپنی رائے اور اپنے ارادے میں ایسے پختہ اور ایسے سخت گیر کہ جو کچھ ٹھان لیتے تھے وہی کرتے تھے۔ ایک طرف طبیعت ایسی حسن پرست اور عاشقانہ کہ غزلوں کے سوا کسی اور صنف کی طرف رجوع نہ کیا۔ دوسری طرف مزاج میں ایسی سختی و تندی

کہ سوکھی لکڑی کی طرح ٹوٹ سکتے تھے جل کر خاک ہو سکتے تھے لیکن کسی مصلحت کی خاطر لچکنے کو تیار نہ ہوتے تھے۔ شوخی ایسی کہ ٹکٹ لیتے علی گڑھ کا اور سی آئی ڈی کو پریشان کرنے کے لئے علی گڑھ سے ایک دو اسٹیشن آگے یا پیچھے اتر جاتے ساتھ ہی سنجیدہ ایسے کہ اصولوں سے سر مو انحراف ممکن نہ تھا۔

مولانا حسرت نادار نہیں ایک آسودہ حال گھرانے سے تعلق رکھتے تھے۔ دادی کی طرف سے کوڑا جہاں آباد (ضلع فتحپور ہسوہ) میں انہیں تین گاؤں ورثہ میں ملے ہوئے تھے۔ دادھیال والے بھی خوشحال ہی تھے۔ اگر ایسا نہ ہوتا تو وہ ۱۸۹۹ء میں اعلیٰ تعلیم کے لئے علی گڑھ نہ جا سکتے۔ لیکن سنت نبوی کی پیروی اور استغناو سادگی کی صورت یہ تھی کہ جائداد کا زیادہ حصہ دینی اور فلاحی کاموں کے لئے وقف تھا۔ موٹا جھوٹا پہنتے، دال دلیا کھاتے اور عیش دنیا سے بے نیاز ہو کر قلندرانہ زندگی بسر کرتے تھے۔ پنڈت نہرو کے متعلق کہا جاتا ہے کہ انہوں نے ایک خاص عمر تک ہندوستان کے دھلے ہوئے اور سلے ہوئے کپڑے نہیں پہنے ان کے کپڑے یورپ میں تیار ہو کر آتے تھے۔ مولانا حسرت کا امتیاز یہ ہے کہ انہوں نے تقریباً ساری عمر گھر کے سلے ہوئے اور اپنے ہاتھ کے دھلے ہوئے کپڑے پہنے۔ عاشق رسول ایسے کہ آخر عمر میں ہر سال حج کرنے جاتے تھے۔ لیکن نہ تو کبھی حاجی کہلائے اور نہ کسی قسم کا مذہبی تقشف ان میں پیدا ہوا۔ دوسری قوموں کے دینی رہنماؤں کو بھی انہوں نے کبھی تعصب و نفرت کی نگاہ سے نہیں دیکھا۔ حضور اکرمؐ کی شان میں جس شیفتگی کے ساتھ نعتیں کہی ہیں اسی ذوق و شوق کے ساتھ گرو نانک اور سری کرشن وغیرہ کی تعریف میں نظمیں لکھی ہیں:

مولانا مذہباً باعمل حنفی سنی تھے لیکن حد درجہ آزاد خیال اور کشادہ قلب۔ کسی مکتب فکر پر لعن طعن کرنا ان کے مسلک کے خلاف تھا وہ صوم و صلوٰۃ اور شرع محمدی کے سختی سے پابند تھے لیکن عرس و قوالی کی محفلیں بھی ان سے نہ چھٹتی تھیں۔ بزرگوں کے مزار پر حاضری دینا اور فاتحہ پڑھنا ان کی عملی زندگی کا جزو خاص تھا محرم میں دس دن روزے رکھتے تھے اور تعزیے کے جلوس میں اشکبار آنکھوں کے ساتھ شریک رہتے تھے۔ اپنی بیٹی نعیمہ کو لکھنے پڑھنے کے ساتھ جہاں اور باتیں سکھائیں وہاں پتنگ بازی کے فن میں بھی مہارت پیدا کرائی، خود مولانا کو پتنگ بازی کا بڑا شوق

تھا۔ کانپور میں پریڈ کے میدان میں شہر بھر کے پتنگ باز جمع ہوتے تھے۔ مولانا ان کے داؤ پیچ کو گردن اٹھائے ہوئے دیر تک دیکھتے رہتے تھے۔

میدان سیاست میں مولانا کی ہر دلعزیزی کا یہ عالم تھا کہ وہ بیک وقت صوبائی اور مرکزی دونو اسمبلیوں کے ممبر تھے۔ کانگریس سے لیکر مسلم لیگ تک حکومت و سفارت کا اونچے سے اونچا منصب ان کی دسترس میں تھا۔ لیکن وہ سارے عہدوں سے مستغنی و بے نیاز رہے کام کے سوا نام کی طرف انہوں نے کبھی توجہ نہیں دی۔

اسی طرح کی اور نہ جانے کتنی باتیں ظاہر کرتی ہیں کہ مولانا حسرت کی شخصیت یک رنگ نہیں رنگا رنگ ہے۔ یک شیوہ نہیں ہزار شیوہ ہے۔ انہوں نے زندگی کو ایک رخ سے نہیں ہر رخ سے دیکھا ہے اس کے ہر مثبت پہلو اور ہر بے ضرر مشغلے سے مخلصانہ دلچسپی لی ہے۔ واقعہ یہ ہے کہ زندگی کے مختلف رشتوں کے توسط سے ادبیت و انسانیت کا جیسا دلکش امتزاج ان کی شخصیت میں ملتا ہے ہمارے معاشرے میں اس کی نظیر نظر نہیں آتی۔ اس دلکش شخصیت میں دو چیزیں حد درجہ نمایاں ہیں اور وہی ان کے کردار کا طرہ امتیاز ہیں ایک ارادے کی مضبوطی و اخلاقی بلندی دوسرے ماسوا سے بے خوفی۔

آئینِ جواں مرداں حق گوئی و بے باکی
اللہ کے شیروں کو آتی نہیں روباہی

یہ شعر ہے علامہ اقبال کا لیکن اس کا صحیح اطلاق مولانا حسرت موہانی پر ہوتا ہے مولانا حسرت موہانی پاک و ہند کے پہلے صحافی، پہلے ادیب، پہلے شاعر، پہلے سیاسی رہنما پہلے طالب علم، اور پہلے حریت پسند ہیں جنہوں نے حکومت برطانیہ کے خلاف علم بغاوت بلند کیا۔ ۱۹۰۳ء میں جبکہ مولانا بی۔ اے کے طالب علم تھے انہوں نے اردوئے معلیٰ کے نام سے علی گڑھ سے ایک رسالہ جاری کیا۔ اس کی ایک اشاعت میں مولانا نے مصر کے مشہور لیڈر مصطفیٰ کامل کی موت پر ایک مضمون شائع کیا۔ اس میں انگریزوں کی پالیسی پر سخت تنقید کی گئی تھی۔ حکومت نے اسے بغاوت سے تعبیر کیا اور جرم کی پاداش میں مولانا کا قیمتی کتب خانہ تباہ کر دیا گیا۔ دو سال کے لئے قید بامشقت کی سزا دی گئی۔ اذیت و مصیبت کے یہ دو سال انہوں نے جس جوانمردی

اور خندہ پیشانی سے گزارے ہیں وہ سیاسی قید و بند کی تاریخ میں آپ اپنی مثال ہے۔ تیس (۳۰) سیر سے لے کر ایک من تک آٹا انہیں پتھر کی چکی پر روزانہ پیسنا پڑتا تھا۔ چھ فٹ لمبی چار فٹ چوڑی کوٹھری میں یہ حریت کا دلدادہ مقید تھا۔ بدن پر ایک کرتی اور ایک لنگوٹی کے سوا کچھ نہ تھا۔ ضروریات زندگی کے لئے بوسیدہ سا ایک ٹاٹ کا ٹکڑا اور ٹین کا ایک ڈبہ ملا ہوا تھا۔ ٹاٹ کے ٹکڑے کو مولانا بستر، تکیہ اور جائے نماز کے لئے استعمال کرتے تھے۔ ٹین کا ڈبہ پانی پینے، وضو کرنے اور آب دست کے کام آتا تھا بایں ہمہ مولانا سے نہ کسی وقت کی نماز چھوٹی نہ تراویح اور نہ کوئی روزہ قضا ہوا۔

کٹ گیا قید میں ماہِ رمضاں بھی حسرت
گرچہ سامان سحر کا تھا نہ افطاری کا

دن کو چکی پیستے پیستے مولانا کے ہاتھوں میں چھالے اور آنکھوں میں ہالے پڑجاتے تھے۔ لیکن مولانا حسرت عاشقانہ غزلیں گنگناتے رہتے۔ نغمے بکھیرتے رہتے اور چند لمحوں کے لئے اپنے سارے ساتھیوں کا غم غلط کر دیتے۔

انگریزوں کے خلاف مولانا حسرت کی بغاوت ایک دن کی نہیں عمر بھر کی تھی انہوں نے جیتے جی کبھی انگریز کو حاکم تسلیم نہیں کیا۔ وہ اسے غاصب ہی سمجھتے تھے۔ چنانچہ انگریزی حکّام کے احکام کی تعمیل میں نہ کبھی وہ اپنی خوشی سے جیل میں داخل ہوئے اور نہ جیل سے باہر نکلے جب انہیں وارنٹ گرفتاری دکھایا جاتا تو مولانا فرماتے جب میں حکومت ہی کو تسلیم نہیں کرتا تو یہ وارنٹ کیسا؟ آخر پولیس والے زبردستی تانگے میں ڈال کر انہیں جیل میں لے جاتے اور رہائی کے وقت باہر ڈال جاتے۔ اس بغاوت کے جرم میں مولانا نے جتنی جسمانی و روحانی تکلیفیں برداشت کیں ان کی تفصیل پڑھ کر انسان کے رونگٹے کھڑے ہو جاتے ہیں وہ دنیا کے سارے سیاسی قیدیوں کے پیر اور سارے حریت پسندوں کے امیر تھے۔ ان کی پیٹھ پر پولیس کے ڈنڈوں کی کالی دھاریاں آخر عمر تک باقی تھیں۔ کہا کرتے تھے کہ انھی کالی دھاریوں نے پاک و ہند کی فضا میں آزادی کی روشن لکیریں بنائی ہیں وہ انگریزوں سے آزادی وطن کے طالب تھے لیکن اسے زکوٰۃ اور خیرات کے طور پر نہیں اپنے حق کے طور پر لینا چاہتے تھے۔ اسی لئے کانگرس اور مسلم لیگ دونوں کے پلیٹ فارموں سے انہوں نے

ہمیشہ ڈومینین اسٹیٹس کے بجائے مکمل آزادی کا مطالبہ کیا۔اس کے برعکس دوسرے سیاسی رہنما اس مطالبہ کو قبل از وقت خیال کرتے تھے۔اس سلسلہ میں چودھری خلیق الزماں مرحوم نے مجھ سے حبیب صدیقی صاحب کے سامنے ،ایک واقعہ بڑا دلچسپ اور عجیب بیان کیا۔۱۹۲۱ء میں کانگریس کا سالانہ اجلاس احمد آباد میں منعقد ہو رہا تھا کانگریس کے ہندو، مسلمان زعماء نے اتفاق رائے سے طے کیا کہ ڈومینیس اسٹیٹس کے مطالبے کا ایک ریزولیشن تیار کیا جائے۔اور اسے جلسہ عام سے منظور کر کے حکومت کو بھیجا جائے چنانچہ معاملہ سبجکٹ کمیٹی کے سپرد ہوا۔کمیٹی میں مولانا حسرت موہانی نے تائید کے بجائے اس کی مخالفت کی۔اب یہ طے پایا کہ اس تجویز کو جلسۂ عام سے بالاتفاق منظور کرایا جائے اور ایسا کچھ کیا جائے کہ مولانا حسرت اس جلسہ میں پہونچ ہی نہ سکیں۔چنانچہ جس رات کو جلسہ ہونے والا تھا مولانا حسرت کے بعض دوستوں نے انہیں حیلے بہانے سے اغوا کر رکھا تھا لیکن تائیدی تقریروں کے بعد جیسے ہی محدود آزادی کا ریزولیشن منظوری کے لئے جلسہ عام میں پیش کیا گیا مولانا حسرت ڈائس کے تخت کے نیچے سے اچانک برآمد ہوئے اور اسٹیج پر کھڑے ہو کر بولے۔

"صاحبو! یہ ریزولیشن حریت پسندوں کی طرف سے نہیں بزدل اور مصلحت اندیش سیاستدانوں کی طرف سے پیش کیا گیا ہے ہم آزادی کو بھیک نہیں اپنا حق جانتے ہیں اور ہمیں جلسہ میں ڈومینین اسٹیٹس کی بجائے کامل آزادی کا مطالبہ کرنا چاہیئے"۔

اس وقت مولانا کی تجویز کو رد کر دیا گیا۔لیکن یہی تجویز آٹھ سال بعد ۱۹۲۹ء میں کانگریس کے سالانہ اجلاس میں جب پنڈت نہرو نے پیش کی تو اسے منظور کر لیا گیا۔ اس طرح کامل آزادی کے مطالبے کی تجویز ہماری سیاسی تاریخ میں مولانا حسرت کے بجائے پنڈت نہرو کے نام لکھ دی گئی۔

یہی حال بدیسی مال کے بائیکاٹ کی تحریک کا ہے۔مولانا حسرت موہانی پہلے سیاسی رہنما ہیں جنہوں نے اپنے استاد مولانا سید ظہور الاسلام کی تقلید میں دیسی مصنوعات کو ہمیشہ بدیسی ساز و سامان پر عملاً ترجیح دی۔مولانا حسرت نے ہمیشہ اپنے دیس کا بنا ہوا کپڑا پہنا اور بدیسی خصوصاً برطانیہ کے پارچہ جات سے زندگی بھر پرہیز کیا

ایک دفعہ مولانا حسرت موسم سرما میں علامہ سید سلیمان ندوی کے یہاں مقیم تھے۔ علامہ نے مولانا کی پائنتی ایک ولایتی کمبل رات کو اوڑھنے کے لئے رکھ دیا۔ مولانا حسرت نے کمبل اٹھا کر الگ رکھ دیا اور بغیر کچھ اوڑھے ہوئے سردی کی رات گزار دی۔ علامہ ندوی کو اپنی بھول پر بڑا افسوس ہوا۔ ایسے آہنی عزائم و ارادہ اور کردار و صفات کے لوگ روز روز نہیں پیدا ہوتے ؏

مت سہل ہمیں جانو پھرتا ہے فلک برسوں
تب خاک کے پردے سے انسان نکلتے ہیں

مولانا حسرت کی شخصیت اور سیرت کے جن پہلوؤں کا ذکر اوپر کیا گیا ہے وہ ان کی شاعری میں بھی صاف نظر آتے ہیں۔ ہر چند کہ عام طور پر ایک سیاسی رہنما اور ایک تخلیقی فنکار یا شاعر کی زندگی اور طرز احساس میں زمین و آسمان کا فرق ہوتا ہے دونوں کے یہاں نیکی و بدی کے پیمانے ایک دوسرے سے بہت مختلف ہوتے ہیں ایک عقل و مفاد کا بندہ اور جذبات سے عاری، دوسرا تخیل کا پتلا اور محبّت کا غلام، شاید اسی لئے حسرت نے بھی اپنے متعلق کہا ہے ؏

ہے مشقِ سخن جاری چکی کی مشقّت بھی
اک طرفہ تماشا ہے حسرت کی طبیعت بھی

سوشلزم آپ کا مقصد بغاوت آپ کا مسلک
مگر اس پر بھی حسرت کی غزل خوانی نہیں جاتی

شخصیت کے اس ظاہری تضاد کا یہ مفہوم ہرگز نہیں کہ سیاست و شاعری میں اللہ واسطے کا بیر ہے یا ایک ہی شخص میں یہ دونوں چیزیں بہ یک وقت جمع نہیں ہو سکتیں اس مفروضے کو جھٹلانے کے لئے بہت سی دلیلیں اور مثالیں دی جا سکتی ہیں لیکن اس کی ضرورت نہیں، خود مولانا حسرت موہانی کی زندگی اس کی تردید کرتی ہے وہ ایک مانے ہوئے سیاسی رہنما بھی تھے۔ اور کامیاب شاعر بھی، بات یہ ہے کہ سچائی خواہ اس کا تعلق سیاست سے ہو یا شاعری سے، فکر سے ہو یا عمل سے، دین سے ہو یا دنیا سے فن سے ہو یا اظہار فن سے اپنے مخاطب پر یکساں اثر انداز ہوتی ہے۔ مولانا

حسرت موہانی کے یہاں فکر و عمل کی جو سچائی، روزمرہ زندگی میں نظر آتی ہے وہی ان کے کلام میں صاف جھلک رہی ہے۔

اپنی صحافتی اور سیاسی زندگی میں مولانا حسرت کا مسلک یہ تھا کہ اس نے ہمیشہ وہی لکھا وہی کیا جسے سچ جانا، اس میں کوئی اینچ پیچ نہیں تھا جو کچھ لکھا اور جو کچھ کہا برملا کہا اور اپنے انداز خاص کے ساتھ کہا ان کی شاعری کی بھی یہی صورت ہے انہوں نے جو کچھ محسوس کیا اور جس طرح محسوس کیا بڑی بے تکلفی و بے باکی سے اسی طرح اپنے اشعار میں بیان کر دیا، سچائی کے اظہار میں اس بے تکلفی اور بیباکی کا یہ نتیجہ ضرور ہوا کہ ان کی شاعری بلحاظ معنی کئی خانوں مثلاً عاشقانہ، نافعانہ، عارفانہ، اور ناصحانہ وغیرہ میں بٹ گئی۔ لیکن اظہارِ صداقت کے باب میں آپ اسے اُن کی مجبوری کہہ لیجئے، ان کی زندگی کا خمیر کچھ ایسے عناصر سے تیار ہوا تھا کہ وہ پھانسی کے تختے پر لٹک سکتے تھے زہر کا پیالہ پی سکتے تھے لیکن ایک چیز کو جس طرح وہ دیکھتے تھے۔ جس طرح محسوس کرتے تھے۔ اور جس طرح سمجھتے تھے اس کا اظہار من و عن اسی طرح کرنے سے نہ رک سکتے تھے۔ چنانچہ ان کی شاعری بھی ان کی زندگی کی طرح کھلی ہوئی کتاب ہے۔ اس کتاب میں ان کے نہاں خانۂ دل کے سارے راز آپ بہت آسانی سے پڑھ سکتے ہیں ایک واردات دل کی جس سطح پر جس طرح گذری ہے پوری سچائی کے ساتھ موجود ہے۔

مولانا حسرت کی شاعری بنیادی طور پر حسن و جمال اور عشق و محبت کی شاعری ہے اس شاعری کا آغاز، لڑکپن کی اس معصوم اور بھولی بھالی عمر سے ہوتا ہے جس کے متعلق خود حسرت نے کہہ دیا ہے کہ

حسن سے اپنے وہ غافل تھا میں اپنے عشق سے
اب کہاں سے لائیں واقفیت کے مزے

حسرت نے "ناواقفیت" کے یہ مزے بارہ چودہ سال کی عمر سے اٹھائے ہیں ان کی ابتدائی غزلیں بتاتی ہیں کہ مڈل اور ہائی اسکول کے زمانہ طالب علمی ہی سے انہوں نے شعر کہنا شروع کر دیا تھا۔ اس زمانے کے اشعار میں حسن پرستی اور محبت کے جن ہلکے پھلکے تجربات و جذبات کا اظہار ملتا ہے وہ موہان اور فتح پور ہسوہ کی اس طالب

عاشقانہ فضائے حیات سے تعلق رکھتے ہیں جو انہیں اپنے حلقۂ احباب اور اسکول کی حدود میں حاصل تھی۔ فتح پور میں مولانا حسرت کے ہم جماعت مولانا نیاز فتحپوری کا بیان ہے کہ حسرت کی ابتدائی عشقیہ شاعری کے موضوع ان کے ایک ہم جماعت اور گہرے دوست ابوالہاشم ساکن کوڑا جہان آباد تھے۔ ابوالہاشم کا تخلص رسوا تھا اور مولانا حسرت کے اس شعر میں ع۔

ان کی ہم نامی حاصل ہو گئی
کیا ہوا حسرت جو رسوا ہو گیا

"رسوا" سے مراد ابوالہاشم رسوا ہی ہیں جنہیں آپ حسرت کی حُسن پرستی اور عشقیہ شاعری کا محرکِ اوّل کہہ سکتے ہیں لیکن حسن و محبت کا یہ خارجی ماحول بہت جلد گھر اور خاندان کی رومان پرور فضا میں بدل گیا، موہان اور فتح پور ہسوہ کے قریب عزیزوں میں جن ہم عمر لڑکیوں سے انہیں ملنے جلنے کے مواقع میسّر تھے، معصوم مشغلے کے طور پر وہ ان سے چھیڑ چھاڑ بھی کرتے تھے اور کسی کسی پر غزلیں بھی کہہ ڈالتے تھے یہ سب کچھ وہ اتنے خلوص، اتنی بے باکی اور اتنے بھولپن سے کرتے تھے کہ ان کی باتوں کو ایک معصوم شرارت کے سوا کسی اور چیز سے تعبیر نہیں کر سکتے۔ مولانا حسرت کی ایک قریبی عزیزہ رابعہ بیگم لکھتی ہیں کہ:

> ابھی موہان کے مقامی اسکول میں پڑھتے تھے شعر و شاعری سے نہ صرف یہ کہ دلچسپی پیدا ہو گئی بلکہ اشعار کہنے لگے۔ زیادہ تر عشق اور عاشقی کے رنگین قصے ہوتے تھے۔ یہ قصے ان کی زندگی کے ابتدائی تجربات تھے ہوائی باتیں نہ تھیں ان کے قریبی عزیز ان کے اس زمانے کے متعلق گفتگو کرتے وقت زیر لب مسکراتے ہیں کبھی کبھی کوئی اڑتا اڑتا کوئی نام بھی سنائی دیتا ہے کبھی ان خوبصورت پہونچیوں کا ذکر ہوتا ہے جو خربوزوں کے بیجوں کو پیلا اور سرخ رنگ کر بنائی گئی تھیں اور ہدیہ شوق کے طور پر پیش ہوتی تھیں۔"

لیکن ایسا معلوم ہوتا ہے کہ موہان کے مقابلے میں کوڑا جہان آباد (فتحپور ہسوا) کا ماحول، رومانی زندگی کے لئے کچھ زیادہ ہی پر کشش اور دلنشین تھا شاید اسی

لئے انہوں نے ایک شعر میں کہا ہے۔

اب تلک موجود ہے کچھ کچھ لگا لائے تھے ہم
وہ جو اک لپکا کبھی خاکِ جہان آباد سے

محبت کی یہی گھریلو فضا جس کی ہلکی سی جھلک ان کی ابتدائی شاعری میں موجود ہے، عالم شباب کو پہونچتے پہونچتے کچھ سے کچھ ہو گئی اور آخر آخر اس میں ایسا رنگ اور آہنگ پیدا ہو گیا کہ وہ اردو کی عشقیہ شاعری میں مولانا حسرت کا امتیازی نشان بن گئی ہے۔

ہر چند کہ مولانا حسرت نے حسن و عشق کے ساتھ ساتھ، سیاسی اور اخلاقی مسائل کو بھی اپنی شاعری میں کھینچ لانے کی کوشش کی ہے لیکن اس میں انہیں کچھ زیادہ کامیابی نہیں ہوئی۔ ایک آدھ غزل مثلاً

رسمِ جفا کامیاب دیکھیے کب تک رہے
حُبّ وطن مست خواب دیکھیے کب تک رہے
پردہ اصلاح میں کوشش تخریب کار
خلق خدا پر عذاب دیکھیے کب تک رہے
نام سے قانون کے ہوتے ہیں کیا کیا ستم
جبر یہ زیر نقاب دیکھیے کب تک رہے
ہے تو کچھ اکھڑا، ا بزم حریفاں کا رنگ
اب یہ شراب و کباب دیکھیے کب تک رہے
حسرت آزاد پر جور غلامان وقت
ازراہِ بغض و عتاب دیکھیے کب تک رہے

کے متعلق کہہ سکتے ہیں کہ وہ سیاسی خیالات کو بھی تغزل کا رنگ دینے میں کسی حد تک کامیاب ہوئے ہیں ورنہ ان کے منظوم سیاسی خیالات عام طور پر بے رنگ و بے اثر ہیں، شاعر کی حیثیت سے ان کی شہرت و عزت فی الواقع، ان کی عاشقانہ غزلوں کی وجہ سے ہے ایسی عاشقانہ غزلیں جو اردو غزل کی روایت سے ہم آہنگ رہ کر بھی قدما کی غزلوں سے بہت مختلف ہیں اور غالباً اسی لئے فراق گورکھپوری جو خود بھی اردو کے

منفرد غزل گو شاعر اور غزل کے ناقد ہیں۔ مولانا حسرت کو جدید اردو غزل کا بانی قرار دیتے ہیں ۔ بعض نے جو انہیں رئیس المتغزلین لکھا ہے بے سبب نہیں لکھا ۔ مولانا حسرت نے اردو غزل کے جسم میں تازہ خون دوڑانے ۔ اس کا رنگ و روپ نکھارنے اور مولانا حالی کی کڑی تنقید کے بعد ، غزل کا جو وقار مجروح ہوا تھا اسے بحال کرنے اور بیسویں صدی میں نظم کی حریف کی حیثیت سے اسے از سرِ نو قبول عام بخشنے میں مولانا حسرت کا بڑا ہاتھ ہے ۔

یہ مانا کہ مولانا حسرت کی عشقیہ شاعری میں وہ شدّت اور گہرائی نہیں ہے جو میری تقی میر کی غزلوں کا طرۂ امتیاز ہے لیکن اس سے بھی انکار ممکن نہیں کہ ان کے یہاں جو کچھ ہے وہ قلبی واردانوں اور سچائیوں سے خالی نہیں ہے ۔ میر تقی میر کی طرح ان کی شاعری بھی ہر قسم کی لفظی صناعی اور مبالغہ آرائی سے پاک ہے جو کچھ دل پر گزری ہے اور جس طرح گذری ہے اسے حد درجہ سادگی کے ساتھ بیان کر دیا ہے حسرت کے بعض معاصر غزل گو شعرا. مثلاً اصغر گونڈوی ، فانی بدایوانی ، یگانہ چنگیزی اور جگر مرادآبادی سب کے یہاں تراکیب و الفاظ کے استعمال میں ایک طرح کا اہتمام نظر آتا ہے ، لیکن حسرت کے یہاں اس طرح کا کوئی اہتمام نہیں ہے ان کی شاعری ، میری تقی میر کی طرح خیال کی پیچیدگیوں اور ابہام سے پاک ، جذباتی صداقتوں کی شاعری ہے ان صداقتوں کو سمجھنے ان کا اثر قبول کرنے اور ان سے لطف اندوز ہونے کے لئے کسی شرح یا لغت کی ضرورت نہیں پڑتی بلکہ وہ براہ راست اپنے قاری یا سامع پر اثر انداز ہوتی ہیں میر نے اپنی شاعری کو باتوں سے تعبیر کرتے ہوئے کہا تھا کہ :

باتیں ہماری یاد رہیں پھر باتیں ایسی سینے گا
کہتے کسی کو سینے گا تو تلک سر دھینے گا

اک فتنۂ زماں میرؔ عشق پیشہ
باتوں میں اپنے مطلب سارے ادا کرے ہے

حسرت نے بھی سہلِ ممتنع کو کمالِ فن قرار دیتے ہوئے یہی کہا ہے کہ

شعر دراصل ہیں وہی حسرت
دل میں سنتے ہی جو اتر جائیں

یہ اندازِ سخن سرائی جس میں باتیں، اشعار بن جاتی ہیں یا اشعار کے ذریعے باتیں کی جاتی ہیں کوئی آسان بات نہیں ہے اردو غزل کی تاریخ میں صرف میر اور حسرت دو ایسے شاعر ہیں جو اس طرز سخن کو نباہ سکے ہیں۔

ابھی میں نے کہا ہے کہ حسرت کی غزل گوئی قدما کی غزل گوئی سے ہم آہنگ بھی ہے اور اس سے بہت الگ بھی۔ ہم آہنگی اتنی واضح ہے اس کے متعلق کچھ کہنے کی ضرورت نہیں۔ قدما سے الگ کہنے کے دو خاص سبب ہیں ایک تو یہ کہ ان کی شاعری میں محبت اور دنیائے محبت کے کچھ ایسے تجربے اور ایسی باتیں نظر آتی ہیں جو ان سے پہلے تک اردو شاعری کے قاری کے لئے ناشنیدہ و ناچشیدہ تھیں۔ عام طور پر یہ خیال کیا جاتا تھا (خاص طور پر مولانا حالی اور ان کے ہم خیال ناقدین یہی سمجھتے تھے) کہ حسن و محبت کے باب میں جو کچھ کہا جا سکتا تھا وہ سب کچھ ولی سے لیکر داغ تک کہا جا چکا اب لکیر پیٹنے کے سوا کسی تازہ تجربے یا نئے احساس اور طرز احساس کو غزل میں جگہ دینے کی گنجائش نہیں ہے۔ مولانا حسرت کی غزل گوئی نے اس خیال کو باطل ٹھہرا کر یہ باور کرایا کہ عشق و محبت اور حسن و جمال کی دنیا انسانی زندگی کی سب سے بڑی اور سب سے رنگا رنگ دنیا ہے اس دنیا کے بہت سے گوشے، بہت سے پہلو، اور بہت سے رخ ہنوز ایسے ہیں جو انسانی مشاہدے اور تجربے کی گرفت میں آئے ہی نہیں۔ یوں بھی حسن و عشق کی دنیا، ہر فرد کے ذاتی تجربوں کے توسط سے ایک نئی دنیا ہوتی ہے۔ چونکہ دوسرے فرد کے لئے یہ دنیا اجنبی ہوتی ہے۔ اس لئے اس کی آگاہی اس فرد کے لئے غیر معمولی نشاط و استعجاب کا سبب بن جاتی ہے۔ حسرت کے عشق کی دنیا بھی دوسروں سے الگ ان کی اپنی دنیا ہے۔ اس دنیا کے تجربے ان کے انفرادی اور ذاتی تجربے ہیں اس لئے ہم سب کو چونکاتے اور مسرت بخشتے ہیں چند اشعار

بڑھ گئیں تم سے تو ملکر اور بھی بے تابیاں
ہم یہ سمجھے تھے کہ اب دلکو شکیبار کر دیا

سب غلط کہتے ہیں لطفِ یار کو وجہِ سکوں
دردِ دل اس نے تو حسرت اور دونا کر دیا

نہیں آتی جو یاد انکی مہینوں تک نہیں آتی
مگر جب یاد آتے ہیں تو اکثر یاد آتے ہیں

اظہارِ التفات کے پردے میں اور بھی
وہ عقدہ ہائے شوق کو پیچیدہ کر چلے

ہم سے ہر چند وہ ظاہر میں خفا ہیں لیکن
کوششِ پرسشِ حالات چلی جاتی ہے

اُس ستمگر کو ستمگر نہیں کہتے بنتا
سعیِ تاویلِ خیالات چلی جاتی ہے

حسن سے اپنے وہ غافل تھا میں اپنے عشق سے
اب کہاں سے لائیں وہ نا واقفیت کے مزے

ہم سے پوچھا نہ گیا نام و نشاں بھی ان کا
جستجو کی کوئی تمہید اٹھائی گئی

تاثیرِ برقِ حُسن جو ، ان کے سُخن میں تھی
اک لرزشِ خفی مرے سارے بدن میں تھی

تجھ سے کچھ ملتے ہی وہ بے باک ہو جانا مرا
اور ترا دانتوں میں وہ انگلی دبانا یاد ہے

دیکھنا مجھ کو جو برگشتہ تو سو سو ناز سے
جب منا لینا تو پھر خود روٹھ جانا یاد ہے

کچھ سمجھ میں نہیں آتا کہ یہ کیا ہے حسرت
ان سے مل کر بھی نہ اظہارِ تمنا کرنا

اک خلش ہوتی ہے محسوس رگِ جاں کے قریب
آن پہونچے ہیں مگر منزلِ جاناں کے قریب

خرد کا نام جنوں پڑ گیا جنوں کا خرد
جو چاہے آپ کا حسنِ کرشمہ ساز کرے

بے زبانی ترجمانِ شوقِ بے حد ہو تو ہو
ورنہ پیشِ یار کام آتی ہیں تقریریں کہیں

دنیائے محبت کے محسوسات و تجربات کی تازگی کے علاوہ، ایک اور چیز ان کی غزل گوئی کو دوسروں دوسوں سے یکسر الگ کر دیتی ہے اور وہ ہے ان تجربات و محسوسات کو ان کی حقیقی فضا اور جملہ لوازم، یعنی منظر و پس منظر، عوامل و اثرات اور ماحول کی جزئیات کے ساتھ پیش کرنے کا فن۔ حسرت سے پہلے کی غزلیہ شاعری میں حسن و محبت کا ذکر بکثرت ملتا ہے لیکن بغیر کسی منظر و پس منظر کے۔ اور اگر کہیں کوئی پس منظر ابھرتا ہے تو وہ بھی شاہدان بازاری کے ساتھ نظر بازی اور انجمن آرائی سے آگے نہیں بڑھتا۔ میر و مومن کے یہاں حسینانِ پردہ نشیں سے دل لگانے کا سراغ ضرور ملتا ہے۔ لیکن شاید رسوائی کے خوف سے وہ اپنی باتوں کو محاکاتی انداز میں پیش

نہیں کر سکے ۔ محبت میں جو واردات، ان کے دل میں گزری ہے اس کا بیان تو انہوں نے خوش اسلوبی سے کر دیا ہے لیکن یہ واردات کب، کہاں، کس طرح اور کس پس منظر میں گزری ہے اس کو وہ سماج کے ڈر سے چھپا گئے ہیں ۔ حسرت کا معاملہ ان سے بہت مختلف ہے، محبوبہ کے سوال پر مومن اور غالب نے کہا تھا کہ

پوچھتے ہیں وہ کہ غالب کون ہے
کوئی بتلاؤ کہ ہم بتلائیں کیا
غالب

پوچھتے ہیں کہ کس پہ مرتے ہو
مجھ کو لکر جواب نے مارا
مومن

لیکن حسرت کہتے ہیں کہ

وہ کہیں پوچھے تو حسرت کس پہ مرتے ہو کہ ہم
نام تک تیار ہیں اپنا بتانے کے لیئے

اظہارِ محبت میں رویئے کی یہ تبدیلی ایسی تبدیلی ہے جو جرأت اور داغ کے چٹخاروں کی سطح پر نہیں ۔ تہذیبی زندگی کی نہایت پاکیزہ اور سنجیدہ سطح پر پہلے پہل مولانا حسرت کی غزل میں رونمائی ہوئی ہے انہوں نے یہ جو دعویٰ کیا ہے کہ

تو نے حسرت کی عیاں تہذیبِ رسمِ عاشقی
اس سے پہلے اعتبارِ شانِ رسوائی نہ تھا

بے سبب نہیں کیا ۔ مولانا حسرت کا عقیدہ ہے کہ بے لوث پاکیزہ محبت کا مقدر ذلت و رسوائی نہیں کامرانی و شادمانی ہے، ان کے اندر، حسن و محبت کی بارگاہ میں شیفتگی و سرمستی کے باوجود ایسی خود اعتمادی و خودسری نظر آتی ہے کہ وہ خاندانی اور گھریلو زندگی کی اس رومانی فضا کو جس کا ذکر کرنا اگلے وقتوں کے لوگ عیب جانتے تھے ۔ بے تکلف اور برملا بیان کر دینے میں کوئی جھجک محسوس نہیں کرتے ۔ چنانچہ ان کی غزلیں صاف پتہ دیتی ہیں کہ ان کی محبوبہ کا تعلق زنانِ بازاری سے نہیں بلکہ انہیں کے ہم رتبہ خاندان اور تہذیبی و سماجی معاشرے سے ہے انہوں نے اپنی

محبوبہ کو للچائی نظروں سے، دور سے نہیں، بہت قریب سے دیکھا ہے اس سے باتیں کی ہے، خود بھی کئی بار روٹھے اور منے ہیں۔ شکوہ شکایت کی ہے اور آنسوؤں کا نذرانہ پیش کیا ہے لیکن یہ سب کچھ اس اعتماد و خلوص کے ساتھ ہوا ہے آپ اس پر معصوم محبت کے سوا ہوس کاری کا گمان نہیں کر سکتے۔ چند اشعار دیکھئے۔

یاد کر وہ دن کہ تیرا کوئی سودائی نہ تھا
باوجودِ حُسن تو آگاہِ رعنائی نہ تھا

تم نے بال اپنے جو پھولوں میں بسا رکھے ہیں
شوق کو اور بھی دیوانہ بنا رکھا ہے

سخت بے درد ہے تاثیرِ محبت کہ انہیں
بسترِ ناز پہ سونے سے جگا رکھا ہے

توڑ کر عہدِ کرم ناآشنا ہو جایئے
بندہ پرور جایئے اچھا خفا ہو جایئے
میری جانب سے نگاہِ شوق کی گستاخیاں
یار کی جانب سے آغازِ شرارت کے مزے

ان اشعار میں محبوبہ سے گفتگو اور مخاطبے کا جو انداز اختیار کیا گیا ہے۔ اس کی مدد سے حسرت اور ان کی محبوبہ کی قربتوں کا اندازہ لگا لینا کچھ مشکل نہیں رہ جاتا۔ حسرت کا کمال یہ ہے کہ انہوں نے ان قربتوں کو جزئیات کے ساتھ اپنی غزلوں میں اس طرح ڈھال دیا ہے کہ وہ حسرت کی عاشقانہ زندگی کا البم بن گئی ہیں اس جگہ صرف دو غزلوں کے چند اشعار دیکھتے چلئے۔

(۱)

چپکے چپکے رات دن آنسو بہانا یاد ہے
ہم کو اب تک عاشقی کا وہ زمانہ یاد ہے

باہزاراں اضطراب و صد ہزاراں اشتیاق
تجھ سے وہ پہلے پہل دل کا لگانا یاد ہے

اٹھنا اسی جانب نگاہِ شوق کا
اور ترا غصے سے وہ آنکھیں دِکھانا یاد ہے

تجھ سے کچھ ملتے ہی وہ بیباک ہو جانا مرا
اور ترا دانتوں میں وہ انگلی دبانا یاد ہے

کھینچ لینا وہ مرا پردے کا کونا دفعتاً
اور دوپٹے سے ترا منہ کو چھپانا یاد ہے

جان کر سوتا تجھے وہ قصدِ پابوسی مرا
اور ترا ٹھکرا کے سر، وہ مسکرانا یاد ہے

تجھ کو جب تنہا کبھی پانا تو از راہِ لحاظ
حالِ دل باتوں ہی باتوں میں سنانا یاد ہے

جب سوا میرے ، تمہارا کوئی دیوانہ نہ تھا
سچ کہو کچھ تم کو بھی وہ کار خانا یاد ہے

غیر کی نظروں سے بچکر سب کی مرضی کے خلاف
وہ ترا چوری چھپے راتوں کو آنا یاد ہے

آج تک نظروں میں ہے وہ صحبتِ راز و نیاز
اپنا جانا یاد ہے تیرا بلانا یاد ہے

میٹھی میٹھی چھیڑ کر باتیں نرالی پیار کی
ذکرِ دشمن کا وہ باتوں میں اڑانا یاد ہے

دیکھنا مجھ کو جو برگشتہ تو سو سو ناز سے
جب منا لینا تو پھر خود روٹھ جانا یاد ہے

چوری چوری ہم سے تم آکر ملے تھے جس جگہ
مدتیں گزریں پر اب تک وہ ٹھکانہ یاد ہے

شوق میں مہندی کے وہ بے دست و پا ہونا ترا
اور مرا وہ چھیڑنا وہ گدگدانا یاد ہے

پھر بھی ہے تم کو مسیحائی کا دعوا دیکھو
مجھ کو دیکھو مرے مرنے کی تمنا دیکھو

کہنے سننے سے تو چھوڑیں گے نہ وہ صحبتِ غیر
چال ہم بھی کوئی چلتے ہیں اب اچھا دیکھو

جور پر جور جفاؤں پہ جفائیں دیکھیں
حوصلہ اپنی محبت میں ہمارا دیکھو

وہ ہی دن میں وہ مروّت ہے نہ وہ چاہ نہ پیار
ہم نے پہلے ہی یہ تم سے نہ کہا تھا دیکھو

بزمِ اغیار میں بے جا ہیں تمہارے یہ ستم
اب نہ کرنا مری جانب کو اشارا دیکھو

ہم نہ کہتے تھے بناوٹ ہے یہ سارا غصہ
ہنس کے لو پھر وہ انہوں نے ہمیں دیکھا دیکھو

مستیِ حسن سے اپنی بھی نہیں تم کو خبر
کیا سنو عرض مری، حال مرا کیا دیکھو

گھر سے ہر وقت نکل آتے ہو کھولے ہوئے بال
شام دیکھو نہ مری جان سویرا دیکھو

محفل غیر میں بے پردہ تمہیں دیکھ لیا
اب کبھی ہم سے خبردار نہ چھپنا دیکھو

سامنے سب کے مناسب نہیں ہم پر یہ عتاب
سر سے ڈھل جائے نہ غصے میں دوپٹا دیکھو

وعدۂ وصل کو ہنس ہنس کے نہ ٹالو کل پر
تم نے پھر آج نکالا وہی قصہ دیکھو

سر کہیں بال کہیں ہاتھ کہیں پاؤں کہیں
ان کا سونا بھی ہے کس شان کا سونا دیکھو

بات کیا ہے جو ہوئے جاتے ہو تم یونہی خفا
مجھ کو دیکھو نہ مرے دل کا دھڑکنا دیکھو

ہوسِ دید مٹی ہے نہ مٹے گی حسرت
دیکھنے کے لئے چاہو انہیں جتنا دیکھو

مولانا حسرت کی عاشقانہ زندگی کی یہ فضا اور محبوبہ سے ان کی قربت صاف بتاتی ہے کہ ان کی محبت کا تعلق کسی خیالی دنیا سے نہیں بلکہ ہمارے سامنے ہی گوشت پوست والی حقیقی دنیا سے ہے۔ دوسرے لفظوں میں ان کی محبت افلاطونی محبت نہیں لمسِ بدن سے تعلق رکھنے والی محبت ہے لیکن محبوبہ کا حسن و جمال اور اپنی محبت دونوں ان کی نظر میں اس درجہ محترم و عزیز رہے ہیں کہ ہوسناکی یا مطلب براری کا کوئی تصور ان کے یہاں نہیں ابھرنے پایا۔ اس لحاظ سے ان کی محبت اور ان کی عشقیہ شاعری، زمانۂ جاہلیت کے عربی شعرا سے ملتی جلتی ہے۔ عربی شعرا معزز قبیلوں کی دوشیزاؤں اور اپنے عہد کی عذراؤں اور سلماؤں سے برملا محبت کرتے تھے۔ خود عذرائیں اور سلمائیں بھی ان پر جان چھڑکتی تھیں اور یہ سب کچھ علی الاعلان ہوتا تھا۔ لیکن چشم و لب و رخسار کے ایک پاکیزہ بوسہ کے سوا نہ تو محبوبہ خود کو ہوس کا شکار ہونے دیتی تھی اور نہ عاشق ہی اس سے آگے قدم بڑھانے کی جسارت کر سکتا تھا۔ جسم و جان کے یہ فاصلے اور یہ قربتیں محبت کی ضمانت بھی تھیں اور محبت کا معیار بھی اس

معیار و ضمانت کے نتیجے میں عرب نوجوانوں کے لئے محبت نام تھا مر مر کے جینے اور جی جی کر مرنے کا۔ دلوں کے باہم دھڑکتے رہنے اور عمر بھر تڑپتے رہنے کا، ان کی محبت، جسمانی وصال اور اس قسم کی دوسری لذت پرستانہ اور خود غرضانہ تصورات سے یکسر پاک تھی۔ محبت ان کے نزدیک ایک عبادت اور محبوبہ ان کی معبود تھی۔ وہ جانیں قربان کر سکتے تھے لیکن محبوبہ کی رسوائی گوارا نہ کر سکتے تھے۔ محبت کے اس پاکیزہ تصور نے انہیں زندگی کا ایسا رجائی نقطہ نظر دے دیا تھا کہ ان کی عاشقی، مایوس دل کی آہ و بکا نہیں، ایک حوصلہ مند اور کامگار عاشق کا نغمۂ دلنواز بن جاتی تھی۔ مولانا حسرت کے عاشقانہ لب و لہجے کی بھی کم و بیش یہی صورت ہے۔ میں نہیں کہہ سکتا کہ مولانا نے عربی شاعری اور عرب شعراء کا کس حد تک مطالعہ کیا تھا لیکن اتنا معلوم ہے کہ انہوں نے مکتب کے علاوہ بی اے تک باقاعدہ عربی پڑھی تھی۔ یہ ان کا پسندیدہ و امتیازی مضمون تھا اس لئے کوئی تعجب نہیں کہ انہوں نے جس قسم کے عاشقانہ خیالات و جذبات کا برملا و بے باک اظہار اردو میں کیا ہے وہ شعوری یا لاشعوری طور پر عربی شعراء کے مطالعہ کا نتیجہ ہو۔ حقیقت کچھ بھی ہو لیکن حسن و محبت کے باب میں ان کا مسلک کم و بیش وہی ہے جو عرب شعراء کا تھا۔ چند اشعار دیکھئے۔

شیوۂ عشق نہیں حُسن کو رسوا کرنا
دیکھنا ہے تو انہیں دور سے دیکھا کرنا

کہیں وہ آکے مٹا دیں نہ انتظار کا لطف
کہیں قبول نہ ہو جائے التجا میری

محفوظ ہے سب راز ترے لطف و ستم کا
اغیار سے چرچا نہ کیا ہے نہ کریں گے

حیا مجبور تھی، خواہش جنوں خیز
نہ کی حسرت نے پھر بھی پیش دستی۔

ہوس کے حوصلے ہیں پست دنیائے محبت میں
نگاہِ آرزو کی پاک دامانی نہیں جاتی

کیا حُسن پرستی بھی کوئی جرم ہے حسرت
ہونے دو جو اخلاق کی تنقید کڑی ہے

بڑا چور ہے نفسِ آمارہ حسرت
نہ سننا کبھی اس کمینے کی باتیں

کٹ گئی احتیاطِ عشق میں عمر
ہم سے اظہارِ مدعا نہ ہوا

نہ ہم تھے نہ ہم ہیں ہوس کار حسرت
وہ ناحق ہمیں آزماتے رہے ہیں

ہم سے پوچھا نہ گیا نام و نشان بھی ان کا
جستجو کی کوئی تمہید اٹھائی نہ گئی

یہ بھی آدابِ محبت نے. گوارا نہ کیا
ان کی تصویر بھی آنکھوں سے لگائی نہ گئی

اس قسم کے اشعار کی مدد سے حسرت کی محبت اور حسن پرستی کے بارے میں کوئی رائے قائم کر لینا مشکل نہیں ہے۔ صاف اندازہ ہوتا ہے کہ حسرت موہانی عشق سے زیادہ حسن کے شاعر ہیں۔ حُسن انہیں جہاں کہیں نظر آیا ہے اور جس روپ میں

نظر آیا ہے انہوں نے اپنے ذوقِ جمال کی تسکین کی حد تک اس سے لطف اٹھایا ہے خود کہتے ہیں

خوبرویوں سے یاریاں نہ گئیں
دل کی بے اختیاریاں نہ گئیں
حسن جب تک رہا نظارہ فروش
صبر کی شرمساریاں نہ گئیں

مے و مینا سے یاریاں نہ گئیں
میری پرہیزگاریاں نہ گئیں
حُسن کی دل فریبیاں نہ گھٹیں
عشق کی تازہ کاریاں نہ گئیں

حد یہ ہے کہ عالم پیری میں جب وہ یورپ کا سفر کر رہے تھے اس وقت بھی قبرص، یونان اور اٹلی کی حسیناؤں سے اپنی فریفتگی کا اظہار کئے بغیر نہ رہ سکے اس سلسلے کے چند اشعار دیکھئے۔

رعنائی میں حصہ ہے جو قبرص کی پری کا
نظّارہ ہے مسحور اسی جلوہ گری کا
جب سے یہ سنا ہے کہ وہ ساکن ہیں یہیں کے
عالم ہے عجب شوق کی آشفتہ سری کا
ساتھ ان کے ہم آتے تھے جو بیروت سے حسرت
یہ روگ نتیجہ ہے اسی ہم سفری کا

یونان کو مدّت سے ہے موہان سے نسبت
شاید ہے مجھے بھی اسی عنوان سے نسبت
از بسکہ یہی میری کلیری کا ہے مسکن
مجھ کو بھی ہے اس خطۂ یونان سے نسبت

ہم رات کو املی کے حسینوں کی کہانی
سنتے رہے رنگینیِ ڑوپا کی زبانی
ہونٹوں کے قریب آئی جو وہ زلفِ معنبر
جھٹ چوم لیا ہم نے طبیعت ہی نہ مانی
ہوتی جو خبر اس کو تو کیا کیا نہ بگڑتی
ڑوپا نے غنیمت ہے کہ یہ بات نہ جانی
املی میں تو کیا، میں تو یہ کہتا ہوں کہ حسرتؔ
دنیا میں نہ ہوگا کوئی اس شکل کا ثانی

حسن پرستی کی یہ روش مولانا حسرت کو انہیں میر تقی میر سے نہیں ولی دکنی سے بہت قریب کر دیتی ہے اس لئے کہ ولی کے یہاں بھی عشق سے کہیں زیادہ حسن کی اہمیت کا احساس نمایاں ہے۔ بایں ہمہ، حسرت کی لاگ اور لگاوٹ کے تجربے ولی کے مقابلے میں زیادہ شدید اور کارگر ہیں خاص طور پر حسرت کے یہاں پچیس تیس سال کی عمر تک کی شاعری میں محبت اور معاملات محبت کی جن سچائیوں کی کارفرمائی نظر آتی ہے وہ ولی کے یہاں نہیں ہے البتہ مولانا حسرت کی عشقیہ شاعری کا بھی صرف وہی حصہ قابل توجہ ہے جو پچیس تیس سال کی عمر یعنی تصوف کے راستے پر لگنے سے قبل کا ہے بعد کی غزلوں میں جو اکا دکا کارآمد شعر مل جاتے ہیں وہ پرانے تجربات کی بازگشت کے سوا کچھ اور نہیں ہیں لیکن جیسا کہ میں نے شروع میں کہا ہے حسرت کے ہاں جو کچھ ہے ان کے کردار و شخصیت کا آئینہ دار ہے جو انفرادیت ان کی شخصیت و کردار میں ہے وہی ان کی غزلوں میں بھی صاف نمایاں ہے خاص طور پر پچیس تیس برس کی عمر تک انہوں نے جس دنیائے محبت میں بسر کی ہے اور اس دنیا میں انہوں نے جو کچھ کھویا اور پایا ہے اسے اس کے جملہ لوازم اور جزئیات کے ساتھ جس بے باکی و بے تکلفی، سادگی و پاکیزگی اور محاکاتی انداز سے اپنی غزلوں میں بیان کر دیا ہے وہ اُردو کی عشقیہ شاعری کے لئے بالکل نئی چیز ہے۔

علامہ نیاز فتح پوری

(۱۸۸۴ء..........۱۹۶۶ء)

نیاز فتح پوری نے بچوں اور عام آدمیوں کے لیے کبھی کچھ نہیں لکھا۔ ان کی ساری تحریریں، ادبی ہوں یا صحافتی، ایک بلند معیار رکھتی ہیں، اسی لیے تعلیم یافتہ اور پختہ ذہن کے لوگ ہی، ان کے نام اور کام سے واقف ہیں لیکن میں نے ان کا نام سن شعور کو پہنچنے سے پہلے ہی سن رکھا تھا۔

اس کا خاص سبب تھا۔ ہر چند کہ میرا آبائی گاؤں دریائے گنگا کے کنارے فتح پور، اور الہ آباد کی سرحد پر نئی تہذیبی زندگی کی روشنی سے بہت دور واقع تھا، ڈاکخانہ کے سوا، مڈل سکول، تحصیلی دفتر، تھانہ، اور ریلوے اسٹیشن گاؤں سے کم از کم چھ میل کے فاصلہ پر تھے، پھر بھی چونکہ خاندان کے سارے ہی بزرگ، عربی، فارسی سے واقف اور پرانی تعلیم سے آراستہ زمیندار تھے۔ اس لیے فوجداری، شکار، مقدمہ بازی، کشتی اور لکڑی کے فن میں مہارت کے ساتھ ساتھ شعر و شاعری بھی ان کی زندگی کا محبوب مشغلہ تھی۔ میرے بڑے بھائی سید شمشاد علی تنہا، بسلسلہ ملازمت، کانپور میں منشی اکرام اللہ اکرم کے ساتھ رہتے تھے۔ اکرام اللہ صاحب ۱۹۳۰ء۔۱۹۴۰ء کے درمیان کانپور کی ادبی محفلوں کے سرگرم رکن تھے۔ بہت اچھے خطاط اور شاعر ہونے کے ساتھ ساتھ ایک رسالہ بھی نکالتے تھے۔ شاگردوں کا بھی ایک حلقہ رکھتے تھے۔ میرے بہنوئی سید عبدالہادی مرحوم سے قرابت تو دور کی تھی، یارانہ بہت گہرا تھا۔ جب بھی کانپور سے گاؤں آتے، ادبی رسائل اور اخبارات کا ایک بنڈل اپنے ساتھ لاتے، کبھی ہفتوں قیام کرتے اور ڈاک سے ان کے پرچے آتے رہتے۔ چنانچہ ادبی رسائل مجھے پہلے پہل اپنے گھر اور گاؤں ہی میں اپنے بڑے۔ بھائی اور منشی اکرام اللہ کی بدولت دیکھنے کو ملے اور انہی کے ذریعہ نیاز فتح پوری کے نام سے کان آشنا ہوئے۔

مڈل پاس کرنے کے بعد انگریزی تعلیم کے لیے جب فتح پور گیا اور مدرسہ

اسلامیہ (مسلم انٹر کالج) میں داخلہ لیا تو وہاں کی شعری و ادبی فضا نے، میرے ذوق ادبی کو مہمیز لگائی، شہر کے بزرگوں میں علی اوسط رشک، ابراہیم ہندی، سفیر فتح پوری، عبدالحمید برق، محمد فاروق شاہ پوری اور حامد مختار وغیرہ استادی کے منصب پر فائز تھے ان میں سے بعض اپنے شاگردوں کا حلقہ بھی رکھتے تھے۔ مدرسے کے اساتذہ میں نواب علی خاں گوہر۔ عبدالقیوم مست، عبدالغنی خاں سخی اور مولوی عبدالوحید بھی اچھے شاعر تھے اور اردو فارسی دونوں میں شعر کہتے تھے، مدرسہ اور کالج کی مجلس نظما کے ارکان کو بھی شعروادب سے خاص دلچسپی تھی۔ چنانچہ ماسٹر بدرالحسن اور غلام مجتبیٰ خاں ہنر، مظہر کوثی وغیرہ جن کا مدرسہ کے نظم و نسق سے گہرا تعلق تھا، شعر بھی خوب کہتے تھے۔ اور ادبی محفلیں برپا کرنے میں دل وجان سے مدد کرتے تھے، سونے پر سہاگہ یہ کہ مدرسے کی انگریزی شاخ کو محمد اسحاق صدیقی جیسے علم دوست اور ادب نواز پرنسپل میسر آگئے تھے، ان کی حوصلہ افزائیوں کے طفیل شاندار مشاعرے ہوتے، ادبی محفلیں جمتیں اور مقامی شاعروں کے علاوہ باہر کے نامور شعراء بھی شرکت کرتے۔ مدرسے کا پورا ماحول کبھی کبھی ہفتوں کیلئے شعروادب کے آب ورنگ میں ڈوب جاتا سچ یہ ہے کہ یہی ماحول میرے ادیب بن جانے کا باعث ہوا۔

نیاز فتح پوری مدرسۂ اسلامیہ کے طالب علم بھی رہ چکے تھے اور استاد بھی، اگرچہ ان کے شاگردوں اور ہم درسوں میں کچھ لوگ باقی تھے لیکن یوں لگتا ہے جیسے اس وقت تک نیاز کا نام، بحیثیت ادیب بہت اونچا ہو گیا تھا اور فتح پور میں ان کے ذوق کے لوگ بھی کم رہ گئے تھے۔ اس لیے فتح پور سے ایک مدت تک ان کا سلسلہ منقطع رہا۔ ۱۹۳۸ء کے ایک مشاعرے میں وہ چند گھنٹوں کے لیے آئے تھے اس کے بعد شاید کسی نے انہیں بلانے کی کوشش نہیں کی۔ "نگار" البتہ مدرسے کے ریڈنگ روم میں آتا تھا اور ان کی یاد تازہ کر جاتا تھا۔ چند برسوں بعد جب میں مدرسے سے بحیثیت معلم منسلک ہوا اور غیر تدریسی ادبی مشاغل کی ذمہ داریاں مجھے سونپی گئیں تو میں نے سب سے پہلے، نیاز فتح پوری کو فتح پور بلانے کا ڈول ڈالا جیسا کہ میں نے کسی اور جگہ بھی ذکر کیا ہے۔ ۱۹۴۸ء میں مدرسہ اسلامیہ کے سالانہ مشاعرے کی صدارت کا دعوت نامہ لیکر لکھنو گیا۔ نیاز صاحب سے یہ میری پہلی ملاقات تھی۔ بڑی

حوصلہ افزا ثابت ہوئی۔ اس طرح سے جیسے میں برسوں سے ان کا شناسا ہوں۔ مشاعرے میں حسب وعدہ تشریف لائے اور دوسرے دن خنداں پیشانی کے ساتھ واپس گئے، اس طرح مراسلت کی صورت نکل آئی میں کسی نہ کسی بہانے انہیں خط لکھتا اور وہ کبھی چند لفظی اور کبھی چند سطری جواب سے مجھے یاد کر لیتے، ۱۹۵۰ء میں جب میں پاکستان چلا آیا تو کچھ دنوں بعد خط لکھا، جواب آیا:۔

گرامی عزیز۔ ۲۲ کا کرم نامہ پہنچا، میں تو سمجھ رہا تھا کہ آپ فتح پور ہی میں ہیں اور وہ جو ایک تعلق آپ سے پیدا ہو گیا تھا، بار بار وطن کی یاد تازہ کر دیتا تھا، شکر ہے کہ آپ کو وہاں ملازمت مل گئی لیکن مجھے مسرت ہوگی اگر آپ گاہ گاہ اپنے حالات سے آگاہ فرماتے رہیں گے۔(۱)

اس طرح خط و کتابت میں مزید تسلسل اور استحکام پیدا ہو گیا۔ چنانچہ میں نے انہیں ۵ مارچ ۱۹۵۲ء میں ایک بین المملکتی مشاعرے کی صدارت کی غرض سے کراچی بلایا۔ فراق، جوش، اثر لکھنوی، جگر اور شعری بھوپالی کے علاوہ پاکستان کے سب ہی بڑے شاعروں نے اس میں شرکت کی۔ کراچی کے قیام میں مجھے ان سے بار بار ملنے کا موقع ملا، اس کے بعد میرے ان کے تعلقات روز بروز استوار ہوتے گئے۔ مجھے ہندوستان سے جس کتاب، جس رسالے اور جس چیز کی ضرورت ہوتی میں انہیں لکھتا اور وہ بے تکلف میری ضرورت پوری کر دیتے۔ نجی زندگی کے بعض مسائل میں بھی مشورہ چاہتا تو وہ مسئلے کے حسن و قبح پر پوری روشنی ڈالتے، لیکن اس پر عمل کرنے نہ کرنے کا حق میرے لیے محفوظ کر دیتے۔ ۵۴-۱۹۵۳ء کی بات ہے کہ میں نے ایل ایل بی کرنے کے بعد وکالت کرنے کا پختہ ارادہ کیا اور ان سے مشورہ چاہا تو ایک خط میں لکھا

"آپ کی کامیابی سے مسرت ہوئی، گو وکالت کا پیشہ مجھے پسند نہیں کیونکہ اس میں زیادہ تر فطرت کا تاریک پہلو سامنے رہتا ہے اور آخر کار احساس حسن ضعیف، ہوتا جاتا ہے، لیکن احساس حسن سے زیادہ احساس معاش ہے۔ اگر آپ سمجھتے ہیں کہ وکالت سے آپ کی معاشی دشواریاں کم ہو جائیں گی تو ضرور شروع کر دیجئے۔ آپ کی

محنت و ذہانت سے مجھے یقین ہے کہ آپ اس میں بہت زیادہ کامیاب
ہوں گے۔"(۲)

یہ ۱۹جولائی کا خط ہے، جانے کیا سوچا کہ دوسرے ہفتے اس مسئلے کو پھر چھیڑا اور
ذرا مفصل خط اس طور پر لکھا۔

"عزیزم!

۲۱جولائی کا خط ملا پڑھ کر بہت اطمینان ہوا۔ آپ کا مستقبل یقیناً بہت درخشاں ہے اور آپ کے مردانہ عزائم کو دیکھتے ہوئے مجھے امید ہے کہ اپنی زندگی ہی میں مجھے اس کو دیکھ کر خوش ہونے کا موقع مل جائے گا۔

وکالت کو ملائیے جہاں تک مل سکتی ہے، اور کوشش کیجئے کہ بی ٹی اور ایم اے دونوں میں امتیاز کے ساتھ کامیابی حاصل ہو، تاکہ محکمہ تعلیم میں آپ کو اچھی جگہ مل سکے۔ بے اختیار جی چاہتا ہے کہ کچھ دن آپ کے پاس رہ کر، خلوص اور محبت کی اس دنیا میں چند ساعتیں بسر کروں۔ جس کے دروازے اب مجھ پر بند ہیں، سوچ رہا ہوں کہ سالنامہ نکلنے کے بعد، کراچی کا قصد کروں اور آپ ہی کے پاس ٹھہروں، لیکن اس خیال کی تکمیل ذرا دشوار نظر آتی ہے کیونکہ حالات بد سے بدتر ہوتے جاتے ہیں اور کون کہہ سکتا ہے کہ آئندہ چند ماہ کے اندر بہتر ہو جائیں گے، کراچی و احباب کراچی کے تصور سے دل دھڑکنے لگتا ہے، کیا کیا جائے۔

لازم است احتمال چندیں درد
کہ محبت ہزار چندیں است"(۳)

۱۹۵۲ء میں کراچی کی ملاقات کے بعد نیاز صاحب کو میرے مذاق طبعی کا پورا اندازہ ہو گیا تھا۔ ۱۹۵۰ء سے میرے مضامین نگار میں چھپنے لگے تھے اور اس میں بھی نیاز صاحب کا بڑا ہاتھ تھا، وہ کبھی موضوع دے کر اور کبھی یوں ہی مجھ سے مضمون لکھواتے اور وہ دیر، سویر، میرا مضمون نگار میں شائع کر دیتے تھے۔ نگار میں چھپنے کے

بعد دوسرے ادبی رسائل میں بھی مجھے جگہ ملنے لگی تھی۔ خصوصاً "ادب لطیف" کے مدیر مرزا ادیب صاحب نے اپنا لطف و کرم میرے حق میں نیاز صاحب ہی کی طرح ارزاں کر رکھا تھا۔ بی اے کرنے کے بعد، میں پاکستان آگیا تھا۔ اور نیاز صاحب کو خبر تھی کہ میں، دفتری ملازمت میں رہ کر یہ سارا کام کر رہا ہوں اس لیے وہ میرے مستقبل کے بارے میں مشوش تھے، اور چاہتے تھے کہ میں کسی ایسے شعبے میں منسلک ہو جاؤں جس میں ادبی کاموں کے لیے کچھ وقت نکل سکے۔ میں فتح پور میں معلم رہ چکا تھا اور خود بھی یہی چاہتا تھا کہ کسی طرح محکمہ تعلیم میں چلا جاؤں، چنانچہ میں نے نیاز صاحب کے مشورے کے مطابق بی ٹی اور ایم اے کے امتحانات پاس کیے۔ پہلے سرشتہ تعلیم کراچی سے منسلک ہوا، تین سال بعد ۱۹۵۸ء میں مجھے کراچی یونیورسٹی کے شعبہ اردو میں جگہ مل گئی، جیسا کہ ان کے بعض خطوں سے اندازہ ہوتا ہے۔ نیاز صاحب کو ان خبروں سے بہت خوشی ہوئی اور جب ۱۹۶۴ء میں مجھے ڈاکٹریٹ کی ڈگری ملی، تو انہوں نے مارچ ۱۹۶۴ء کے نگار میں "ملاحظات" کے تحت اپنے ادارتی صفحے میں لکھا:۔

> عزیزم فرمان فتح پوری نے جن کا نام نگار کے پہلے صفحہ پر ہر ماہ آپکی نگاہ سے گزرتا ہوگا، اب ڈاکٹریٹ کی ڈگری بھی حاصل کر لی ہے اور مجھے بڑی خوشی اس بات کی ہے کہ اپنی تعلیم کا سلسلہ انہوں نے بالکل میری ہدایت کے مطابق رکھا۔ فرمان گریجویٹ ہونے کے بعد اول اول مدرسہ اسلامیہ فتح پور، میرے وطن سے متعلق ہو گئے لیکن تقسیم ہند کے بعد وہ کراچی چلے آئے۔ یہاں پہنچ کر انہوں نے مجھ سے مشورہ کیا کہ آئندہ انہیں کیا کرنا چاہیئے۔ میں نے ۲۹ جولائی ۱۹۵۴ء کو ان کے خط کے جواب میں لکھا کہ وکالت کو ملائے جہاں تک مل سکتی ہے۔ آپ تو امتیاز کے ساتھ بی۔ ٹی۔ ایم اے اور ڈاکٹریٹ کی ڈگریاں حاصل کیجئے۔ تاکہ محکمہ تعلیم میں آپ کو اچھی جگہ مل سکے۔"
>
> چنانچہ انہوں نے حرف بہ حرف میری ہدایت پر عمل کیا اور ان تمام درمیانی مراحل سے گزرنے کے بعد آخر کار انہوں نے اسی سال کراچی یونیورسٹی سے ڈاکٹریٹ کی ڈگری لی ہے۔ اس کا عنوان

"اردو کی منظوم داستانیں" تھا۔ اور یہ مقالہ انہوں نے ڈاکٹر ابواللیث صدیقی کی رہبری و نگرانی میں مرتب کیا ہے جو یہاں شعبہ اردو کے صدر ہیں اور زبان و ادب پر بڑی گہری نظر رکھتے ہیں۔ ڈاکٹر فرمان نے اس دوران میں صرف اپنا مقالہ ہی مرتب نہیں کیا بلکہ کئی مفید کتابیں تصنیف کیں جن میں:۔

۱۔تدریس اردو ۲۔ تحقیق و تنقید ۳۔اردو رباعی، شائع ہو چکی ہے۔

میرے یہاں آنے کے بعد انہوں نے نگار کی بھی بڑی اہم خدمات انجام دیں۔ چنانچہ نیاز نمبر کے دونوں حصوں کی ترتیب محض انہی کی سعی و کوشش کا نتیجہ ہے اور سالنامہ "تذکرہ نمبر" تو خیر پورا کا پورا انہی کا مرتب کیا ہوا ہے۔

فرمان میرے ہم وطن ہیں۔ میرے عزیز ہیں، مجھ سے بہت چھوٹے ہیں۔ اس لیے میری طرف سے اظہار شکریہ کا تو کوئی موقع نہیں دعا کا ضرور ہے۔ سو اس کا تعلق بھی دل سے ہے زبان سے نہیں ۔" (۴)

اس سے پہلے ۱۹۵۸ء میں جب میں یونیورسٹی سے منسلک ہوا، تو محسوس کیا کہ ان کی کتابیں، انتقادیات حصہ اول و دوم اگرچہ ایم اے نصاب میں داخل ہیں مگر نایاب ہیں۔ چنانچہ میرے کہنے پر عارف نیازی صاحب نے انہیں شائع کرنے کا ارادہ کیا۔ اس سلسلہ میں جب انہوں نے نیاز صاحب سے رجوع کیا تو انہوں نے مجھے لکھا۔

"عارف سلمہ، کے خط سے معلوم ہوا کہ وہ آپ سے ملا تھا اور آپ نے اس کی مدد کرنے پر آمادگی ظاہر کی ہے، اگر انتقادیات کراچی یونیورسٹی کے نصاب میں شامل ہو گئی ہے تو دونوں حصوں کو ملا کر ایک جلد میں شائع کر دیجئے، لیکن تمام مضامین نہیں بلکہ ان کا انتخاب: حصہ اول کے جو مضامین خارج ہوں گے ان پر میں نے نشان لگا دیا ہے۔ عارف سے دریافت کر لیجئے، اس کی کتنی کاپیاں شائع کی جائیں، کیا قیمت رکھی جائے، کیونکر فروخت کی جائیں، ان

باتوں پر غور کر لیجیے۔" (۵)

اس سے پہلے بھی لکھ چکے تھے کہ "میرا لڑکا عارف آپ سے ملے گا، وہ میری کتابیں اور بعض سالنامے کراچی سے شائع کرنا چاہتا ہے، اس باب میں آپ جو مدد کر سکتے ہیں کیجیے" (۶) میری طرف سے انتخاب مضامین کچھ تاخیر سے ہوئی تو لکھا۔ عارف کے خط سے معلوم ہوا کہ انتقادیات کا انتخاب آپ اب تک نہیں کر سکے۔ عارف بغیر آپ کی مدد کے کچھ نہیں کر سکتا اور اگر انتقادیات کی اشاعت میں تاخیر ہوئی تو غالباً نقصان ہوگا۔ جواب کا منتظر ہوں" (۷) آخر کار مضامین کا انتخاب کر لیا گیا اور عارف نے "ادارہ ادب عالیہ" کی طرف سے انتقادیات کے عنوان سے ستمبر ۵۹ء میں کراچی سے شائع کر دیا۔

عارف نے اشاعتی ادارہ بنالیا تو سوچا گیا کہ نگار کو لکھنو کے ساتھ ساتھ کراچی سے بھی کیوں نہ شائع کیا جائے، میں نے اس سلسلہ میں لکھا تو جواب آیا۔

"آپ کی تجویز کے مطابق نگار کا ایک اڈیشن کراچی سے بھی شائع کرنا زیر غور ہے۔ اس سلسلے میں ڈکلریشن، رجسٹرڈ نمبر، انتخاب پریس وغیرہ کے مراحل طے کرنا ہوں گے۔ یہ کام بھی آپ ہی کو کرنا ہوگا۔ عارف تنہا، اس کام کو انجام نہیں دے سکتا۔ مجیب انصاری صاحب سے بھی ذکر کر کے مشورہ حاصل کیجیے اور مجھے اطلاع دیجیے کہ آپ کس حد تک اس کے لیے آمادہ ہیں۔" (۸)

نگار کے سلسلہ میں خط و کتابت آگے بڑھی تو ایک خط میں کچھ اور صراحت کے ساتھ لکھا۔

"نگار کا بیک وقت دو جگہ سے نکلنا کیونکر ممکن ہے سوا اس کے کہ بیک وقت دو کاتبوں سے کتابت کرائی جائے اور ایک سیٹ کاپیوں کا کراچی بھیجا جائے، اس سے خرچ بہت بڑھ جائے گا اور نگار سے جو آمدنی وہاں ہوگی وہ مجھ تک نہ پہنچ سکے گی۔ اس لیے یہ مزید خرچ موجودہ حالت میں کیونکر قابل برداشت ہوگا۔ میں جانتا ہوں کہ وہاں نگار کے بہت خریدار پیدا ہو جائیں گے لیکن صرف اس صورت

ہیں کہ وہاں ایک مستقل دفتر قائم کر دیا جائے اور فنڈ کا انتظام کیا جائے۔ بہر حال میری طرف سے اجازت ہے جو چاہے کیجئے لیکن جو کچھ کیجئے بہت سوچ سمجھ کر کیجئے۔ پختہ عزم کے ساتھ کیجئے۔ تنہا آپ اس کام کو نہیں انجام دے سکتے کیونکہ آپ کے پاس اتنا وقت کہاں۔ البتہ آپ کی اہلیت کی طرف سے مجھے پورا اطمینان ہے۔ لیکن محض اہلیت سے کیا کام ہوتا ہے، دل کے ساتھ وقت کا خون کرنا بھی ضروری ہے۔"(۹)

اس طرح کی مراسلت میں بہت سا وقت گزر گیا۔ عارف نیازی اور میری کوششوں کے باوجود جنوری ۱۹۶۲ء سے پہلے کراچی سے جاری نہ ہو سکا۔ اتفاق ایسا ہوا کہ اسی اثنا میں نیاز صاحب لکھنو چھوڑنے پر مجبور ہوئے اور ۳۱ جولائی ۱۹۶۲ء کو مستقلاً کراچی آگئے۔ اس طرح نگار بھی صرف کراچی سے نکلنے لگا۔ میں اب تک نگار میں اپنا نام دینے سے بچ رہا تھا لیکن نیاز صاحب نہ مانے اور نومبر ۱۹۶۲ء سے میرا نام بھی نگار کے اداریے میں شامل ہو گیا۔ گویا میری ذمہ داریاں پہلے کی نسبت زیادہ ہو گئیں۔

اب ۱۹۶۳ء کے سالنامے کا سوال آیا۔ نیاز صاحب اکتوبر ۱۹۶۲ء میں "استفسار نمبر" کا اعلان کر چکے تھے۔ مجھ سے پوچھا گیا تو میں نے "نیاز نمبر" تجویز کیا۔ کہنے لگے، اس کی کوئی ضرورت نہیں ہے۔ دو تین دن بعد پھر یہی ذکر چھڑا تو بولے "کیا آپ کو واقعی میرے جلد مرنے کا یقین ہو گیا ہے۔ آخر "نیاز نمبر" کی آپ کو کیا سوجھی ہے"۔ میں نے جواب دیا، خدانخواستہ ایسا نہیں ہے۔ آپ تو مر کر بھی زندہ رہنے والوں میں ہیں۔ موت برحق ہے، آئے گی اور ضرور آئے گی۔ آج نہیں تو کل، لیکن مجھے یقین ہے کہ وہ آپ کا بال بیکا نہ کر سکے گی۔ اس لیے موت کے خوف سے نیاز نمبر نکلنے کا سوال ہی نہیں پیدا ہوتا۔ سوال کیا پھر آخر نیاز نمبر کے لیے کیوں مصر ہیں۔ اب میں کیا جواب دیتا سوا اس کے کہ

شمارِ شوق نہ دانستہ ام کہ تا چند است
جز، ایں قدر کہ دلم سخت آرزو مند است
(رحیم)

یہ شعر میرے ذہن میں آیا لیکن سنانے کی ہمت نہ ہوئی دوسرے تیسرے دن موقع پر کر میں نے پھر نیاز نمبر کا ذکر چھیڑا، میرے اصرار پر مسکرائے اور سنجیدہ ہو کر بولے "اول تو نگار کا نیاز نمبر نکالنا مناسب نہیں ہے، علاوہ اس کے لیے وقت بھی کم ہے اور مضامین کی فراہمی آسان نہیں۔ میرا ارادہ دراصل "اکبر الہ آبادی نمبر" نکالنے کا تھا لیکن وقت کی کمی کے باعث "استفسار نمبر" کا اعلان کر دیا۔ آپ کو معلوم ہے کہ سالناموں کے اجرا کا اعلان سال کے شروع میں کیا جاتا ہے"۔ جب مجھ پر ان باتوں کا کچھ اثر نہ ہوا تو ایک دن جھنجھلا کر بولے آپ کا جو جی چاہے کیجئے میں اس میں کچھ مدد نہیں کر سکتا۔ میں نے "جو جی چاہے" کے فقرے سے فائدہ اٹھایا اور نتائج سے بے نیاز ہو کر نیاز نمبر کا اعلان کر دیا۔

غالباً نیاز صاحب کو یہ بات مناسب نہیں معلوم ہو رہی تھی کہ جس پرچے کے وہ مدیر ہوں وہی ان کا نمبر شائع کرے، لیکن میرے نقطہ نظر سے "نگار" کے سوا کسی اور پرچے کو اس کا استحقاق نہیں تھا، نیاز و نگار الگ الگ چیزیں نہیں، ایک ہی تحریک اور ایک ہی مکتبہ فکر کے دو نام ہیں۔ نگار جسم ہے تو نیاز اس کی روح تھے۔ نیاز جوہر تھے تو نگار اس کا عرض ہے۔ نگار ایک روایت ہے تو نیاز اس روایت کے بانی تھے، نیاز نے نگار کو جنم دیا، نگار نے نیاز کو حیات جاوداں بخشی۔ یہ ممکن ہی نہیں کہ نگار کے ذکر میں نیاز کا اور نیاز کے تذکرے میں نگار کا نام نہ آئے۔ ان دونوں میں رعائت لفظی نہیں، تلازم ہے۔ نیاز کے کمالات و خدمات کا اندازہ کرنا ہو تو نگار کو ذہن میں ابھارنا پڑے گا اور نگار کے جمال و جلال کو سمجھنا ہو تو نیاز کی تحریروں پر نظر ڈالنی ہوگی یہی سبب تھا کہ میرے ذہن میں "نیاز نمبر" کا سوال آیا تو میں نے نگار کے سوا کسی اور پرچے کو اس لیے مناسب نہ سمجھا یہی خیال تھا جس کے سبب مجھے نیاز صاحب سے اختلاف کر کے ان کی مرضی کے خلاف نگار کے نیاز نمبر کا اعلان کرنا پڑا۔

نیاز نمبر دو جلدوں میں شائع ہوا اور بڑے اہتمام سے شائع ہوا۔ نیاز صاحب نے اسے نہ صرف یہ کہ پسندیدگی کی نگاہ سے دیکھا بلکہ خوش ہوئے۔ میری محنت کو ہر طرح سراہا اور ان کا اعتماد، مجھ پر کچھ اور بڑھ گیا۔ پرچہ آن بان سے نکلنے لگا۔ نیاز

صاحب بھی اس کی طرف سے زیادہ توجہ کرنے لگے۔ قارئین کا حلقہ بھی وسیع ہوا۔ اب ۱۹۶۴ء کے سالنامے کا ذکر آیا: ایک دو منٹ کی خاموشی کے بعد بولے، نکال سکتے ہیں تو "تذکروں کا تذکرہ نمبر" نکالئے، موضوع کی حد تک میں نے بھی پسند کیا، لیکن جب نیاز صاحب نے اپنے پر اہل دہر کا قیاس کر کے فرمایا وقت کم ہے پورا سالنامہ آپ کو لکھنا ہوگا، تو میں ایک طرح کی ذہنی الجھن میں پڑ گیا، وسائل کی کمی، اپنی کم علمی اور موضوع کی وسعت کا یہ مشورہ کہ اس چیلنج کو قبول نہ کیا جائے۔ لیکن طبیعت کی مہم جوئی، نیاز صاحب کی خواہش اور نگار کے سالناموں کی روایت کا یہ تقاضا کہ "تذکرہ نمبر" ضرور شائع کیا جائے کئی دن تذبذب میں گزر گئے، آخر کار غالب کے اس شعر نے سہارا دیا۔

بے تکلف در بلا بودن بہ از بیم بلا است
قعر دریا سلسبیل و روئے دریا آتش است

اور میں نے سود و زیاں کی حدود سے آگے بڑھ کر کام شروع کر دیا، یہ نمبر بھی نیاز صاحب کی توقعات پر پورا اترا اور انہوں نے اس کے بارے میں پہلے صفحے پر اس طرح اظہار خیال فرمایا:

"نگار کی گزشتہ تنتالیس سالہ زندگی کا یہ بالکل پہلا واقعہ ہے کہ اس کا سالنامہ پریس کو جا رہا ہے اور اس حال میں کہ اس کی جمع و ترتیب میں سوا۔ ان چند تمہیدی سطروں کے ایک لفظ بھی میرے قلم کا نہیں ہاں اگر القال علی الخیر کفاعلہ کوئی صحیح بات ہے تو یہ فخر ضرور مجھے حاصل ہے کہ سالنامے کے موجودہ موضوع کی طرف میں نے فرمان صاحب کو متوجہ کیا اور انہوں نے بڑی خوشی کے ساتھ اس تجویز کو مان لیا کیونکہ وہ اس موضوع پر عرصے سے کام کر رہے تھے اور کافی مواد ان کے پاس جمع تھا، یقیناً یہ بالکل خدا ساز بات تھی اور حسن اتفاق ہے۔

جو اُن کی خو تھی، وہی میرا مدعا نکلا

۱۹۶۵ء کا سالنامہ "جدید شاعری نمبر" بھی میرے منشاء کے مطابق نکلا میں نے ہی اس کا موضوع تجویز کیا، مضامین لکھوائے اور مرتب کیا۔ نیاز صاحب نگار کو روز بروز

آگے بڑھتے دیکھ کر خوش ہو رہے تھے۔ اور ان کے چہرے سے شادابی صحت کے آثار بھی نمایاں تھے۔ لیکن ستمبر کی آخری تاریخوں میں ان کے گلے کے بیرونی حصے میں پہلے کھجلی سی معلوم ہوئی پھر چھوٹا سا دانہ نمودار ہوا۔ اور ماہرین طب نے اسے سنگین مرض قرار دیا۔ ۱۵ اکتوبر کو اپریشن ہوا۔ کچھ دنوں کیلئے بظاہر بالکل صحت مند ہو گئے لیکن تین مہینے کے بعد زخم پھر ابھر آیا اور ان کی صحت تیزی سے گرنے لگی، آخر کار نگار کے لیے وقت آہی گیا، اور انہوں نے منگل ۲۴ مئی ۱۹۶۶ء کو صبح چار بجے داعئ اجل کو لبیک کہا چند ہفتوں کو چھوڑ کر، علالت کے سارے زمانے میں، وہ برابر لکھتے پڑھتے رہے اور وفات سے چند گھنٹے پہلے تک ہوش و حواس میں رہے۔ البتہ سرفراز اور ریاض کے مستقبل کے بارے میں سوچ کر وہ آبدیدہ ہو جاتے تھے اور میرا ہاتھ پکڑ کر نہ جانے کیا کیا کہتے رہتے، بات یہ ہے کہ لکھنو میں، ہندوستان کو خیرباد کہنے کے بعد ان پر جو پتا پڑی تھی، اس کا سب سے زیادہ پریشان کن پہلو، ان بچوں کا مستقبل ہی تھا، چنانچہ پاکستان آنے سے کچھ دنوں پہلے انہوں نے مجھے ایک خط، اس طور پر لکھا تھا

"گرامی عزیز

آپ نے جس محبت سے مجھے یاد کیا ہے اس کا اثر دل کے ساتھ آنکھوں پر بھی ہوا، وہ تڑپا اور یہ برسیں اور اس طرح زندگی کا بوجھ ہلکا ہو گیا، آپ کی کامیابیوں کا حال سن کر دل نہال ہو جاتا ہے لیکن اسی کے ساتھ جب یہ خیال آتا ہے کہ اب میں آپ کو کبھی نہ دیکھ سکوں گا تو زندگی ویران سی نظر آنے لگتی ہے۔ آپ کا ویزا کی دشواریوں کی وجہ سے آنا مشکل ہے اور میرا بربنائے ضعف و کہولت سفر کرنا متعذر۔

سرفراز اور ریاض اسکول میں پڑھ رہے ہیں وہ آٹھویں میں ہے اور یہ پانچویں میں، بڑے ذہین بچے ہیں، خدا کرے میں اتنا اور جی سکوں کہ ان کی تعلیم پختگی کی حد تک پہنچ جائے، لیکن خدا ایسا کیوں کرنے لگا، اگر میں کراچی میں ہوتا تو وہاں بچوں کو آپ کے سپرد کر کے گوشہ نشین ہوتا۔"

اس سے اندازہ کیا جا سکتا ہے کہ وہ آخری علالت کے زمانے میں اپنے بچوں کی

طرف سے کتنے متفکر رہے ہوں گے۔ اسی زمانے میں وہ ایک تفصیلی خط میرے نام لکھ کر گئے تھے جسے ان کا آخری خط یا وصیت نامہ بھی کہا جا سکتا ہے۔ اس خط پر صرف نیاز صاحب کے نہیں ان کی بیگم کے بھی دستخط ہیں اور اس کے دیکھنے کے بعد ہی مجھے صحیح معنوں میں اندازہ ہوا کہ وہ مجھ سے کتنی محبت اور مجھ پر کتنا بھروسہ کرتے تھے۔ یہ خط پورے کا پورا اس جگہ نقل کیا جاتا ہے۔

"۵ فروری ۱۹۶۶ء

عزیزی ڈاکٹر فرمان فتح پوری سلمہ،

آپ نے نگار پاکستان کی جتنی عظیم خدمات انجام دی ہیں، ان کا اعتراف الفاظ سے ممکن نہیں، اس دوران کے تمام خصوصی نمبر محض آپ کی توجہ سے شایع ہوئے ورنہ اس کا کوئی امکان نہ تھا۔ بہرحال اس حقیقت کے پیش نظر کہ میرے کراچی آنے کے بعد نگار کا قیام واجرا، محض آپ کی توجہ کا ممنون کرم رہا ہے اور اب میری صحت بالکل جواب دے چکی ہے۔ نگار کے آئندہ بقا کے متعلق صرف ایک ہی صورت قابل عمل نظر آتی ہے وہ یہ کہ نگار کے تمام مالکانہ حقوق اشاعت دواماً آپ کے نام منتقل کر دیئے جائیں، چنانچہ اس تحریر کے ذریعے سے میں یہ تمام حقوق آپ کے نام منتقل کرتا ہوں اور اسی کے ساتھ خصوصی نمبروں اور مطبوعات کی موجودہ اسٹاک بھی آپ ہی کو تفویض کرتا ہوں تاکہ اس کی آمدنی سے نگار کو ترقی دینے میں آپ کو کچھ مدد مل سکے۔ رہیں میری تصنیفات، سو مجھے امید ہے کہ ان کے حقوق اشاعت لینے والے بھی آپ کی کوشش سے پیدا ہو جائیں گے اور میرے بعد اس باب میں، میری بیوی کے دست رضا سے آپ اس کا انتظام بھی کر دیں گے۔

اس تحریر میں کیونکہ میری بیوی کی رضامندی بھی شامل ہے اس لیے ان کے دستخط بھی اس میں ثبت ہیں۔"

نیاز فتح پوری۔ گلزار بیگم

ظاہر ہے کہ اس خط نے ان کی وفات کے بعد، میرے احساس ذمہ داری کو انگیز کیا میری کوشش یہی رہی کہ نگار کسی طرح جاری رہے اور خدا کا شکر ہے کہ اب تک جاری ہے۔ نیاز صاحب کی وفات کو تقریباً پچیس سال سے زائد ہو رہے ہیں، اس دوران میں نگار کی روایات کے مطابق ہر سال خصوصی نمبر شایع ہوئے اور خاصے مقبول ہوئے۔ علاوہ ازیں جنوری ۱۹۸۳ء میں نگار کا جشن طلائی منایا گیا کہ اس کے اجرا، کو پچاس سال سے بہت اوپر ہو چکے تھے۔ اس جشن دو روزہ میں برعظیم کے متعدد اہل قلم نے شرکت کی۔

نیاز کا سال پیدائش ۱۸۸۴ء تھا۔ اس رعایت سے ۱۹۸۴ء کو نیاز کا صد سالہ جشن ولادت بعنوان "نیاز صدی" برپا ہوا اس سہ روزہ جشن میں پاک و ہند کے مشاہیر نے شرکت کی۔ اسی سال سے نیاز یادگاری لیکچر کا اعلان و اہتمام ہوا۔ اور بحمد اللہ اس لیکچر کے سلسلے میں ایک بڑا علمی اور ادبی اجتماع ہر سال منعقد ہوتا ہے۔

نیاز فتح پوری بیسویں صدی کے ان گنے چنے ادیبوں میں ہیں جن کی جامعیت و ہمہ گیری ہمیں سرسید، آزاد، نذیر احمد، حالی اور شبلی کی یاد دلاتی ہے۔ ان کی شخصیت یک پہلو نہیں صد پہلو ہے اور کوئی پہلو ایسا نہیں جس نے اردو زبان اور ادب کے قاری کو متاثر نہ کیا ہو۔ تبھی تو بعض ان کی مقالہ نگاری کو اہمیت دیتے ہیں اور بعض مالہ و ماعلیہ کو خاصے کی چیز جانتے ہیں۔ بعض من ویزداں والے نیاز کے دلدادہ ہیں اور بعض مجموعۂ استفسارات و جوابات والے نیاز پر جان چھڑکتے ہیں بعض ان کی مکتوب نگاری کے پرستار ہیں اور بعض ان کی بے باک صحافت کا دم بھرتے ہیں بعض ان کے مختصر ناول "ایک شاعر کا انجام" اور "شہاب کی سرگزشت" کو ادبی شاہکار سمجھتے ہیں، بعض جمالستان و نگارستان کے رومان پرور انشائیوں اور افسانوں کو تخلیقی کارنامہ خیال کرتے ہیں۔ کچھ لوگ ان کے مذہبی افکار و خیالات کے قدر دان ہیں اور کچھ ان کے ادبی معتقدات و نظریات کے مداح، کچھ لوگ انہیں اردو میں عربی و فارسی کی ادبی روایات کا آخری محافظ سمجھتے ہیں اور کچھ انہیں آزادئ فکر کے سب سے بڑے علمبردار اور روایات کے سب سے بڑے باغی کی حیثیت سے پہچانتے ہیں۔ ایسے لوگ بھی ہیں جو انہیں ایک وسیع النظر عالم اور روشن خیال مذہبی مفکر خیال کرتے ہیں اور

ایسے بھی ہیں جو انہیں گمراہ، بے دین، لامذہب، دہریا اور کافر سمجھتے ہیں۔ یہ ساری باتیں اس امر کا واضح ثبوت ہیں کہ بیسویں صدی کے ہر باشعور اور بالغ ذہن نے نیازیات کا مطالعہ کرنے اور ان کے متعلق سوچنے پر خود کو مجبور پایا ہے۔ ظاہر ہے کہ اس قسم کی غیر معمولی شخصیتیں جو ہزار اختلاف کے باوصف ہر ذی شعور کو اپنی طرف کھینچ سکتی ہیں، روز روز نہیں، کبھی کبھی پیدا ہوتی ہیں۔

نیاز فتح پوری کے والد محمد امیر خاں، عربی و فارسی کے عالم، شاعر، اور امام بخش صہبائی کے شاگرد تھے۔ اردو اور فارسی دونوں میں شعر کہتے تھے۔ فارسی کے بیشتر شعرا کا انہوں نے گہرا مطالعہ کیا تھا اور اس کثرت سے اشعار ان کے ذہن میں محفوظ تھے کہ محاورات فارسی کی سند میں وہ بے تکلف، اساتذہ کا کلام پیش کر دیتے تھے نیاز کے والد کا مذہبی مطالعہ بھی بہت وسیع تھا اور وہ صوم و صلوٰۃ کے بھی سختی سے پابند تھے لیکن مذہبی خشونت یا مولویانہ تنگ نظری ان میں نام کو نہ تھی۔ بچوں کی تعلیم و تربیت کا بھی وہ خاص خیال رکھتے تھے۔ لیکن اس باب میں ان کا نقطۂ نظر اپنے معاصرین سے بہت مختلف تھا۔ وہ بچوں کی ذہنی پرداخت اور صحیح نشو و نما کے لئے ان کو زیادہ سے زیادہ آزادی دینے اور ہر معاملے میں انہیں اپنے طور پر غور و فکر کا عادی بنانے کے قائل تھے۔ نتیجہ یہ ہوا کے نیاز کے مزاج میں بچپن ہی سے ایک قسم کی آزادہ روی اور کشادہ نظری پیدا ہو گئی۔

باقاعدہ تعلیم و تربیت کے لئے وہ مدرسۂ اسلامیہ فتح پور میں داخل کئے گئے مدرسہ کے بانی مولانا شاہ ظہور الاسلام ایک صاحب دل صوفی، عالم باعمل، خاموش سماجی کارکن، بالغ نظر تعلیمی مفکر، دیو بند کے فارغ التحصیل فاضل، مولانا محمد علی مونگیری کے پیر بھائی اور فضل الرحمان گنج مرادآبادی کے خلیفہ تھے۔ مولانا شبلی کا بیان ہے کہ ندوۃ العلما کے قیام میں سب سے بڑا حصہ انہیں کا ہے۔(۱۰) علامہ سید سلیمان ندوی نے لکھا ہے کہ وہ ندوہ کے ارکان خاص میں تھے۔(۱۱) اور مولانا عبدالرازق کانپوری نے وضاحت سے لکھا ہے کہ ندوۃ العلماء کے اصل محرک وہی تھے۔(۱۲) مولانا ظہور الاسلام کو مسلمانوں کے تعلیمی مسائل سے خصوصی دلچسپی تھی اور وہ انہیں دینی و دنیوی، دونوں علوم کی طرف متوجہ کرنا چاہتے تھے۔ ان کا خیال

تھا کہ دیو بند کی بھی ضرورت ہے اور علی گڑھ کی بھی۔ چنانچہ جب ان کے سامنے لوگ علی گڑھ کو برا کہتے تو مولانا کہہ دیتے تھے کہ "دیو بند اور علی گڑھ دونوں میری آنکھیں ہیں میں ان میں سے کسی کو چھوڑنے کو تیار نہیں ہوں"۔ اس خیال سے مولانا نے ۱۸۸۲ء میں یعنی سرسید کے مدرسے علی گڑھ کے صرف سات سال بعد فتح پور میں ایک نئے طرز کے مدرسہ کی بنا ڈالی۔ اس میں عربی و فارسی کے ساتھ ساتھ انگریزی پڑھانے اور صنعتی تعلیم دینے کا بھی انتظام کیا۔ علی گڑھ کے بعد برصغیر کا غالباً یہ پہلا مدرسہ تھا جس میں مذہبی تعلیم کے ساتھ ساتھ مغربی تعلیم کا بھی باقاعدہ انتظام کیا گیا تھا۔ مولانا کے اس مدرسے سے ہزاروں نے فیض اٹھایا۔ لیکن جنہوں نے شہرت پائی ان میں مولانا حسرت موہانی، حکیم عبدالحی، نیاز فتح پوری، مولانا عبدالرزاق کانپوری، عارف ہسوی، اور مولانا حسن الدین خاموش خصوصیت سے قابل ذکر ہیں۔

اس مدرسے میں نیاز کو دو خاص قسم کے علماء و اساتذہ سے واسطہ پڑا۔ ایک وہ جو کہ مولانا ظہور الاسلام جیسے نہایت سادہ مزاج، رقیق القلب، وسیع النظر اور کشادہ قلب واقع ہوئے تھے۔ دوسرے مولانا نور محمد، حافظ قادر بخش اور مولانا محمد حسن جیسے، جو کہ مذہب اور تعلیم دونوں کے باب میں بقول نیاز فتح پوری تنگ نظر اور سخت گیر تھے۔

مدرسۂ اسلامیہ کے شعبہ عربی کے بعض مدرسین کی اس مولویانہ ذہنیت اور مذہبی کٹر پن کا یہ اثر ہوا کہ نیاز کا تجربہ مولویوں کے باب میں تلخ سے تلخ تر ہوتا چلا گیا۔ جب انہوں نے یہ دیکھا کہ دیو بند کے بعض فارغ التحصیل اساتذہ اور علماء بھی انگریزی شاخ کو مٹانے کے درپے ہیں اور مغربی تعلیم کی تحصیل کو گناہ خیال کرتے ہیں تو انہیں ایسے تنگ نظر علمائے دین سے نفرت پیدا ہونے لگی۔ اس نفرت کا رد عمل ان کی وہ تحریریں ہیں جو مذاہب کے تقابلی مطالعہ کے بعد نگار کے صفحات میں نمودار ہوئیں اور علمی و ادبی حلقوں میں آزادی فکر کا ایک نیا باب کھول گئیں۔

یہی زمانہ سرسید احمد خاں کے تعلیمی و مذہبی نظریات اور ان کی تحریک علی گڑھ کے فروغ کا ہے۔ صورتحال یہ تھی کہ ایک طرف سرسید احمد خاں اور ان کے رفقائے کار مسلمانوں کو تعصب، جہالت اور مذہبی تنگ نظری سے نجات دلانے کے لیے خون

پسپنیہ ایک کر رہے ہیں۔ دوسری طرف برصغیر کے بعض تنگ نظر علمائے دین مغربی تعلیم اور انگریزی کی مخالفت میں سرسید کو دہریہ، کافر، نیچری اور کرسٹان کے ناموں سے ملقب کر رہے تھے۔ اور ان کی تعلیمی و اصلاحی تحریک کو ملک و ملت کے لیے مہلک قرار دے رہے تھے۔ لیکن سرسید اور ان کے ساتھیوں کے خلوص، ایثار اور حوصلہ مندی کے آگے تنگ نظر مولویوں کی ایک نہ چلی، سرسید اور ان کی تحریک علی گڑھ کا اثر و نفوذ بڑھتا گیا۔ نوجوانوں پر خصوصاً اس تحریک نے گہرا اثر ڈالا۔ نیاز فتح پوری بھی ایک باشعور نوجوان کی حیثیت سے سرسید اور ان کی تحریک سے متاثر ہوئے عقل و مذہب کے بارے میں وہ جو کچھ سوچ رہے تھے اس کا زیادہ حصہ انہیں سرسید کے افکار و خیالات میں مل گیا۔ گویا سرسید نے ان کے مذہبی خیالات کی خارجی تائید کر دی۔ نتیجتہ مذہب کے مطالعے اور اس پر غور و فکر کرنے کے سلسلے میں ان کا حوصلہ کچھ اور بڑھ گیا لیکن آگے چل کر وہ صرف سرسید کے مقلد یا غالب کے طرفدار نہ رہے بلکہ مسلسل مطالعہ اور ذاتی غور و فکر کی مدد سے انہوں نے سخن فہم بننے کی پوری کوشش کی ہے۔

اوصاف مذہب اور اہل مذہب کے باب میں ان کا رویہ وہی ہے جو اوصاف خودی کے سلسلے میں علامہ اقبال کا ہے۔ اقبال رنگ و نسل و مذہب کی تفریق کیئے بغیر ہر اس شخص کی تعریف کرتے ہیں، جس میں وہ خودی کی قوتوں کو بروئے کار دیکھتے ہیں۔ ان کے اس مسلک کے سبب بعض تنگ نظر نقادوں نے ان پر اشتراکی اور فسطائی ہونے کا الزام لگایا ہے۔ حالانکہ ایسا نہیں ہے۔ کم و بیش یہی کیفیت مذہب کے باب میں نیاز کی ہے۔ انہوں نے اعمال اور اخلاق کو بنیاد بنا کر جب کسی شخص یا طبقے کو سراہا ہے تو بے عمل اور تنگ نظر مذہبی گروہ کی جانب سے ان پر کبھی معتزلہ، کبھی زندقہ، کبھی شیعہ، کبھی وہابی، کبھی اسمعیلیہ کبھی احمدیہ اور کبھی بے دین اور دہریہ ہونے کا الزام لگایا گیا ہے۔ حالانکہ انہوں نے ایک جگہ نہیں متعدد جگہ اس امر کا اظہار کیا ہے کہ میں، ایک مسلمان کے سوا کچھ بھی نہیں ہوں۔ بقول ڈاکٹر شوکت سبزواری " ان کا اسلام خالص اسلام ہے وہ شیعہ ہیں نہ سنی مقلد ہیں نہ غیر مقلد، دیوبندی ہیں نہ بریلوی، اہل حدیث ہیں نہ قرآنی، وہ محض مسلمان ہیں "۔ (۱۳) اسی

طرح ایک بلند پایہ شیعہ ادیب نے جب ان سے پوچھا کہ آپ کا مذہب کیا ہے تو انہوں نے صاف کہہ دیا کہ "میں پکا مسلمان ہوں نہ اس سے زیادہ نہ اس سے کم"۔ (۱۴) اس کے بعد انہوں نے پوچھا آنحضرت کی جانشینی کے بارے میں آپ کی کیا رائے ہے تو نیاز صاحب نے کہا "رسول اللہ، علیؑ کو اپنا جانشین بنانا چاہتے تھے اور علی ان کے مناسب جانشین بھی ہوتے لیکن آپ کی طرح میں اسے مذہب کا جزو نہیں سمجھتا۔ آپ کے لیے علی کی ولایت مذہب کا حصہ ہے بغیر اس کے مانے مذہب پورا نہیں ہوتا۔ میرے لیے اللہ اور اس کے رسول کے آگے کچھ اور ماننا ضروری نہیں"۔ (۱۵)

جہاں تک نیاز کی خالص ادبی تحریروں کا تعلق ہے انہوں نے کم و بیش ہر صنف اور ہر موضوع پر قلم اٹھایا ہے اور اس انداز خاص سے کہ ہم ان کی کسی تحریر کو بھی حرف مکرر نہیں کہہ سکتے۔ ابتداً اپنے مخصوص ماحول کے زیر اثر وہ غزل کی طرف لپکے پھر مغربی اثرات کے زیر اثر انگریزی نغموں کے منظوم ترجمے کی طرف متوجہ ہوئے۔ ۱۹۱۴ء میں "زمیندار" سے منسلک ہونے کے بعد انہوں نے علامہ اقبال اور مولانا شبلی سے متاثر ہو کر مسدس کی صورت میں قومی و ملی نظمیں کہیں۔ چنانچہ الہلال کے ابتدائی پرچوں، خصوصاً ۱۳-۱۹۱۲ء کے شماروں میں آپ کو زیادہ نظمیں مولانا نیاز اور علامہ شبلی ہی کی ملیں گی۔ یہ وہ زمانہ ہے جب کہ نیاز کا زیادہ تر قیام بھوپال اور دلی ہی میں رہتا تھا۔ یہی دور ہے جس میں نیاز نے ٹیگور کی "گیتا انجلی" کا اردو ترجمہ کیا۔ "جذبات بھاشا" کے نام سے ہندی شاعری کی انفرادی خصوصیات سے اردو والوں کو متعارف کرایا۔ "نگارستان، اور جمالستان" کے نیم تاریخی اور رومانی افسانوں کی تخلیق کی۔ "ایک شاعر کا انجام" اور "شہاب کی سرگذشت" جیسے قیامت خیز مختصر ناول اردو کو دیئے۔ اس عہد کو نیاز کی ادبی شہرت و مقبولیت کا عہد شباب بھی کہہ سکتے ہیں۔ اس لیے کہ پاک و ہند کے ہر طبقے اور ہر گوشے میں ان کی تحریروں کی دھوم مچی ہوئی تھی۔ سارے ادبی رسائل ان کے مضامین حاصل کرنے کے متمنی رہتے تھے اور ادارتی نوٹ کے ساتھ خاص اہتمام سے شائع کرتے تھے۔ بقول ملا واحدی "نیاز کی شہرت کا یہ وہ زمانہ تھا جب کہ ڈاکٹر ذاکر حسین ڈپٹی عبدالرؤف نورالرحمن اور یونیورسٹیوں کے دوسرے نیاز کو دیکھنے اور ان سے ملنے کے لیے دلی کے پھیرے کیا

کرتے تھے۔ یہی وہ زمانہ ہے جس کے بارے میں ابوالخیر مودودی صاحب کا بیان ہے کہ :-

"ہماری شامیں نیاز صاحب کی خواجہ تاشی میں گزرتی تھیں پھر نیاز صاحب نے ہمیں لکھنے پر ابھارا۔" صرف باتیں ہی نہیں کچھ کام بھی ہونا چاہیئے۔ تم لوگ لکھو اور پڑھ کے سنایا کرو۔ ہر مہینے کم از کم ایک مضمون " ہم تینوں، یعنی میں، ابوالاعلیٰ مودودی اور قمرالحسن کے لیے حسب ذوق مستقل موضوع بھی مقرر کیے لکھنا اور سنانا اٹل تھا۔ نیاز صاحب مجھے ملک الموت نظر آتے تھے لیکن زجر مشفقانہ سے مفر بھی نہ تھا۔ گھاس کاٹنی ہی پڑتی تھی۔ مستعدی سے ہر مہینے صرف ابوالاعلیٰ مودودی ہی لکھتے اور سناتے تھے۔ یہ لکھنا سنانا ان میں ایسا رچا کہ لکھ کے سنانے کی طرح پڑھنا ان کی عادت بن گیا۔(١٦)

یوں سمجھ لیجئے کہ ١٩١٠ تا ١٩٢٠ کا زمانہ نیاز کی رومان نگاری اور انشائے لطیف کا زمانہ ہے اس کے بعد فروری ١٩٢٢ میں جب انہوں نے ترکی زبان کی مشہور شاعرہ "نگار بنت عثمان" کی انقلابی شاعری سے متاثر ہو کر "نگار" جاری کیا تو ان کی نظر سنجیدہ علمی موضوعات پر مرکوز ہو گئی۔ نگار کے ذریعے انہیں تخلیقی اور تحقیقی قوتوں کے آزادانہ استعمال کا موقع مل گیا۔ دیکھتے ہی دیکھتے افسانہ، ناول، صحافت، مقالہ نگاری، تنقید مکتوبات نگاری اور انشاپردازی سب میں ان کا سکہ چلنے لگا۔ بقول مولانا حامد حسن قادری اب وہ ادیب نہ رہے، ادیب ساز بھی ہوگئے اور ان کی علمی اور ادبی شخصیت اتنی وقیع اور واضح ہو گئی کہ ادبی تاریخ کی ترتیب وتدوین میں ان کا کٹر سے کٹر مخالف بھی ان کے نام کو نظرانداز نہیں کر سکتا۔

شعر و ادب سے ہٹ کر نیاز فتح پوری نے بعض دوسرے موضوعات پر بھی بہت کچھ لکھا ہے۔ بقول شخصے، ان کے یہاں علوم و فنون سے الگ ایک ضخیم حصہ متفرقات کا بھی ہے۔ اخلاق و حکمت، اقتصادیات و معاشرت، ارضیات و فلکیات، مذہب و تصوف، فحاشیات و جنسیات، علم نجوم سیاست حاضرہ غرضیکہ زمین و آسمان کا شاید ہی کوئی قضیہ ہو جس کو نیاز نے نہ چھیڑا ہو۔ اور جس کو اپنے طرز تحریر کے جادو

سے بڑے سے بڑے مرتد پڑھنے والے کے لیے دل کش نہ بنا دیا ہو۔ میں نے ابتدا میں عرض کیا تھا کہ نیاز کی تحریروں میں دل کشی کے یہ آثار ان کی دو بنیادی اور نمایاں خصوصیات، آزادیٔ فکر و خیال اور اعلیٰ درجہ کی ادبیت، کے سبب رونما ہوئے ہیں۔ انہوں نے اپنی ساٹھ سالہ علمی و ادبی زندگی میں جو کچھ لکھا ہے کافی غور و فکر اور تحقیق کے بعد لکھا ہے جو کچھ سمجھا ہے وہی لکھا ہے۔ جس طرح محسوس کیا ہے اسی طرح لکھا ہے۔ خطائے بزرگاں گرفتن خطا است کے قول کو نظرانداز کر کے لکھا ہے۔ شخصیتوں، طبقوں، گروہوں فرقوں اور رنگ و نسل کے تعصبات سے بلند تر ہو کر لکھا ہے اور سب سے بڑھ کر یہ کہ جو کچھ لکھا ہے دلکش اور منفرد اسلوب میں لکھا ہے۔ یہ اسلوب جو کہ جمالیاتی کیفیتوں اور جرات مندانہ لب کشائیوں سے ظہور میں آتا ہے۔ بقول مجنوں گورکھپوری "اپنے اندر طرح طرح کی توانیاں رکھتا ہے "اس اسلوب پر پرانے یا از کار رفتہ ہونے کا الزام نہیں لگایا جا سکتا۔ یہ ایک زندہ قوت ہے جو اردو زبان ادب پر نیاز کے اثرات کو کبھی فنا نہیں ہونے دے گا۔" (۱۷)

نیاز کا قلم، انیسویں صدی کی پہلی دہائی سے لے کر ۱۹۶۶ء کے اوائل تک کم و بیش ساٹھ سال چلتا رہا۔ ۱۹۶۵ء کے اواخر میں ان کے گلے میں سرطان کا پیش خیمہ بن کر ایک گلٹی نمودار ہوئی۔ علاج معالجہ ہوتا رہا۔ نیاز صاحب اس عالم میں بھی لکھتے پڑھتے رہے۔ اپریل ۶۶ء کے بعد ان کی طبیعت خراب سے خراب تر ہوتی چلی گئی۔ آخر کار ۲۴ مئی ۱۹۶۶ء کو داعی اجل کو لبیک کہا اور پاپوش نگر ناظم آباد کراچی میں مدفون ہوئے ان کی قبر پر ان کی خواہش کے مطابق غالب کا یہ شعر کندہ ہے۔

زمن بجرم تپیدن کنارہ می کردی
بیا بخاکِ من و آرمیدنم بنگر

اب رہ گئی، نیاز کی نجی زندگی اور ان کے مشاغل و مناصب کی تفصیل، سو، یہ تفصیل، مختصراً اس طور پر مرتب ہوتی ہے۔

ا۔ نام، وطن اور تاریخ پیدائش

ا۔ پیدائشی نام	نیاز محمد خان (والدہ کا رکھا ہوا)
۲۔ تاریخی نام	لیاقت علی خاں (والد کا رکھا ہوا)
۳۔ قلمی نام	نیاز فتح پوری
۴۔ باپ کا نام	محمد امیر خان متوفی ۱۹۰۸ء
۵۔ وطن	فتح پور ہسوہ محلہ خیلدار
۶۔ جائے پیدائش	سنی گھاٹ (ضلع بارہ بنکی)
۷۔ تاریخ پیدائش	۱۳۰۲ھ ۱۸۸۴ء
۸۔ خطاب	پدما بھوشن۔ اپریل ۶۲ء میں منجانب حکومت ہند
۹۔ وفات	کراچی ۲۴ مئی ۱۹۶۶ء

۲۔ تعلیم و تربیت

ا۔ چھ سات سال کی عمر تک گھر پر کتبی تعلیم والد کی زیر نگرانی پائی۔ پہلے مولوی حبیب الدین صاحب (ساکن نیوتنی ضلع اناؤ) شاگرد مولانا احسن بلگرامی اور بعد ازاں لکھنؤ میں مولوی صدیق حسن غازی پوری اتالیق مقرر ہوئے۔

۲۔ نو دس سال کی عمر میں مولانا ظہور الاسلام کے بنا کردہ مدرسہ اسلامیہ فتح پور میں داخل ہوئے۔ علوم اسلامی کے ساتھ ساتھ یہیں سے ۱۸۹۸ء میں انگریزی مڈل اور ۱۸۹۹ء میں میٹرک کا امتحان پاس کیا۔

۳۔ اس سے پہلے تقریباً ڈیڑھ سال دارالعلوم ندوہ لکھنؤ میں رہے پھر مدرسہ عالیہ رام پور میں داخل ہوئے جس کے پرنسپل مولانا محمد عرب طیب صاحب

علم و فضل کے اعتبار سے اس زمانے کے نہایت ممتاز شخصیت خیال کیے جاتے تھے۔ یہاں مولانا وزیر محمد خاں شاگرد مولانا عبدالحق خیر آبادی سے منطق تعلیم حاصل کی۔

۳۔ قابل ذکر اساتذہ جن کا مثبت یا منفی اثر قبول کیا

۱۔ مولانا سید ظہور الاسلام صاحب محرک ندوۃ العلما۔ بانی مدرسہ اسلامیہ فتح پور
۲۔ مولانا نور محمد صاحب مدرس اعلیٰ شاخ عربی مدرسہ اسلامیہ فتح پور
۳۔ مولانا فاروق چریا کوٹی
۴۔ مولانا عرب محمد طیب صاحب مدرس اعلیٰ مدرسہ عالیہ رام پور
۵۔ مولانا وزیر محمد خاں مدرس عالیہ رام پور
۶۔ مولانا محمد حسین خاں فاضل دیو بند مدرس مدرسہ اسلامیہ فتح پور
۷۔ مولوی اعزاز علی صاحب ہیڈ ماسٹر شاخ انگریزی مدرسہ اسلامیہ فتح پور
۸۔ مولوی حبیب الدین اتالیق و مدرس مدرسہ اسلامیہ فتح پور
۹۔ مولوی صدیق حسن غازی پوری اتالیق

۴۔ شادی

۱۔ پہلی شادی ۱۹۰۱ء میں بہ عمر سترہ سال الہ آباد میں ہوئی ۱۹۲۳ء میں بیوی کا انتقال ہو گیا۔
۲۔ دوسری شادی ۱۹۲۴ء میں بمقام لکھنؤ مختار بیگم سے ہوئی جن کی وفات ۱۹۴۷ء میں ہوئی۔
۳۔ تیسری شادی ۱۹۴۷ء میں مرحومہ کی چھوٹی بیوہ بہن گلزار بیگم بنت محمد ولایت خاں سے لکھنؤ میں ہوئی۔

۵۔ اولاد

۱۔ پہلی بیوی سے چار لڑکیاں ہوئیں۔
۲۔ دوسری بیوی مختار بیگم سے صرف شوکت جہاں آرا ہوئیں جو لکھنو میں مجدد کو بیاہی تھیں اور ۱۹۵۴ء میں وفات پاگئیں۔
۳۔ تیسری بیوی گلزار بیگم نیاز صاحب کی چھوٹی سالی تھیں پہلے ظفر احمد خاں کو بیاہی تھیں جن سے محمد یوسف خاں، محمد آصف خاں، محمد عارف خاں اور محمد قمر خاں اور ایک بیٹی ہوئی۔ بیوہ ہو جانے کے بعد نیاز صاحب کے نکاح میں آئیں اور ان سے دو لڑکے محمد سرفراز خاں نیازی اور محمد ریاض خاں نیازی پیدا ہوئے۔

۶۔ خاندان

۱۔ محمد امیر خاں نے تین شادیاں کیں۔ پہلی بیوی سے ایک لڑکی ہوئی۔ دوسری بیوی سے محمد نجابت علی خاں پیدا ہوئے جن کا ۱۲۔۱۳ سال کی عمر میں انتقال ہو گیا۔ تیسری بیوی سے ایک لڑکی نظیر النسا۔ اور نیاز محمد خاں پیدا ہوئے۔

۷۔ قابل ذکر ہم درس فتح پور میں

۱۔ مولانا سید فضل الحسن حسرت موہانی
۲۔ سید روح الحسن (برادر بزرگ مولانا حسرت موہانی)
۳۔ سید مشتاق حسین، فتح پوری۔

۸۔ طویل قیام

سن پیدائش ۱۸۸۴ء سے لے کر ۱۹۱۴ء تک کے درمیانی حصے میں تقریباً اکیس بائیس سال فتح پور میں بسر ہوئے۔ چونکہ نیاز صاحب کے والد محکمہ پولیس سے وابستہ تھے۔ اور ان کا تبادلہ یوپی کے مختلف اضلاع میں ہوا کرتا تھا اس لیے نیاز صاحب کا قیام بھی مختلف شہروں میں رہتا تھا لیکن سال کے چند مہینے فتح پور ہی میں گذرتے تھے۔ ۹۴-۱۸۹۳ء کے قریب وہ مدرسہ اسلامیہ فتح پور میں داخل ہوئے۔ اس وقت ان کے والد اگرچہ لکھنؤ میں تھے لیکن نیاز کا زیادہ قیام بغرض تعلیم فتح پور ہی میں رہتا تھا۔ ۹۷-۱۸۹۶ء میں جب ان کے والد نے پنشن لے کر رام پور میں وکالت شروع کی تو نیاز بھی رام پور چلے گئے۔ واپس آکر ۱۸۹۸ء اور ۱۸۹۹ء میں انہوں نے انگریزی مڈل اور میٹرک کے امتحان پاس کیے۔ اس کے بعد ملازمت کا سلسلہ رہا ۱۹۱۵ء تک یعنی بھوپال جانے سے پہلے وہ مختلف جگہ رہے۔ لیکن اس عرصے میں بھی انہوں نے مدرسہ اسلامیہ (انگریزی شاخ) کے نگران کی حیثیت سے مختلف اوقات میں تقریباً پانچ چھ سال فتح پور میں قیام کیا۔

۲۔ بھوپال ۱۹۱۵ء سے ۱۹۶۲ء تک

۳۔ لکھنؤ ۱۹۲۷ء سے ۱۹۶۲ء تک

۴۔ کراچی ۳۱ جولائی ۱۹۶۲ء سے تاحیات

۹۔ عہد رنگین کے یادگار مقامات

۱۔ مسوری ۲۔ کلکتہ ۳۔ الٰہ آباد ۴۔ دلی ۵۔ سری نگر ۶۔ ہانسی ۷۔ اجے گڑھ ۸۔ لکھنؤ ۹۔ رام پور ۱۰۔ بھوپال ۱۱۔ بمبئی۔

۱۰۔ صحافتی زندگی

۱۔ ۱۹۱۰ء میں "زمیندار" اخبار سے منسلک رہے۔
۲۔ ۱۹۱۱ء میں ہفتہ وار "توحید" کے معاون مدیر ہوئے
۳۔ ۱۹۱۲ء میں ہفتہ وار "خطیب" کے قلمی معاون رہے
۴۔ ۱۹۱۹ء میں روزانہ اخبار "رعیت" کے چیف ایڈیٹر مقرر ہوئے
۵۔ ۱۲-۱۹۱۱ء میں "سہیل" نامی رسالہ نکالنے کا خیال ہوا لیکن اجراء نہ ہو سکا۔
۶۔ فروری ۱۹۲۲ء سے تادم حیات یعنی مئی ۱۹۶۶ء تک مدیر اعلیٰ رہے۔

۱۱۔ علمی و ادبی زندگی

۱۔ فتح پور کے دور تعلیم ہی میں یعنی ۱۸۹۸ء اور ۱۹۰۰ء کے درمیان شعر و ادب کا ذوق پیدا ہو گیا تھا اور طرح پر غزل کہہ کر مشاعروں میں پڑھنے لگے تھے۔
۲۔ غزل کے ساتھ ساتھ نظموں کا شوق ہوا۔ چند دنوں انشائے لطیف اور رومانی افسانہ نگاری پر بھی قابو پالیا۔ یہ سلسلہ ۷-۱۹۰۶ء سے لیکر ۱۹۲۱ء تک برابر قائم رہا۔
۳۔ ۱۹۲۲ء کے بعد علمی اور مذہبی فکر انگیز تحریروں کا سلسلہ شروع ہوا۔
۴۔ ۲۶-۱۹۲۵ء سے تحقیقی و تنقیدی مقالات لکھنے کا آغاز ہوا۔
۵۔ ۱۹۳۰ء کے بعد (متنوع مسائل حیات) اور مختلف علوم و فنون پر قلم اٹھایا اور نگار کو دائرۃ المعارف خیال کیا جانے لگا۔
۶۔ تخلیقات کی طباعت و اشاعت کا آغاز "انتخاب لاجواب" (لاہور) اور صلائے عام (دہلی) سے ہوا۔

۱۲۔ نگار سے قبل کی تحریریں

۱۹۲۲ء یعنی نگار کے اجراء سے پہلے نیاز صاحب کی تحریریں زیادہ تر مندرجہ ذیل پرچوں میں شائع ہوئی ہیں۔

۱۔انتخاب لاجواب (لاہور) (۲) صلائے عام (دہلی) ۳۔زمیندار (لاہور)
(۴) صوفی (امرتسر)
۵۔رعیت (میرٹھ) (۶) خطیب (دھلی)
۷۔الہلال (کلکتہ) (۸) تمدن (دھلی) ۹۔نقاد (آگرہ)

۱۳۔نگار کا اجراء

۱۔آگرہ۔فروری ۱۹۲۲ء سے دسمبر ۱۹۲۲ء تک
۲۔بھوپال۔جنوری ۱۹۲۳ء سے جون ۱۹۲۷ء تک
۳۔لکھنؤ۔جولائی ۱۹۲۷ء سے جولائی ۱۹۶۲ء تک
۴۔کراچی۔اگست ۱۹۶۲ء سے اب تک جاری ہے۔

۱۴۔زبانوں سے واقفیت

۱۔اردو ۲۔فارسی ۳۔عربی ۴۔ترکی ۵۔ہندی ۶۔انگریزی

۱۵۔علوم و فنون پر دسترس

۱۔فقہ ۲۔حدیث ۳۔تفسیر ۴۔نجوم ۵۔علم الکلام ۶۔معانی و بیان ۷۔فلسفہ ۸۔منطق ۹۔عروض ۱۰۔موسیقی ۱۱۔تاریخ ۱۲۔نفسیات ۱۳۔قواعد ۱۴۔فن تجوید ۱۵۔فن انشا۔۱۶۔تصویر کشی۔

تصنیفی و تالیفی سرمایہ

مطبوعہ کتابیں ۱۔ایک شاعر کا انجام ۲۔جذبات بھاشا ۳۔صحابیات، ۴۔تاریخ الدولتین ۵۔المستلہ الشرقیہ (عربی سے ترجمہ) ۶۔عرض نغمہ (ترجمہ گیتا انجلی) ۷۔فلاسفہ قدیم کی روحوں کا اجتماع ۸۔فراست الید ۹۔مکتوبات نیاز، جلد اول ۱۰۔مکتوبات نیاز جلد دوم ۱۱۔مکتوبات نیاز جلد سوم ۱۲۔مذاکرات نیاز ۱۳۔نگارستان ۱۴۔جمالستان ۱۵۔ترغیبات جنسی ۱۶۔شہاب کی سرگزشت ۱۷۔مجموعہ

استفسارات و جوابات حصہ اول ۱۸۔ مجموعہ استفسارات و جوابات حصہ دوم ۱۹۔ مجموعہ استفسارات و جوابات حصہ سوم ۲۰۔ من ویزداں ۲۱۔ نقاب اٹھ جانے کے بعد ۲۲۔ گہوارہ تمدن ۲۳۔ انتقادیات جلد اول ۲۴۔ انتقادیات جلد دوم ۲۵۔ مذہب ۲۶۔ حسن کی عیاریاں ۲۷۔ مالہ و ماعلیہ ۲۸۔ نقش ہائے رنگا رنگ ۲۹۔ مشکلات غالب ۳۰۔ محمد بن قاسم سے بابر تک ۳۱۔ مذاہب عالم کا تقابلی مطالعہ ۳۲۔ تاریخ کے گم شدہ اوراق ۳۳۔ شبستان کا قطرہ گوہریں ۳۴۔ من ویزداں حصہ دوم ۳۵۔ صحابیات۔

حواشی

۱۔ خط بنام راقم الحروف مرقومہ ۲۷ دسمبر ۱۹۵۰ء
۲۔ خط بنام راقم الحروف مرقومہ ۱۹ جولائی ۱۹۵۴ء
۳۔ خط مرقومہ ۲۹ جولائی ۱۹۵۴ء
۴۔ خط مرقومہ ۱۷ مئی ۱۹۵۹ء
۵۔ خط مرقومہ ۱۷ اپریل ۱۹۵۹ء
۶۔ خط مرقومہ ۲۰ جون ۱۹۵۹ء
۷۔ خط مرقومہ ۱۷ اپریل ۱۹۵۹ء
۸۔ خط مرقومہ ۱۳ اکتوبر ۱۹۵۹ء
۹۔ خط مورخہ ۱۱ اکتوبر ۱۹۵۹ء
۱۰۔ "یادگار ظہور" از مولانا حسن الدین خاموش، مطبوعہ عزیزیہ پریس آگرہ لاہور ۱۹۲۱ء
۱۱۔ "معارف" اعظم گڑھ بابت دسمبر ۱۹۵۱ء
۱۲۔ "یادِ ایام" ص ۱۰۴ از مولانا عبدالرزاق کانپوری مطبوعہ عبدالحق اکیڈمی حیدرآباد دکن
۱۳۔ "نیاز کا مذہب" مطبوعہ نگار پاکستان کراچی بابت مارچ اپریل ۱۹۶۳ء ص ۱۱۱
۱۴۔ "نیاز فتح پوری سے نیاز" ڈاکٹر محمد احسن فاروقی، نگار پاکستان مارچ اپریل ۱۹۶۳ء ص ۱۲۴
۱۵۔ "نیاز اور دلی" از ملا واحدی مطبوعہ نگار پاکستان کراچی بابت مارچ اپریل ۱۹۶۳ء ص ۶۳
۱۶۔ "نیاز آخر الزماں" از مولانا ابوالخیر مودودی، مطبوعہ نگار پاکستان کراچی بابت ستمبر ۱۹۶۳ء
۱۷۔ "نگار پاکستان" کراچی بابت مارچ اپریل ۱۹۶۳ء ص ۱۰۰

مولانا حامد حسن قادری

(۱۸۸۷ء ---- ۱۹۶۴ء)

۵۱-۱۹۵۰ء کی بات ہے "رقیب" کے معنی دیکھ رہا تھا، کسی لغت میں تھا، محافظ نگراں، کسی میں پاسبان و منتظر اور کسی میں دشمن و مد مقابل، ایک ہی لفظ کے معنی میں یہ تضاد کچھ سمجھ میں نہ آیا، میں نے غائبانہ عقیدت کی بنا پر مولانا حامد حسن قادری سے رجوع کیا آپ نے جواب میں لکھا:

> "رقیب کے اصل معنی، محافظ و نگہبان و منتظر ہی کے ہیں۔ اللہ تعالیٰ کا نام رقیب ہے، اللہ نے اپنے کو رقیب کہا ہے پیغمبر صاحب کو رقیب کہا ہے، قرآن میں کئی جگہ رقیب کا لفظ آیا ہے، جیسے "ان اللہ علیٰ کل شی رقیبا" لیکن عاشق کا رقیب عربی میں نہیں ہے۔ اردو میں ہے، مگر بے سبب نہیں، رقیب وہ شخص بھی ہوا جو دیکھتا اور تاکتا رہتا ہو کہ کوئی کیا کر رہا ہے، محبت کے رقیب بھی یہی کام کرتے ہیں اس لئے اردو میں رقیب کے معنی بہت مختلف ہو گئے۔"

اسی طرح ایک خط میں، میں نے پوچھا "یہ کیا بات ہے کہ بعض خط و خال یا خال و خط لکھتے ہیں اور بعض خال و خد یا خد و خال کیا دونوں طرح درست ہے" جواب آیا:

> "خط و خال و خال و خط ہی درست ہے، خد و خال یا خال و خد غلط۔ اردو اور فارسی میں یہ محاورہ حلیہ و ہیئت اور آرائش و زیبائش کے معنوں میں آتا ہے، فارسی شعرا نے خط و خال ہی ہمیشہ استعمال کیا ہے خد و خال کی کوئی مثال نہیں ملتی، اردو میں یہ غلطی انقلاب پسندوں کے ہاتھوں آئی ہے۔ جوش صاحب کا شعر ہے:
>
> خال و خد سے جذبہ ہائے سنفِ نازک آشکار
> کرزتی چہروں پہ زن بننے کے ارماں بے قرار

لیکن عدم واقفیت کا نتیجتاً ہے۔ میں نے "نقد و نظر" کے کسی مضمون
میں اس محاورہ پر تفصیل سے بحث کی ہے دیکھ لیجئے"

یہ ایک اجنبی کے خطوں کے جوابات تھے لیکن حد درجہ شافی محبت آمیز، دل خوش کن، چنانچہ اس کے بعد جب کبھی اس قسم کی الجھن سامنے آتی، مولانا کو لکھتا۔ مولانا بلا تاخیر جواب لکھ بھیجتے اور دعائیں اوپر سے دیتے۔ پھر یہ سلسلہ رسمی سے غیر رسمی بن گیا اور برسوں جاری رہا۔

کبھی کبھی تو میں نے بعض ایسے کاموں کے لیے زحمت دی جن کے لیے گذارش کرنے پر مجھے خود شرم آتی تھی لیکن مولانا نے ہمیشہ نہایت خندہ پیشانی کے ساتھ میری دلجوئی فرمائی۔ صرف ایک مثال لکھتا ہوں۔ میں ۱۹۵۰ء میں پاکستان آگیا آنے کے چند ہی روز بعد میری ذاتی فائل جس میں ضروری کاغذات اور اوریجنل تعلیمی اسناد تھیں ایک رکشے میں رہ گئی۔ میرے پاس ٹائپ شدہ بعض کاغذات کے سوا، نہ میٹرک کی اصل سند رہی، نہ انٹر کی اور نہ بی۔اے کی۔ سخت ذہنی الجھن کا شکار رہا، ہندوستان کے کئی عزیزوں اور دوستوں سے گذارش کی۔ لیکن کام آسان نہ تھا۔ ڈوپلی کیٹ سرٹیفکٹ کوئی بنوا کر نہ بھجوا سکا۔ بی۔اے میں نے آگرہ یونیورسٹی سے کیا تھا چنانچہ اس کی سند کے سلسلے میں چار و ناچار مولانا قادری صاحب کو لکھنا پڑا، مولانا نے بہ عجلت، میری گذارش پر توجہ فرمائی اور رجسٹرڈ ڈاک کے ذریعے پوری احتیاط سے مجھے سند بھجوادی، یہی نہیں میں نے مولانا کو طرح طرح کی زحمتیں دیں۔ کبھی ان سے انھیں کی تصانیف منگوائیں۔ کبھی دوسروں کی۔ کبھی بی۔ٹی کرنے کے سلسلے میں تعلیم سے متعلق کتابوں کی فرمائش کی اور کبھی ال۔ال بی کرنے کے سلسلے میں قانون سے متعلق۔ غرض کہ میں نے مولانا کو ایک دو نہیں اس طرح کے متعدد کاموں کی زحمت دی اور مولانا نے ہمیشہ میرا دل خوش کیا۔

میری خوش قسمتی کہ میں نے ایم۔اے اردو کے سلسلے میں "اردو رباعی کا فنی و تاریخی ارتقا" کے عنوان سے جو تحقیقی مقالہ پیش کیا اس کے ممتحنوں میں پروفیسر وقار عظیم اور مولانا حامد حسن قادری جیسے بزرگ ادیب شامل تھے۔ میں اس سے پہلے نگار (لکھنؤ) کے "اصناف سخن نمبر" اور مشرب (کراچی) "تاریخ ادب نمبر" میں

بھی رباعی کے موضوع پر تفصیلی مقالات لکھ چکا تھا اور مولانا نے ان مقالات کی داد دی تھی ایم۔اے کے مقالے کو بھی انہوں نے دل کھول کر سراہا، اور فوراً شائع کرانے کا مشورہ دیا۔ یہ مقالہ پہلی بار مکتبہ سنگ میل کراچی سے ۱۹۶۲ء میں کتابی صورت میں شائع ہوا اور سچ یہ ہے کہ اسی نے تحقیق و تنقید کی وادیٔ پُرخار میں میرے قدم جمائے۔ سارے بزرگ اور ہم عصر اہل قلم نے اس کی داد دی اور پسندیدگی کی نگاہ سے دیکھا۔ نتیجتاً بعد کو مکتبۂ عالیہ لاہور سے اس کتاب کا ایک بہتر اڈیشن شائع ہوا اور اپنی مقبولیت کے سبب کئی بار شائع ہوا۔

مولانا قادری صاحب کے ایک دو نہیں درجنوں خطوط میرے پاس محفوظ ہیں اور اس کے مندرجات صرف میرے لیے نہیں، اوروں کے لیے بھی مفید ہیں، زندگی رہی اور وقت ملا تو کسی وقت انہیں شائع کروں گا، مولانا سے خط کتابت کا یہ دور سات آٹھ سال کے عرصے پر محیط ہے، بعد ازاں جب مولانا کراچی تشریف لے آئے تو مراسلت کا سلسلہ ختم ہوگیا۔ نصف الملاقات کے بجائے پوری ملاقات کے مواقع ملنے لگے۔ مولانا کا قیام، جہانگیر کوارٹر میں تھا، جب تک حیات رہے، میں اکثر ان کی خدمت میں حاضر ہوتا رہا اور بہت کچھ حاصل کرتا رہا۔

مولانا حامد حسن قادری معلّم وادیب تھے، محقق و نقّاد تھے، مورخ و تاریخ گو تھے اور علم عروض و بدیع کے ماہر تھے۔ عربی، فارسی، انگریزی، ہندی اور اردو سب پر یکساں دسترس رکھتے تھے، مجھے پرچے کا نام یاد نہیں آرہا، لیکن مولانا خود کہا کرتے تھے کہ میری اولین تحریر ۱۹۰۴ء۔ ۱۹۰۳ء میں پنجاب کے کسی پرچے میں شائع ہوئی تھی، اس طرح کم و بیش ساٹھ سال، انہوں نے اردو کی خدمت میں صرف کیئے۔

یوں تو ان کی متعدد کتابیں ہیں خصوصاً "تاریخِ مرثیہ گوئی" "نقد و نظر" "تاریخ و تنقید ادبیات" وغیرہ اردو زبان وادب کا گراں قدر سرمایہ ہیں لیکن ان کی بلند پایہ تصنیف "داستانِ تاریخ اردو" ایک ایسا ادبی کارنامہ ہے جو آج بھی بے مثال ہے۔ یہ کتاب اردو نثر کے لیے مخصوص ہے اور اس میں اردو نثر کے آغاز سے لے کر دور حاضر تک کی نثر کا تاریخی و تنقیدی جائزہ لیا گیا ہے، یہ کتاب ۱۹۴۱ء میں مکمل ہوئی اور اسی سال لکشمی نرائن اگروال (آگرہ) کی معرفت منظرعام پر آگئی۔ بعد ازاں ترمیم و اضافے کے

ساتھ اس کا خوبصورت اڈیشن اردو اکادمی سندھ سے شائع ہوا اور کئی بار شائع ہوا۔

مولانا حامد حسن قادری ایک بہت اچھے ادیب تو تھے ہی، لیکن مجھے کہنے کی اجازت دیجئے کہ وہ اپنی غیر معمولی علمی و ادبی صلاحیتوں کے دوش بدوش ایک اچھے آدمی بھی تھے۔ کتنے اچھے۔ اتنے اچھے کہ اب ایسے لوگ کم ہیں، مثال ہی چاہتے ہیں یوں سمجھ لیجئے کہ اتنے اچھے جتنے مولانا حالی تھے۔ آپ کہیں گے کہ مولانا حالی کتنے اچھے تھے۔ کم از کم اتنے اچھے ضرور تھے جتنے مولوی عبدالحق صاحب ظاہر کر گئے ہیں۔ مولانا حالی کو میں نے نہیں دیکھا اور میری عمر کے کسی آدمی نے نہیں دیکھا، پھر بھی جس نے مولانا قادری کو دیکھا ہے گویا مولانا حالی کو دیکھا ہے۔ وہی سادگی و شرافت وہی نیک نفسی و خداترسی، وہی خوش خلقی و انکسار، وہی دردمندی و انسان دوستی، وہی دینی شغف و ملی شعور، وہی دلنوازی و خوش مزاجی، وہی اصلاحی نقطہ نظر و تعمیری طرز فکر، جو حالی کے ہاں ملے گی، مولانا میں نظر آتی ہے اسی لے جب کبھی ان سے ملا حالی کا یہ شعر بے ساختہ یاد آیا اور میں نے حالی کی جگہ حامد پڑھا:

بہت جی خوش ہوا حامد سے مل کر
ابھی کچھ لوگ باقی ہیں جہاں میں

مولانا قادری بھی، مولانا حالی کی طرح لباس پوشاک، وضع قطع، سوچ بچار اور خیالات و افکار کے لحاظ سے مذہبی آدمی تھے۔ سلسلہ قادریہ سے بیعت تھے، اپنے عقائد میں پختہ تھے، ارکانِ شریعت کے سختی سے پابند تھے۔ علومِ اسلامی، تصوف اور قرآن و حدیث سے انہیں گہری واقفیت و دلچسپی تھی نہ صرف دلچسپی بلکہ فطری لگاؤ تھا بایں ہمہ مولانا میں مذہبی تعصب و خشونت یا مولویانہ مزاج کی خشکی و تنگ نظری نام کو نہ تھی۔ کہا کرتے تھے کہ مذہب دلوں کو توڑنے کے لئے نہیں دلوں کو جوڑنے کے لئے آیا ہے۔ علم و ادب کے باب میں تو علاقائی تعصبات و طبقاتی مفادات اور مذہبی امتیازات سے یکسر پاک تھے، کسی فنکار کے عقائد اور اطوار و اشغال سے بھی وہ کچھ زیادہ متاثر نہ ہوتے تھے، صرف اس کے فن کو سامنے رکھ کر اس کے مرتبہ کا تعین کرتے تھے۔ چنانچہ مولانا کسی تقریر و تحریر سے ناک بھوں چڑھانے کے بجائے اس سے لطف اندوزی کا پہلو نکال لیتے تھے، ان کی خوش ذوقی اور ظرافت پسند طبیعت کا اندازہ اس لطیفہ سے کیجئے جو

انہوں نے خود ایک جگہ تحریر کیا ہے، لکھتے ہیں

۔کسی صحبت میں ایک صاحب نے خواجہ حافظ شیرازی کے اس شعر کی تشریح فرمائی ۔

گناہ گرچہ نہ بود اختیارِ ما حافظ
تو در طریقِ ادب کوش و گو، گناہِ من است

فرمایا کہ یہ بندے اور خدا کے درمیان مکالمہ ہے اور اس کو یوں سمجھنا چاہیئے۔

بندہ ۔ گناہ گر! (یعنی اے گناہ گر، گناہ کو پیدا کرنے والے)

خدا: ۔ چہ! (کیا ہے اے بندے)

بندہ: ۔ نبود اختیار یعنی قعرِ عصیاں میں گر پڑے تو اس میں کچھ ہمارا اختیار نہ تھا)

خدا: ۔ ما حافظ: ۔ (ہم بچانے والے ہیں تو کچھ اندیشہ نہ کر)

مقالہ نگار لکھتے ہیں کہ یہ سن کر میں لاحول پڑھتا ہوا اٹھ کھڑا ہوا کہ دوسرے مصرع میں خدا جانے کیا گل کھلائیں گے ۔ وہ شاید مولانا خائب ہوں گے، ہم ہوتے تو دوسرے مصرع کی شرح بھی ضرور سنتے ۔ ظرافت تھی تو دلچسپ اور حماقت تھی تو عجیب اور اگر ان مولانا کو جلسے سے اٹھانے کی تدبیر تھی تو لاجواب ۔

غرض کہ مولانا بڑے خوش طبع، کشادہ قلب اور وسیع النظر تھے ۔ ان کی ادبی تحریروں خصوصاً ' داستان تاریخ اردو ' پر نظر ڈالیئے اس میں مولانا نے ہندو، مسلمان اور عیسائی ہر مذہب کے بے شمار ادیبوں اور ان کی تصانیف پر اپنی رائے کا بے لاگ اظہار کیا ہے ، آپ کہیں کہیں اس سے اختلاف کر سکتے ہیں ۔ بعض غلط واقعات یا سنین کے اندراج کی نشان دہی کر سکتے ہیں لیکن طرفداری و تعصب یا کسی کی دلازاری و تنقیص کی ایک مثال بھی پیش نہیں کر سکتے ۔

مولانا قادری غالب کے شاگرد نہ تھے لیکن جیسا کہ میں نے اوپر عرض کیا ہے وہ بہت سی باتوں میں غالب کے شاگردِ خاص مولانا حالی سے ملتے جلتے تھے شاید یہ وجہ ہو کہ

مولانا حالی اور مولانا حامد دونوں ہم وزن ہیں۔ ان تخلصوں میں عجب مشابہت ہے، بلکہ مشابہت کیوں، علم بدیع کی زبان میں صنعت تجنیس خطی ہے۔ اور اس لئے غالب کے باب میں یہ دونوں ہم خیال تھے۔ استادِ شہ شیخ محمد ابراہیم ذوق اور ان کے شاگرد محمد حسین آزاد کی بدولت غالب ایک مدت تک جن ناقدر دانیوں کا شکار ہوئے اس کا احساس، حالی اور مولانا قادری دونوں کو تھا۔ حق یہ ہے کہ اگر مولانا حالی 'یادگار غالب' نہ لکھ جاتے تو شاید۔ "شہرت شعرم بگیتی بعد من خواہد شدن" کی تعبیر ابھی کچھ دنوں اور نظر نہ آتی۔ بیسویں صدی کے ادیبوں کو غالب شناسی کا جو دعویٰ ہے اسے حالی کی یادگار غالب کا فیضان خیال کرنا چاہیئے۔

آپ کو یہ جان کر حیرت ہوگی کہ مولانا قادری، غالب سے مولانا حالی ہی جیسی ارادتمندی رکھتے تھے، غالب کا نام کیا آتا گویا جام آجاتا اور ان کے ہاتھ کی سب لکیریں رگ جاں بن جاتیں۔ غالب کی طرف سے زمانے کی بے مہری پر اکثر اظہار افسوس کرتے اور مرزا کا یہ شعر پڑھتے:

ہمارے شعر ہیں اب صرف دل لگی کے اسد
کھلا کہ فائدہ عرض ہنر میں خاک نہیں

ایک دن باتوں باتوں میں ذکر فرمانے لگے کہ میں ایک زمانے میں غالب پر ایک مضمون انگریزی میں THE LIVING POET کے عنوان سے لکھنا چاہتا تھا تاکہ اعلیٰ تعلیم یافتہ اور مغرب زدہ طبقہ ان کی طرف متوجہ ہو۔ میں نے ان کی اس بات کو اس وقت کچھ زیادہ اہمیت نہ دی اس لئے کہ غالب پر بہت کچھ لکھا جاچکا ہے۔ لیکن کچھ دنوں بعد جب رسالہ نقاد ۱۴-۱۹۱۳ء کے بعض پرچے میری نظر سے گذرے تو میری حیرت کی انتہا نہ رہی کہ یہ ارادہ مولانا نے تحریری صورت میں ۱۹۱۳ء میں اس وقت ظاہر کیا تھا جبکہ "یادگار غالب" کے سوا، غالب پر اردو یا انگریزی میں کوئی قابل ذکر کتاب یا مقالہ وجود میں نہ آیا تھا۔

مولانا کی بعض قدیم تحریروں سے یہ بھی اندازہ ہوتا ہے کہ مولانا نے کسی زمانے میں غالب کے اردو فارسی دیوان سے اشعار بھی انتخاب کئے تھے، معلوم نہیں یہ منتخبات اب بھی محفوظ ہیں یا نہیں، اگر ہیں تو بڑے کام کے ہیں انہیں منظر عام پر لانا

چاہیئے اس لئے کہ مولانا نے یہ انتخاب دیوان غالب کے اس نسخے سے کیا تھا جو ۱۸۶۴ء میں غالب کی وفات سے پانچ سال پہلے شائع ہوا اور جس کے پروف بقول مولانا حامد حسن قادری خود غالب نے پڑھے تھے۔ مولانا قادری نے انتخابِ دیوان غالب کا انتساب بھی غالب ہی کے نام کیا تھا۔ یہ انتساب منظوم تھا اور اسی بحر و وزن میں تھا جس میں علامہ اقبال نے غالب پر نظم کہی تھی۔ یعنی "ہے پر مرغ تخیل کی رسائی تا کجا" منظوم انتساب اگست ۱۹۱۴ء کے نقاد میں شائع ہوا۔ چند اشعار سن لیجئے۔

اے لسانِ اہل درد اے غالبِ شیوا بیاں
اے کہ ہر مصرع ترا آہِ دلِ تفتہ دلاں
ایشیائی شاعری کی جان ہے دیواں ترا
تو پیمبر ہے ترا قرآن ہے دیواں ترا
تیرا دیواں جذبۂ عشاق کی تصویر ہے
مصحفِ دردِ نہاں کی پُرالم تفسیر ہے
ہر غزل تیری شرابِ درد کا پیمانہ ہے
میکشانِ عشق کو دیواں ترا مے خانہ ہے
تیرے خُم خانے کا غالب جرعہ کش حامد بھی ہے
تیرے مینائے سخن کا درد چش حامد بھی ہے
تیرے دیواں سے کیے ہیں چند اشعار انتخاب
تیری روح پاک سے کرتا ہوں اِن کا انتساب
ایں بیاضم کوست از درہائے اشعارت صدف
در حضورت گر قبول افتد زہے عزّ و شرف

غالب شناسی کے سلسلہ میں ان کا ایک اور واقعہ قابل ذکر ہے۔ شاہ دلگیر نے دیوان غالب کی اشاعت کے خیال سے ایک دیباچہ کا اشتہار دیا اور اس وقت کے سارے ممتاز اہل قلم کو دعوت فکر دی۔ بعد کے پرچے دیکھنے سے اندازہ ہوا کہ مولانا یہ اشتہار دیکھ کر باغ باغ ہوگئے تھے۔ صرف اس امید پر کہ اس طرح دیوانِ غالب کا ایک خوبصورت اڈیشن دیکھنے کو مل جائے گا، لیکن جب کئی مہینے گذر گئے اور دیوان نہ آیا تو

مولانا سے نہ رہا گیا اور انہوں نے دلگیر کو ایک طویل خط لکھ بھیجا۔ یہ خط بھی اگست ۱۹۱۴ء کے نقاد میں شائع ہوا ہے۔ اس کی صرف چند سطریں دیکھئے۔

"شعر و سخن کی کتابوں میں سے تو دیوانِ غالب کے سوا کچھ دیکھنے کو جی نہیں چاہتا اور اس کا دیوان ہمیشہ ساتھ رکھتا ہوں خدا جانے اس "چار جزو" کی کتاب میں کیا مزہ ہے اتنی مرتبہ دیکھا ہے کہ سب دیوان نہیں تو سیکڑوں شعر حفظ ہو گئے ہیں مگر جب دیکھتا ہوں نیا لطف پاتا ہوں۔ آج کالج کی لائبریری سے یادگار غالب لے آیا اس وقت دیکھ رہا تھا دیکھتے دیکھتے وہی خواہش کہ کسی طرح دیوان غالب کا بہترین اڈیشن شائع ہو، دل میں پیدا ہوئی، اسی کے ساتھ آپ کا وعدہ اور دیباچہ کا اشتہار یاد آیا۔۔۔۔ کوئی دیباچہ وصول ہوا یا نہیں۔۔۔۔ اور اب آپ کا کیا ارادہ ہے، خدا کے لئے جلد اشاعت کی صورت کیجئے۔

آپ کہیں یہ نہ سمجھ لیجئے گا کہ میرا ارادہ دیباچہ لکھنے کا ہے، اگر میں اپنے کو اس قابل سمجھتا تو آپ کے اشتہار و ارادہ سے پہلے لکھ کر شائع کر دیتا کیوں کہ برسوں سے میں اسی تمنا میں ہوں۔ اگر خدانخواستہ اب تک کوئی عمدہ دیباچہ وصول نہ ہوا ہو تو آپ خود قلم اٹھایئے، اور آپ سے بہتر میں نیاز کو سمجھتا ہوں وہ یہ تکلیف گوارا کر لیں تو بیڑا پار ہے۔"

اس عبارت سے اندازہ کیجئے کہ وہ غالب اور ان کے دیوان کے بارے میں کیا کیا آرزوئیں اور خواہشیں رکھتے تھے۔

غالب اور کلامِ غالب سے انہیں کتنا لگاؤ تھا اس کا اندازہ ایک اور بات سے بھی ہوتا ہے، مولانا حامد حسن قادری نے باقاعدہ شاعر بننے کی کوشش کبھی نہیں کی لیکن اس میں شبہہ نہیں کہ وہ شاعری کا جوہرِ فطری لے کر آئے تھے، شعر گوئی اور شعر فہمی دونوں کا بڑا اچھا سلیقہ رکھتے تھے، شعر گوئی میں ان کی زیادہ توجہ، رباعی، تضمین اور تاریخ گوئی کی طرف رہی ہے۔ تاریخ گوئی میں انہیں جو کمال حاصل تھا وہ کسی تعارف کا محتاج نہیں۔ ان کی تاریخ گوئی اور اس فن پر اُن کی مہارتوں کا اندازہ کرنا ہو تو مولانا کی قلمی

بیاضوں پر نگاہ ڈالنا چاہیے یہ بیاضیں ان کے لائق صاحب زادگان کے پاس محفوظ ہیں ، مولانا کو علامہ اقبال کی ذات و صفات سے خاص دلچسپی تھی ۔ چنانچہ انہوں نے علامہ کی تاریخ وفات سے متعلق متعدد تاریخیں کہی ہیں اور ایک سے ایک بڑھ کر ۔ مثال میں صرف ایک قطعۂ تاریخ کی طرف آپ کی توجہ مبذول کراؤں گا یہ قطعہ فارسی میں ہے ، علامہ اقبال کی وفات کے فوراً بعد کہا گیا ہے اور رسالہ " اردو " کے اقبال نمبر بابت اکتوبر ۱۹۳۸ء میں شائع ہوا ہے ۔ عنوان سے لے کر آخر تک مرصع ہے ۔ اس کے اشعار کے مصرعہ اول سے سال ہجری ۱۳۵۷ اور دوسرے مصرعے سے سال عیسوی ۱۹۳۸ برآمد ہوتا ہے اور مولانا کی مہارت تاریخ گوئی کا سکہ بٹھاتا ہے ۔

رُباعی کے سلسلے میں شاید لوگوں کو کم علم ہو، رسالہ عالمگیر میں مسلسل شائع ہوتی تھیں ۔ انہوں نے مولانا ابو سعید ابوالخیر کی فارسی رباعیوں اور بابا طاہر عریاں کی دو بیتیوں کو بھی اردو زبان میں منتقل کیا تھا ۔ مجھے مولانا نے یہ قلمی بیاض پڑھنے کو دی تھی خوبصورت جلد اور سنہرا حاشیہ تھا ، اور مولانا کے ہاتھ کا لکھا ہوا تھا ۔ اس میں خاص بات یہ تھی کہ اس کی ابتداء میں ایک منظوم دیباچہ تھا اور وہ بھی رباعیات کی صورت میں ۔

رباعی اور تاریخ گوئی کے بعد انہوں نے زیادہ توجہ تضمینوں پر صرف کی ہے اور اردو فارسی کے بہت سے اساتذہ کے مصرعوں پر مصرعے لگائے ہیں ۔ اس کی تفصیل کا یہ موقع نہیں صرف ایک مثال سے ان کی جدت طبع اور قادر الکلامی کا اندازہ ہو سکتا ہے مولانا نے شیخ سعدی کے مشہور نعتیہ قطعہ بلغ العلا بکمالہ پر مصرعے لگائے ہیں اور یہ التزام کیا ہے کہ اردو کے قافیے ، عربی قافیوں کے بالکل مشابہ اور ہم آواز ہوں ، غور کیجئے کہ جمالہٖ اور کمالہٖ کے طرز پر اردو کے قافیے لانا آسان نہیں لیکن اس منزل سے آسان گذر گئے ہیں ، آپ بھی مولانا کے مصرعے سن لیجئے

انھیں دل جو کر دیں حوالے ہی
تو کرم پھر اُن کا سنبھالے ہی
انھیں جانیں جاننے والے ہی
کہ ہیں وصف ان کے نرالے ہی

بلغ العلیٰ بکمالہٖ
کشف الدجیٰ بجمالہٖ
حسنت جمیع خصالہٖ
صلّوا علیہ وآلہٖ

لیکن تضمین نگاری کے محبوب مشغلے میں بھی ان کی زیادہ توجہ غالب کی طرف رہی ہے اور مولانا نے غالب کی بعض پوری پوری غزلوں کی تضمین کی ہے، ایک ایک مصرع نہیں بلکہ تین تین مصرعے لگائے ہیں اور خمسہ کہا ہے، صرف ایک غزل کے چند شعروں کی تضمین ملاحظہ ہو:

درد منت کشِ دوا نہ ہوا
میں نہ اچھا ہوا برا نہ ہوا

مولانا فرماتے ہیں:

نام بد نام عشق کا نہ ہوا
میں بھی شرمندۂ دعا نہ ہوا
یہ برا کیوں ہوا بھلا نہ ہوا
درد منت کشِ دوا نہ ہوا
میں نہ اچھا ہوا برا نہ ہوا

غالب کا شعر:۔

جمع کرتے ہو کیوں رقیبوں کو
اک تماشا ہوا گلہ نہ ہوا

مولانا کی تضمین:۔

لتنے بے درد بھی نہ بن جاؤ
کہ غرض کچھ برے بھلے سے نہ ہو
ہے یہ آپس کی بات سوچو تو
جمع کرتے ہو کیوں رقیبوں کو
اک تماشا ہوا گلہ نہ ہوا

غالب کا شعر:۔

ہے خبر گرم ان کے آنے کی
آج ہی گھر میں بوریا نہ ہوا

مولانا کی تضمین:۔

ہم نے کی فکر جب بلانے کی
ان کو سوجھی کسی بہانے کی
اب سُنی ہے جو گھر لٹانے کی
ہے خبر گرم ان کے آنے کی
آج ہی گھر میں بوریا نہ ہوا

کلام غالب کے سلسلے میں تضمین کا یہ شوق، مولانا کو شروع ہی سے تھا۔ ایک زمانے میں انہوں نے اس سلسلے میں یہ جدت کی تھی کہ غالب کے کسی شعر پر مسلسل غزل کے طور پر متعدد مصرعے یا اشعار لگاتے تھے۔ اور یہ اشعار غالب کے زیر تضمین شعر کی مکمل تشریح و تفسیر بن جاتے تھے، میرے پاس ۱۹۱۳ء اور ۱۹۱۴ء کے نقاد کی دو فائلیں ہیں ان میں مولانا کی دوسری نظموں اور انشائیوں کے ساتھ ساتھ اس قسم کی متعدد تضمینیں بھی ہیں، بطور نمونہ صرف ایک تضمین کے چند اشعار پیش کئے جاتے ہیں۔ غالب کا مشہور شعر ہے:

ہے آدمی بجائے خود اک محشر خیال
ہم انجمن سمجھتے ہیں خلوت ہی کیوں نہ ہو

مولانا پہلے مصرعے کو طرح۔ محشر کو قافیہ خیال کر کے لکھتے ہیں کہ

شاعر ہیں ہم چلیں گے اسی شاہراہ پر
لے جائے گا جدھر کو ہمیں رہبرِ خیال
ہم شیخ ہیں تو حاجتِ مسجد نہیں ہمیں
ہے اپنے ساتھ واعظِ دل منبرِ خیال
ہم بت پرست بھی ہیں تو کیوں جائیں دیر کو
پہلو میں اپنے رکھتے ہیں ہم کافر خیال

ہم بوالہوس نہیں ہیں پرستارِ حسن ہیں
معشوق ہے ہمارے لئے دلبرِ خیال
تم ہو کہ دل نہیں ہے تصور سے آشنا
ہم خوگرِ خیال ہیں ہم پیکرِ خیال
ہے آدمی بجائے خود اک محشرِ خیال
ہم انجمن سمجھتے ہیں خلوت ہی کیوں نہ ہو

کلام غالب پر مولانا کی یہ تضمینیں آج کچھ زیادہ اہم نہ سہی لیکن اب سے پچاس سال پہلے یہ بہت مقبول و پسندیدہ تھیں۔ اور یادگار غالب و محاسنِ کلامِ غالب کے درمیانی عہد میں وہ غالب شناسی اور غالب فہمی کا موثر ذریعہ خیال کی جاتی تھیں چنانچہ اسی قسم کی ایک تضمین پر شاہ دلگیر مدیر "نقاد" نے مئی ۱۹۱۴ء کے پرچہ میں حسب ذیل نوٹ شائع کیا ہے۔ لکھتے ہیں کہ:

"مولوی حامد حسن قادری بچھرایونی نے مرزا نوشہ غالب کے اشعارِ لطیف پر تضمین کا جو سلسلہ شروع کیا ہے وہ نہایت پر لطف اور کام کی چیز ہے۔ یہ گویا اصل شعر کی منظوم شرح ہے جس کے ذریعہ اس کے تمام محاسن و مطالب بخوبی ذہن نشین ہو جاتے ہیں اور اس دل نشین طریقہ سے کہ دماغ پر فکر کا بار بالکل نہیں پڑتا۔ اگر ہمارے دوست نے اسی طرح یہ سلسلہ جاری رکھا اور کافی اشعار کی تضمینیں کر دیں تو وہ ہماری شاعری میں ایک مفید و دلچسپ اضافہ ہوگا۔

قادری صاحب مرحوم کی غالب شناسی کا ایک واضح ثبوت یہ بھی ہے کہ ان کی حیات میں غالب اور غالبیات پر جو کچھ لکھا گیا تھا سب ان کی نظر سے گزرا تھا، کلامِ غالب کی جتنی شرحیں لکھی گئی ہیں سب کا انہوں نے غائر مطالعہ کیا ہے۔ حتیٰ کہ شوکت تھانوی کی مزاحیہ شرح دیوان غالب کو بھی انہوں نے نظر انداز نہیں کیا اور ہر شرح کے عیوب و محاسن پر مفصل بحثیں کی ہیں۔ یہ بحثیں مضامین کی صورت میں ان کی تصنیف "نقد و نظر" میں محفوظ ہیں، اور غالب کے متعلق ان غلط فہمیوں اور غلط اندیشیوں کا ازالہ کرتی ہیں جو مختلف شارحین نے پیدا کر دی ہیں۔

ڈاکٹر سلیم الزمان صدیقی

(۱۸۹۷ء ---- ۱۹)

عالمی شہرت کے سائنس دان ڈاکٹر سلیم الزمان صدیقی کیمیا کے ماہرین میں سے ہیں۔ گویا کیمیاگر ہیں۔ وہ مشرقی مزاج کے ایسے کیمیاگر ہیں جنھوں نے مشرقی طب کے کلاسیکی علوم و فنون سے خصوصاً استفادہ کیا ہے۔ انہوں نے مشرق کی جڑی بوٹیوں کو اپنے تحقیقی مقالے کا موضوع بنا کر ان کے بعض ایسے مفید خواص دریافت کیے ہیں اور ایسے افادات کا ثبوت بہم پہنچایا ہے کہ اب اہلِ مغرب بھی ان کی دکھائی ہوئی راہ پر چلنے کی کوشش کر رہے ہیں لیکن سائنس دان اور علم کیمیا کے ماہر ہونے کے ساتھ ساتھ ڈاکٹر صدیقی اور بھی بہت کچھ ہیں۔ بات یہ ہے کہ سلیم الزماں صدیقی کے مزاج میں آزادہ روی، تنوّع پسندی، حسنِ فطرت سے لطف اندوزی اور کچھ کر گزرنے کی خواہش شروع ہی سے ملتی ہے ان کے والدین انہیں ڈاکٹر بنانے پر مصر تھے لیکن صدیقی میڈیسن کی بجائے کیمیا کی طرف چلے گئے۔ شادی بھی اپنی مرضی کے مطابق اسی جرمن خاتون سے کی جس سے محبت کرتے تھے۔ ساری زندگی اسی طرح بسر کی جس طرح بسر کرنا چاہتے تھے۔ لکیر کے فقیر یا کسی کے مشورے کے کامل اسیر وہ کبھی نہیں رہے، غالب کی وہ فارسی غزل جس کا پہلا مصرعہ ہے۔

"بیا کہ قاعدۂ آسماں بگردانیم"

ہمیشہ ان کے نوکِ زباں رہی اور شاید اسی خاص مزاج کے سبب وہ اپنے مضمونِ خاص کے علاوہ بھی کچھ نہ کچھ کرنے کی کوشش کرتے رہے۔

ڈاکٹر صدیقی کو فنِ مصوّری، شعر فہمی، شعر گوئی، ثقافتی ورثے کی تحقیق و تنقید اور تخلیقی حسن کاری کی تفہیم و تعبیر کا ایسا گراں قدر سلیقہ عطا ہوا ہے کہ ان کی خوش فکری، ان کی خوش گفتاری، ان کی مطالعاتی ہمہ گیری، ان کی بلند نگہی اور ان کی انسان دوستی، ہماری زندگی کے لیے ایک نمونہ بن گئی ہے۔ ان کی شخصیت کے ہر جزو اور

رخ میں ایک حیرت انگیز کشش محسوس ہوتی ہے یہ غیر معمولی کشش کیسے پیدا ہوئی، ان کی شخصیت میں عظمت کے یہ آثار کہاں سے آئے۔ آیا اس میں زیادہ حصّہ ان کی ذاتی کوششوں کا ہے یا کلاسیکی ماحول نے یہ رنگ جمایا ہے۔ اس کے بارے میں ڈاکٹر صاحب سے جب بھی پوچھا انہوں نے یہی بتایا کہ دونوں کا برابر کا حصّہ ہے۔

ڈاکٹر صاحب کی زندگی کا خاکہ اس طور پر ہے کہ وہ ۱۹/ اکتوبر ۱۸۹۷ء میں بمقام لکھنؤ پیدا ہوئے۔ ۱۹۱۹ء میں علی گڑھ سے گریجویشن کیا۔ بعد ازاں جرمنی چلے گئے اور وہیں سے ۱۹۲۹ء میں پی ایچ ڈی کی سند لی۔ واپسی پر حکیم اجمل خاں کی معیت میں ڈرگ ریسرچ انسٹی ٹیوٹ دہلی کی بنیاد ڈالی اور جڑی بوٹیوں سے متعلق طب کے شعبے میں غیر معمولی تحقیقی کارنامے انجام دیے۔ ۱۹۴۰ء میں ان کی خدمات کونسل آف سائنٹفک اینڈ انڈسٹریل ریسرچ نے حاصل کر لیں، ۱۹۴۷ء کے اوائل میں ڈاکٹر صدیقی کو نیشنل کیمیکل لیبوریٹریز آف انڈیا کا ڈائریکٹر بنا دیا گیا۔

قیام پاکستان کے بعد وہ کونسل آف سائنٹفک اینڈ انڈسٹریل ریسرچ پاکستان کی تعمیر میں لگ گئے اور اس کے چیئرمین رہے۔ پاکستان نیشنل سائنس کونسل کا قیام بھی انہیں کے ہاتھوں عمل میں آیا ہے۔ وہ ریسرچ انسٹی ٹیوٹ آف کیمسٹری جامعہ کراچی کے بانی بھی ہیں۔ یہ ادارہ عالمی شہرت کا مالک ہے اور اس کا استحکام ڈاکٹر صاحب کی ذاتی کوششوں کا نتیجہ ہے۔

ڈاکٹر سلیم الزماں صدیقی نے اعلیٰ تحقیقی خدمات کے صلے میں متعدد عالمی اعزازات حاصل کیے ہیں۔ قومی اور بین الاقوامی اکاڈمیوں نے بھی انہیں طلائی تمغے دیے ہیں۔

قومی اور بین الاقوامی شہرت کے متعدد اداروں کے وہ رُکن اور فیلو ہیں۔ حکومت پاکستان سے دوسرے اعزازات کے ساتھ ساتھ تمغۂ پاکستان و ستارۂ امتیاز بھی حاصل کر چکے ہیں۔ غرض کہ ڈاکٹر صدیقی کا نام اور کام، ساری دنیا میں جانا جاتا ہے اور ان کی ذات و صفات، پاکستان و اہل پاکستان کے لیے وجہ افتخار و نشان امتیاز ہے۔

اپنے موضوع خاص یعنی کیمیا سے قطع نظر ڈاکٹر صدیقی کو فنونِ لطیفہ سے بھی گہری دلچسپی ہے۔ فارسی، اردو، جرمن اور انگریزی زبانوں کے ادب سے یکساں لطف

لیتے ہیں۔ حافظہ بلا کا ہے اور فارسی اور اردو کے بے شمار اشعار یاد ہیں۔مصوّری سے دلچسپی نظری بھی ہے اور خود بھی بہت اچھے مصوّر ہیں۔ شاعری کی تنقید و تحسین کا خصوصی ذوق رکھتے ہیں۔ گاہے گاہے شعر بھی کہتے ہیں اور ایسی برجستگی کے ساتھ کہ ان کی قوتِ تخلیق اور ظرافت کی داد دینی پڑتی ہے۔

اب تک جو کچھ میں نے کہا ہے اس کے بارے میں کہا جا سکتا ہے کہ یہ باتیں تو سبھی کو معلوم ہیں۔ بات درست ہے۔ بلکہ میں تو یہاں تک کہوں گا کہ یہ باتیں ڈاکٹر صدیقی کے ہم عصر و ہم عمر اور ان کے طلبہ و رفقائے کار کو مجھ سے بہتر انداز میں معلوم ہیں اس لیے کہ وہ میری بہ نسبت ڈاکٹر صاحب سے زیادہ قریب رہے ہیں۔ میرا حصّہ تو صرف دور کا جلوہ رہا ہے۔ ابھی بہت سے ایسے لوگ موجود ہیں جو ڈاکٹر صاحب کی شخصیت اور ان کے علمی و تحقیقی مشاغل کے راز دار ہیں اور اگر وہ چاہیں تو ان پر بہت کچھ لکھ سکتے ہیں اور شاید ان کا لکھا ہوا ہمارے لیے نہایت دلچسپ و معلومات افزا بھی ہو گا میں تو ، علم میں ، عمر میں تجربے میں ، ڈاکٹر صاحب سے بہت چھوٹا ہوں جیسا کہ عرض کیا گیا کہ اُن سے قریب رہنے کا بھی مجھے زیادہ موقع نہیں ملا ، البتہ ان کی تقریریں سنی ہیں اور ایسے موقعوں پر خاص طور پر حاضر رہا ہوں جہاں انہوں نے اپنے خصوصی موضوع سائنس سے ہٹ کر علم و ادب ، فنونِ لطیفہ اور ثقافتی مسائل پر گفتگو کی ہے۔

ڈاکٹر صاحب کو جاننے پہچاننے کا میرے پاس ایک اور وسیلہ رہا ہے۔ ان کے ساتھ مختصر سفر کرنے کے مجھے بہت سے مواقع ملے ہیں اور اب تک اس کا سلسلہ کسی نہ کسی طور پر جاری ہے۔ جاننے والے جانتے ہیں کہ ڈاکٹر صدیقی کو ڈاکٹر ذاکر حسین ، ڈاکٹر یوسف حسین ، ڈاکٹر محمود حسین اور ان کے خانوادے سے خاص تعلق ہے۔ اس تعلق سے وہ مجلس تعلیم ملی ، جامعہ ملیہ کراچی سے روزِ اوّل سے وابستہ ہیں۔ آج بھی یہ تعلق باقی ہے کہ ڈاکٹر محمود حسین کے بعد وہی اس مجلس کے صدر ہیں۔ مجھے بھی جامعہ ملیہ سے دور کی نسبت رہی ہے۔ خاص بات یہ تھی کہ ڈاکٹر محمود حسین کی شفقت میرے حق میں بہت ارزاں رہی ہے۔ یہ اُن کی شفقت ہی کا نتیجہ تھا کہ جامعہ ملیہ میں کسی قسم کا کوئی جلسہ ہو ، خصوصاً سماجی اور علمی و ادبی جلسہ ، اس میں مجھے ڈاکٹر صاحب ضرور طلب کرتے تھے۔ مجھ پر ڈاکٹر سلیم الزماں صدیقی کا لطفِ خاص یہ رہا ہے کہ وہ اکثر

اپنی گاڑی میں مجھے ساتھ لے جاتے تھے۔ راستے میں ظاہر ہے کہ ان سے اپنی دلچسپی کے موضوعات یعنی ادب، شاعری، مصوری اور فنونِ لطیفہ پر تبادلہ خیال کرتا تھا اور حق بات یہ ہے کہ ڈاکٹر سلیم الزماں صدیقی کی شخصیت ان کے ذوق ادبی، فنون لطیفہ سے ان کی دلچسپی اور شعر فہمی و شعر گوئی کے بارے میں مجھے جو کچھ معلوم ہے وہ عموماً انہی دو وسیلوں سے معلوم ہے۔ یعنی مختلف جسوں میں ان کی تقریروں کا سننا اور ڈاکٹر صاحب کے ساتھ کار میں سفر کرنا۔ اس لیے ڈاکٹر صاحب کے بارے میں جو کچھ عرض کروں گا وہ شنیدہ سے زیادہ دیدہ و چشیدہ کے ذیل میں آئے گا۔

ڈاکٹر صاحب کی گفتگو اور ان کی صحبتوں نے جو بات مجھ پر واضح کی وہ یہ ہے کہ ڈاکٹر صاحب اُن عظیم شخصیتوں میں ہیں جو صرف علم و فکر یا عقل و سائنس کی سطح پر نہیں بلکہ جذبے اور احساس کی سطح پر بھی زندہ رہنا چاہتے ہیں۔ اُن کے نزدیک زندگی یک رنگ یا یک رخ نہیں بلکہ رنگا رنگ اور ہمہ جہت ہے۔ اور شاید اسی لیے غالب کا یہ شعر ان کے پسندیدہ شعروں میں ہے:

بخشے ہے جلوۂ گل، ذوقِ تماشا غالب
چشم کو چاہیے ہر رنگ میں وا ہو جانا

ڈاکٹر صاحب غالب کے اسی قول پر کاربند ہیں۔ زندگی کے ہر پہلو سے لطف اٹھانے کی کوشش کی ہے۔ کیمسٹری یقیناً ان کی محبوبۂ خاص ہے اور معشوقۂ مستقل ہے۔ اس لیے کہ وہ اس کی خاطر کئی کئی گھنٹے نہایت ادب سے لیبوریٹری میں کھڑے رہتے ہیں۔ لیکن ان کے مزاج کو شاعری، مصوری اور دوسرے تخلیقی فنون سے بھی گہرا لگاؤ ہے۔ اپنی ان دلچسپیوں کے جواز میں وہ خواجہ میر درد کے اس شعر کی آڑ میں کیمیا گروں سے بھی کہتے رہتے ہیں کہ:

اکسیر پر مَتوِس اتنا نہ ناز کرنا
ہے کیمیا سے بہتر دل کا گداز کرنا

دل کا گداز کرنا یا دلِ گداختہ کا حاصل ہونا در اصل اس امر پر دلالت کرتا ہے کہ ڈاکٹر صدیقی عقل و فکر کے ساتھ ساتھ دل و نظر کی سطح پر زندہ رہنے کے آرزومند رہتے ہیں اور یہ آرزو مندی . شت انسانی میں جزو لازم کی حیثیت رکھتی ہے۔ غور کیا جائے

تو صریحاً اندازہ ہو گا کہ سائنس داں، مفکرین، صوفیا کرام اور بڑے شاعر، سب کے سب ایک ہی حقیقت کی جستجو میں رہتے ہیں، منزل تک پہنچنے کے وسیلے اور راستے، بظاہر الگ الگ ہوتے ہیں لیکن مقصود، سب کا ایک ہی ہوتا ہے۔ اس الہامی لمحے سے ہر بڑا ذہن گزرتا ہے اور یہی لمحہ کسی بڑی تخلیق یا ایجاد کا موجب ہوتا ہے، خواجہ میر درد نے سچ کہا ہے کہ:

شیخ کعبے ہو کے پہنچے ہم کنشتِ دل میں ہو
درد ، منزل ایک ہی تھی راہ ، کا ٹک پھیر تھا

بات یہ ہے کہ حواسِ خمسہ کے ساتھ ساتھ ایک چھٹی حس بھی ہوتی ہے۔ اس چھٹی حس کا نام گداز قلب ہے، عشق ہے، ذوق و شوق ہے، وجدان ہے الہام ہے، قوت واہمی ہے۔

علم و عقل ہوں یا عشق و دل، اسی چھٹی حس کے سہارے منزل تک پہنچاتے ہیں۔ عقل و عشق ایک دوسرے کے حریف نہیں حلیف ہیں، دونوں ایک ہی کام کرتے ہیں لیکن اپنے اپنے ڈھب سے۔ اقبال کے الفاظ میں:

ہر دو بہ منزل آشنا ہر دو امیرِ کارواں
عقل بہ حیلہ می برد عشق برد کشاں کشاں

عقل ہم عشق است و از کارِ جہاں بیگانہ نیست
لیکن ایں بے چارہ را آں جرأت رندانہ نیست

اس سلسلے میں ایک، اہم تاریخی واقعہ کا تذکرہ بے محل نہ ہوگا۔ اپنے عہد کے نامور فلسفی، طبیب اور سائنس دان بو علی سینا اور مشہور صوفی بزرگ اور شاعر مولانا ابو سعید ابو الخیر، ہم عصر و ہم عمر تھے دونوں حق شناس و حقیقت شناسی کے مدعی تھے اور غیر معمولی شہرت رکھتے تھے۔ دونوں کے تلامذہ اور مریدوں کا ایک بڑا حلقہ تھا۔ دونوں بزرگوں کے مابین علمی مسائل پر مکالمہ و معارضہ بھی ہوا کرتا تھا۔ ایک دفعہ مجمع عام میں یہ مکالمہ ہوا اور حقیقتِ اولیٰ کی ماہیت و اصلیت کے بارے میں خوب نوک جھونک رہی، آخر میں بو علی سینا سے لوگوں نے ابو سعید ابو الخیر رحمتہ کے علم و فضل سے

بارے میں پوچھا تو انہوں نے فرمایا میرے اور ان کے علم میں بڑا فرق ہے "میں جو کچھ سوچ رہا ہوں وہ اپنی آنکھ سے دیکھ رہے ہیں" یہ جواب صرف ابوالخیر کی بڑائی کو نہیں بلکہ اس سے زیادہ بوعلی سینا کی بڑائی کو ظاہر کرتا ہے کہ وہ کس درجہ حق بین و حق گو شخصیت کے مالک تھے۔ ڈاکٹر سلیم الزماں صدیقی مذکورہ بالا دونوں بزرگوں کی عظمتوں کے قائل ہیں، دونوں کے مدّاح ہیں اور دونوں کو راہِ حق پر سمجھتے ہیں، کہنا پڑتا ہے کہ ڈاکٹر صاحب دراصل ہمارے وقت کے عمر خیّام ہیں۔ ان کا مزاج خیام کے مزاج سے بہت مشابہ ہے اس لیے کہ خیّام کی طرح انہیں بھی علم و فکر اور جذبہ عشق دونوں سے یکساں تعلق ہے۔

ڈاکٹر صاحب کا ذوقِ شعری کسی سے ڈھکا چھپا نہیں ہے، وہ شعر بھی کہتے ہیں اور اشعار کثرت سے انہیں یاد بھی ہیں۔ اردو فارسی کے جن شعرا سے انہیں خاص نسبت ہے اور جن کے بہت سے اشعار انہیں ازبر ہیں، ان میں مولانا روم، عرفی، بیدل، غالب میر تقی میر، سودا اور بعض دوسروں کے نام آتے ہیں۔ مولانا روم کے وہ خاص طور پر شیدائی ہیں اور غزل کے اشعار کے علاوہ مثنوی معنوی کے بعض اجزا انہیں زبانی یاد ہیں۔ ان میں دو اجزا جن میں سے ایک کا تعلق آغاز مثنوی سے اور دوسرے کا ارتقائے حیات سے ہے ڈاکٹر صاحب کو خصوصیت سے پسند ہیں۔

مثنوی کے ابتدائی اشعار یہ ہیں:

بشنو از نے چوں حکایت می کند
وز جدائی ہا شکایت می کند
کز نیستاں تا مرا ببریدہ اند
از نفیرم مرد و زن نالیدہ اند
سینہ خواہم شرحہ شرحہ از فراق
تا بگویم شرحِ دردِ اشتیاق
ہر کسے کو دور ماند از اصلِ خویش
باز جوید روزگارِ وصلِ خویش

سرِّ من از نالۂ من دور نیست
لیک چشم و گوش را آں نور نیست

ان اشعار کی تشریح کا یہ موقع نہیں مفہوم صرف اس قدر ہے کہ مخلوق، خواہ اس کا تعلق کسی بھی نوع سے ہو، چونکہ اپنے خالق سے جدا ہو گئی ہے، اس لیے اس کے فراق یا جدائی میں بے تاب و مضطرب ہے۔ انسان کی بھی یہی صورت ہے کہ چونکہ وہ اپنی اصل سے بچھڑا ہوا ہے اور اس سے الگ مفارقت کی زندگی بسر کر رہا ہے اس لیے ہر لمحہ نالاں وگریاں ہے اور اس بات کے لیے کوشاں بھی کہ کسی طرح اپنی اصل سے مل جائے۔ گویا ساری اشیاء کا مقصدِ اولیٰ یہ ہے کہ وہ حقیقت اولیٰ کی طرف رجوع کریں اور اس کے وصل سے اپنی زندگی کو بامعنی و طربناک بنائیں۔ عربی کا بہت مشہور مقولہ ہے کہ "**کل شیئ یرجع الی لاصلہ**" یعنی ساری اشیاء ہمہ وقت اپنی اصل کی طرف راجع اور اصل سے ملنے کے لیے بیتاب ہیں، ظاہر ہے یہ موضوع چونکہ حیات آفرین بھی ہے اور حیات کی بقاء و طمانیت کا وسیلہ بھی اس لیے سارے علماء و صوفیاء میں مقبول رہا ہے۔ شعراء و ادباء نے اسے طرح طرح سے بیان کیا ہے۔ مولانا روم کے مذکورہ بالا اشعار میں بھی ایک تمثیل کے ذریعے یہ خیال بہت خوبصورتی سے ادا ہوا ہے۔ مثنوی کی تشریحات میں طرح طرح سے ان کے پیرایۂ بیان کو سراہا گیا ہے۔ ڈاکٹر سلیم الزمان صدیقی صاحب بھی مولانا روم کے اس خیال اور خیال سے زیادہ اس کے طرزِ اظہار کے شیدائی ہیں اور کبھی کبھی جھوم جھوم کر مولانا کے یہ اشعار گنگناتے رہتے ہیں۔

ڈاکٹر صدیقی ایک اور سبب سے مولانا روم کو قدر کی نگاہ سے دیکھتے ہیں وہ انہیں صرف صوفی اور شاعر نہیں بلکہ ایک عظیم مفکر بھی جانتے ہیں اور فکر کے سلسلے میں وہ مولانا کے جس اندازِ فکر پر جان چھڑکتے ہیں وہ ارتقائے حیات کے بارے میں مولانا کا زاویۂ نظر ہے۔ ارتقائے حیات پر بحث کرتے ہوئے مفکرین نے موجوداتِ عالم کو علی الترتیب جمادات، نباتات، حیوانات اور انسان میں تقسیم کیا ہے۔ عام خیال یہ ہے کہ ابتداء میں ساری اشیاء ایک ہی نوع کی تھیں۔ ارتقاء کی منزلیں طے کرتی ہوئی وہ مختلف صورتوں میں بدل گئیں۔ انسان بھی پہلے جمادات کی صورت میں تھا، پھر نباتات کی شکل اختیار کی، بعدازاں حیوان بنا اور آخر انسان کی صورت جلوہ گر

ہوا۔اس خیال کا موجد عموماً مشہور مغربی مفکر ڈارون کو سمجھا جاتا ہے۔لیکن مولانا روم نے ڈارون سے بہت پہلے اسے اپنی مثنوی میں بڑی خوبی سے بیان کر دیا ہے۔چند متعلقہ اشعار دیکھئے

آمدم اول بہ اقلیمِ جماد
وز جمادے در نباتے اوفتاد
وز نباتے چوں بہ حیواں اوفتاد
نامدش حالِ نباتے ہیچ یاد
ہم چنیں اقلیم تا اقلیم رفت
تا شد اکنوں عاقل و دانا و زفت

ڈاکٹر سلیم الزماں صدیقی مسلمان ہونے اور مسلم ثقافت کے نمائندہ ہونے کے ناطے اس بات پر فخر محسوس کرتے ہیں کہ ارتقائے حیات انسانی کے باب میں ڈارون نے جو بات انیسویں صدی کے آخر میں کہی، مولانا روم اسے تیرھویں صدی میں کہہ چکے تھے۔

مولانا روم کے بعض دوسرے اشعار جو میں نے گاہے بگاہے ڈاکٹر صاحب سے سنے اور جن کے محاسن پر بھی بعض وقت انہوں نے روشنی ڈالی وہ حسب ذیل ہیں:

شاد باش اے عشقِ خوش سودائے ما
اے طبیبِ جملہ علت ہائے ما
اے علاجِ نخوت و ناموس ما
اے تو افلاطون و جالینوس ما

نہ شبم نہ شب پرستم کہ حدیث خواب گویم
چو غلامِ آفتابم ہمہ آفتاب گویم

زیں ہم رہان مست عناصر دلم گرفت

شیرِ خدا و رستمِ دستانم آرزوست
گفتا کہ یافت می نشود جستہ ایم ما
گفت آں کہ یافت می نہ شود آنم آرزوست
بزیرِ کنگرۂ کبریاش مردانند
فرشتہ صید و پیمبر شکار و یزداں گیر

بیدل عظیم آبادی کا یہ شعر بہت مشہور ہے

ہمہ عمر با تو قدح زدیم و نرفت رنجِ خمار ما
چہ قیامتی کہ نمی رسی زکنارِ ما بکنار ما

ڈاکٹر صاحب کی زبان سے میں نے یہ شعر بار بار سنا ہے اور ایسے انداز میں سنا ہے جس سے پتہ چلتا ہے کہ وہ اس کے اثر و کیف میں کھوئے ہیں

عرفی کے یہ دو شعر بھی میں نے ان کی زباں سے اکثر سنے ہیں

عرفی دل آباد بیک جو نہ خرد عشق
من ہم دل ویراں بہ دو عالم نہ فروشم

عاشق زہم اسلام خراب است و زہم کفر
پروانہ چراغ حرم و دیر نہ داند

اردو شعرا میں غالب اور میر بھی، ان کے پسندیدہ شاعر ہیں، غالب کی فکر انگیزی معنی آفرینی اور جدت طرازی کے تو وہ فدائی نظر آتے ہیں۔ فارسی شعروں میں غالب کا یہ شعر

آغشتہ ایم ہر سرِ خارے بخونِ دل
قانونِ باغبانیِ صحرا نوشتہ ایم

انہیں بہت پسند ہے۔ اسے انہوں نے اپنے بعض مضامین میں بھی نقل کیا ہے، تقریروں میں شامل کیا ہے اور نجی محفلوں میں بھی برجستہ لطف لے لے کر سنایا ہے۔ اردو اشعار میں غالب کی پہلی غزل کا یہ مطلع:

نقش فریادی ہے کس کی شوخیِ تحریر کا
کاغذی ہے پیرہن ہر پیکرِ تصویر کا

ڈاکٹر صاحب کے نزدیک یہ ایسے منفرد فکر و نظر کا شعر ہے جسکی مثال دوسرے شعراء کے یہاں نہیں ملتی۔ اس شعر کے ذریعے غالب نے تخلیق کائنات کے حوالے سے نقش۔ یعنی مخلوق کو خالق کا فریادی بتایا ہے گویا یہ شعر کم و بیش اسی معنی کا حامل ہے جس کے سبب ڈاکٹر صاحب مولانا روم کی مثنوی کے ابتدائی اشعار کے مدّاح ہیں غالب کے دوسرے پسندیدہ اشعار ہیں۔ ڈاکٹر صاحب کی زبان سے مندرجہ ذیل اشعار بھی اکثر سننے کو ملے ہیں:

دہر جز جلوۂ یکتائی معشوق نہیں
ہم کہاں ہوتے اگر حسن نہ ہوتا خود بیں

لاف دانش غلط و نفعِ عبادت معلوم
درد یک ساغرِ غفلت ہے چہ دنیا و چہ دیں
کوہکن گرسنہ مزدور طرب گاہ رقیب
بیستوں آئینہ خواب گرانِ شیریں

آتا ہے داغِ حسرت دل کا شمار یاد
مجھ سے مرے گنہ کا حساب اے خدا نہ مانگ

ہر اک مکان کو ہے مکیں سے شرف اسد
مجنوں جو مر گیا ہے تو جنگل اداس ہے

کھلتا کسی پہ کیوں مرے دل کا معاملہ
شعروں کے انتخاب نے رسوا کیا مجھے

غالب کے بعد، اگر کسی اردو شاعر کا کلام انہیں کثرت سے یاد ہے تو وہ میر تقی میر کا ہے۔ غالب کا دیوان تو مختصر ہے اس کی ورق گردانی کچھ ایسی مشکل نہیں لیکن

ڈاکٹر صاحب جیسے ایک حد درجہ معروف سائنسداں کے لئے میر کے کلیات کو کھنگالنا اور اس سے ان کے نشتروں کو نکال کر جمع کرنا حیرت انگیز ہے ڈاکٹر صاحب نے کلیات میر کا نہایت سنجیدگی سے مطالعہ کیا اور اس میں سے سارے نشتر چن لیے۔ ڈاکٹر صاحب کے اشعار کا یہ انتخاب ان کی ایک کاپی میں محفوظ ہے اور میں نے اسے ان کی اجازت سے مارچ ۱۹۸۹ء کے "نگار" میں شائع بھی کر دیا ہے۔

کلیات میر کا انتخاب، ڈاکٹر صاحب نے نہایت دیدہ ریزی اور سلیقے سے کیا ہے اس انتخاب میں تقریباً میر کے وہ سارے اشعار آ گئے ہیں جو میر کی زندگی، شخصیت اور شاعری کو سمجھنے میں مدد دیتے ہیں۔ ویسے میر کے جو اشعار، وہ اکثر پڑھتے اور سناتے رہتے ہیں ان میں سے مندرجہ ذیل ان کی زبان سے میں نے بارہا سنے ہیں:

جائے ہے جی نجات کے غم میں
ایسی جنّت گئی جہنّم میں

پتّا پتّا بوٹا بوٹا حال ہمارا جانے ہے
جانے نہ جانے گل ہی نہ جانے باغ تو سارا جانے ہے

وجہ بیگانگی نہیں معلوم
تم جہاں کے ہو، واں کے ہم بھی ہیں

میر سے پوچھا جو میں عاشق ہو تم
ہو چپکے سے وہ شرمائے بہت

عشق ہی اپنے دھیان پڑا ہے خواب گیا آرام گیا
جی کا جانا ٹھہر گیا ہے صبح گیا یا شام گیا

کیا زمانہ تھا وہ جو گزرا میر
ہم دگر لوگ چاہ کرتے تھے

دور بہت بھاگو ہو ہم سے سیکھ طریق غزالوں کا
وحشت کرنا شیوہ ہے کچھ اچھی آنکھوں والوں کا

مختلف شعراء کے دواوین کے غایر مطالعے کے ساتھ اس طور پر ان کا انتخاب کرنا مختلف شعراء کے مستند و خوبصورت اشعار کا حافظے میں محفوظ رہنا اور پھر ان اشعار کا کسی شخص کی زبان پر برجستہ آجانا، اس بات پر دلالت کرتا ہے کہ وہ شخص صرف شعر و ادب کا عام قاری نہیں ہے بلکہ موزونی طبع بھی رکھتا ہے لیکن ڈاکٹر صاحب کا معاملہ موزونی طبع تک محدود نہیں ہے۔ وہ ایک بلند پایہ تخلیقی ذہن کے مالک ہیں، مصوری اور شاعری دونوں سے ان کو گہرا شغف ہے اور دونوں کو انہوں نے گاہے گاہے وسیلۂ اظہار بنایا ہے۔ مصوّری کے بارے میں مجھے کچھ کہنے کا حق حاصل نہیں کہ میں اس کے فن سے زیادہ واقف نہیں، البتہ شعر کے حوالے سے ضرور کچھ کہہ سکتا ہوں اور کہنا یہ ہے کہ ڈاکٹر صدیقی صاحب اگر شعر کہتے رہتے تو اردو کے ایک قادر الکلام صاحب دیوان شاعر ہوتے بایں ہمہ تواتر کے ساتھ نہ سہی ڈاکٹر صاحب نے گاہے گاہے شعر کہے ہیں یہ اشعار ان کے کاغذات میں اس طرح بکھرے پڑے ہیں کہ ان کا یکجا کرنا آسان نہیں۔ چنانچہ اس سلسلے میں بھی صرف وہی چند اشعار بطور نمونہ پیش کیے جاتے ہیں جو ڈاکٹر صاحب کی زبان سے سنے گئے ہیں یا برجستہ ان کی تقریر و تحریر میں جگہ پا گئے ہیں۔ مثلاً ان کا ایک پرانا شعر دیکھیے:

ریشمی آپ کی سج دھج ہے اسے کیا کہیے
اپنا جامہ ہے کہ پیوند میں ہیں ٹاٹ لگے

یہ شعر جس زمین میں ہے اس کا قافیہ تنگ بھی ہے اور مضحکہ خیز بھی اس لئے ٹاٹ کے ساتھ، بھاٹ، پاٹ، ڈاٹ، ساٹ وغیرہ ہی کے قافیے لائے جاسکتے ہیں لیکن مجھے معلوم ہے کہ انہوں نے اس زمین میں ایک مکمل غزل کہی تھی۔ اب اس غزل کی روشنی میں ڈاکٹر صاحب کی شعر گوئی پر غور کیجئے تو اندازہ ہوگا کہ وہ سودا یا ناسخ اور انشاء کی طرح مشکل سے مشکل بلکہ سنگلاخ زمینوں میں بھی شعر کہہ کر اپنی قادر الکلامی کا سکہ بٹھا سکتے تھے۔ بہر حال یہ کیا کم ہے کہ ڈاکٹر صاحب اب بھی کبھی کبھی طبع آزمائی کرتے رہتے

ہیں اور بعض وقت ایسی برجستگی کے ساتھ شعر کہہ دیتے ہیں کہ ان کی قوت تخلیق اور ظرافت طبع کی داد بہرحال دینی پڑتی ہے۔

اس وقت ان کی برجستہ گوئی کے صرف دو واقعات یاد آرہے ہیں۔ پاکستانی ثقافت کا مسئلہ ہمارے ہاں اکثر زیر بحث رہتا ہے ان بحثوں کا تعلق کبھی عمومی ثقافت سے ہوتا ہے، کبھی قومی ثقافت سے اور کبھی علاقائی ثقافت سے۔ ہمارے مخدوم و محترم اردو فارسی کے ممتاز اسکالر پیر حسام الدین راشدی مرحوم کو آثار قدیمہ، قدیم ادب اور قدیم ثقافت سے خاص دلچسپی تھی۔ وہ اس مسئلے پر اپنی گفتگو کو کھینچ تان کر قدیم ادب اور ثقافت تک لے جاتے تھے۔ ایک محفل میں ڈاکٹر سلیم الزماں صدیقی اور پیر حسام الدین راشدی (مرحوم) دونوں موجود تھے۔ پیر حسام الدین راشدی صاحب قدیم ثقافت کی اہمیت پر باتیں کر رہے تھے۔ ڈاکٹر صدیقی نے پیر صاحب کی باتیں سنتے فرمایا جی چاہتا ہے کہ فانی بدایونی کے اس شعر میں تھوڑا تصرف کرلوں

ذکر جب چھڑ گیا قیامت کا
بات پہنچی تری جوانی تک

پیر صاحب نے کہا بہت خوبصورت شعر ہے ایسا نہ ہو کہ شعر خراب ہو جائے کہنے لگے نہیں ایسا نہ ہوگا۔ پھر شعر کو برجستہ یوں پڑھا

ذکر جب چھڑ گیا ثقافت کا
بات پہنچی موہنجوڈارو تک

محفل زعفران زار بن گئی۔ ڈاکٹر صدیقی، خدا انہیں بہت دن رکھے، چورانوے (۹۴) سال سے اوپر ہوچکے ہیں اور ابھی تک پوری مستعدی سے کھڑے کھڑے کئی گھنٹے کام کرتے ہیں، پھر بھی بعض حضرات کو ڈاکٹر صاحب سے شکایت رہتی ہے اور ان کے وجود کو اپنی تنگ دلی اور کوتاہ نظری کے سبب، جامعہ کراچی پر ایک بوجھ سمجھتے ہیں۔ ڈاکٹر صاحب ایسے لوگوں سے بے خبر نہیں ہیں۔ خوب جانتے ہیں کہ جو لوگ ان کے حضور میں ان کی تعریفیں کرتے رہتے ہیں وہی غائبانہ انہیں کیسی کیسی برائیاں کرتے ہیں اور بددعائیں دیتے ہیں۔ اس پس منظر میں جب انہوں نے اساتذۂ جامعہ کے ایک بڑے جلسے میں اپنی تقریر کے اختتام پر یہ شعر پڑھا

دعائیں مانگیں ہیں اغیار میرے مرنے کی
خدا جو چاہے تو میں ضد میں ان کی مر کے نہ دوں

تو کٹنے والے کٹ گئے اور عام سامعین، ڈاکٹر صاحب کی برجستگی پر لوٹ پوٹ ہو گئے۔ اللہ تعالیٰ ان کی شگفتہ مزاجی اور خوش طبعی کو تا دیر برقرار رکھے۔

پرُوفیسر حمیدُ احمد خاں

(۱۹۰۳ء..... ..... ۱۹۷۴ء)

پروفیسر حمید احمد خاں کی شخصیت، ہماری علمی و ادبی اور معاشرتی و تہذیبی زندگی کے کئی حوالوں سے قابل تحسین و لائق مطالعہ ہے ان کی ذات میں علم دانش اور خلق و مروت کی ایسی اعلیٰ صفات مجتمع ہو گئی تھیں کہ اب اس ڈھب کا کوئی آدمی ہماری محفل میں نظر نہیں آتا۔ خدا بخشے بہت سی خوبیاں تھیں مرنے والے میں۔ جب تک رہے اصول و صداقت کے لیے لڑتے رہے۔ زندگی کی کٹھن سے کٹھن اور پیچیدہ سے پیچیدہ راہوں میں بھی نہ وہ کسی سے مرعوب ہوئے اور نہ کسی کو بے سبب مرعوب کرنے کی کوشش کی۔ ہاں ان کی شرافت و بصیرت اور حسن اخلاق و حسن عمل کی حکمرانی، ہم سب کے دلوں پر تھی اور آج بھی ہے۔ ایسی حکمرانی جو دل نوازی و دل داری کے معنی سکھاتی ہے۔ ادب و احترام کا سلیقہ سکھاتی ہے اور آدمی کو انسان بناتی ہے۔

ہلکا پھلکا چھریرا بدن، مختصر سائز، بہ قامت کہتر بہ قیمت کہتر کی مثال۔ رواں دواں متحرک و فعال۔ پیشانی پر ذہانت و فراست کی چاندنی۔ آواز میں صداقت کی گرمی اور خلوص کی چاشنی، شخصیت میں علم و اخلاص اور شفقت و مروت کی کشش۔ چھوٹوں کے ساتھ بزرگوں کی اور بڑوں کے ساتھ نیاز مندوں کی روش۔ جس محفل میں ہوتے، خود پوشی کی کوشش کے باوجود سب کی توجہ کا مرکز بن جاتے ہر شخص انہیں قدر و منزلت کی نگاہ سے دیکھتا اور اپنا رفیق و عزیز جانتا۔

خوش قسمتی سے راقم الحروف کو بھی پروفیسر حمید احمد خان مرحوم سے، شرف نیاز حاصل تھا، آخری چند برسوں میں تو ان سے کئی بار ملنے کا موقع ملا۔ بعض ملاقاتیں دن دن بھر کی تھیں اور کئی وجوہ سے میرے لیے فخر و مسرت کا سرمایہ بنیں، باہم مراسلات کا بھی سلسلہ رہا۔ خاص طور پر جس زمانے میں میری ایک کتاب زیر طبع تھی درجنوں خط ادھر سے گئے اور درجنوں ادھر سے آئے اور میرے لیے ہمت افزائی اور

لطف ارزانی کے تحفے لائے۔ یہ بھی عجیب اتفاق ہے کہ جس دن انتقال ہوا۔ اسی دن صبح میں نے انہیں ذاتی نوعیت کا ایک خط لکھا تھا۔ خدا جانے یہ کس کے ہاتھ لگا۔

پروفیسر حمید احمد خاں سے میری پہلی تفصیلی ملاقات، کب، کہاں اور کس طرح ہوئی اور ان سے میرے نیازمندانہ تعلقات کس طرح استوار سے استوار تر ہوتے گئے، مجھے یہ تو پوری طرح یاد نہیں لیکن اتنا یاد ہے کہ میں، پہلے پہل ان سے چند منٹ کے لیے اس وقت ملا تھا، جب وہ اسلامیہ کالج لاہور کے پرنسپل تھے اور محب مکرم پروفیسر سجاد باقر رضوی، انگریزی کے لکچرر ہو کر نئے نئے وہاں پہنچے تھے۔ یہ ملاقات میرے حق میں بہت خوش آیند ثابت ہوئی کہ اس کے بعد، حمید احمد خاں کی عالمانہ شخصیت اور بزرگانہ لطف ارزانی نے مجھے ان سے قریب سے قریب تر کر دیا۔ لاہور اور کراچی میں بارہا ان سے ملاقات کے مواقع ملے اور باہم مراسلت کا سلسلہ بھی قائم ہو گیا۔ یوں ان کا لطف و کرم مجھ پر روز بروز بڑھتا رہا۔ جب وہ مجلس ترقی ادب لاہور کے ناظم اعلیٰ ہوئے تو مجلس کی مطبوعات بھی برائے تبصرہ میرے پاس آنے لگیں اور اشاعت کے لیے آنے والے مسودات و مقالات بھی مشورے کے لیے بھیجے جانے لگے۔ غرض کہ ملاقات کے روز اول سے لے کر زندگی کے آخری لمحات تک حمید احمد خاں کا اِلتفات مجھ پر ارزاں رہا۔

حمید احمد خاں سے ملاقات و مراسلات کے سلسلے کی بہت سی باتیں یاد آ رہی ہیں لیکن ان سب کا اس جگہ بیان کرنا، مناسب نہ ہوگا البتہ ایک واقعے کا تذکرہ، مختصراً ضرور کروں گا۔ میری کتاب "اردو شعراء کے تذکرے اور تذکرہ نگاری" مجلس ترقی ادب سے چھپ رہی تھی۔ پروفیسر حمید احمد خاں اس وقت مجلس کے ناظم اعلیٰ تھے اور مذکورہ کتاب انہیں کے دور نظامت میں طباعت کے لیے منظور ہوئی تھی۔ منظوری کے لیے اسکالروں کی ایک کمیٹی ہوتی تھی، اس کمیٹی کی سفارش و منظوری کے بعد، مجلس، طباعت کی ذمہ داری لیتی تھی اور اس وقت کے لحاظ سے مصنف کو یک مشت رائلٹی یعنی معاوضہ بھی خاصا دیتی تھی۔ نتیجتاً ہر شخص چاہتا تھا کہ اس کی کتاب مجلس سے شائع ہو جائے۔ میری کتاب سارے ضروری مرحلوں سے گذر گئی تھی۔ اور اس کے اسی صفحات چھپ چکے تھے۔ پھر یہ ہوا کہ بعض حاسدوں نے اس کے

خلاف مہم چلائی۔ گمنام اور فرضی نام کے ساتھ پروفیسر حمید احمد خاں کے نام خطوط بھجوائے۔خاں صاحب نے جو خطوط مجھے دکھائے ان سب کا مضمون کچھ اس قسم کا تھا:

"کتاب، بے جان موضوع پر ہے، بہت ناقص ہے، غلطیوں سے پُر ہے، فلاں فلاں واقعات یکسر غلط ہیں، فلاں فلاں باتیں محذوف ہو گئی ہیں، فلاں فلاں دانستہ نظرانداز کر دی گئی ہیں۔اس پر نظرِثانی کی سخت ضرورت ہے۔اگر یہ کتاب مجلس کی طرف سے شائع ہوئی تو آپ کی اور مجلس کی سخت بدنامی ہوگی۔اس لیے اس کی طباعت کا رکوانا ہی مناسب ہے۔"

اس جھوٹی اور یکسر غلط شکایت اور بہتان طرازی میں درپردہ مجلس کے ایک ذمہ دار ملازم اور برخود غلط محقق کو خاص دخل تھا۔وہ دوسرے تیسرے دن حسب موقع میری کتاب کے خلاف حمید احمد خاں سے کچھ نہ کچھ کہتے رہتے تھے حالانکہ پہلے وہ کتاب کے بارے میں اچھی رائے دے چکے تھے۔ پھر خدا جانے کس کے بہکانے میں آگئے کہ کتاب کی اشاعت انہیں ناگوار گذرنے لگی۔خاں صاحب اس رویے سے سخت الجھن میں تھے۔چنانچہ پہلے انہوں نے مجھے اس سلسلے میں خط لکھا، پھر فون پر بات کی اور کہا:

"میں ٹکٹ بھیج رہا ہوں، مناسب یہ ہوگا کہ آپ دو ایک دن کے لیے لاہور آجائیے اور میری موجودگی میں معترضین سے بالمشافہ بات کر لیجیے یا، وہ، آپ کو قائل کر دیں گے یا آپ انہیں اور اس طرح مجھے فیصلہ کرنے میں آسانی ہو جائے گی۔"

میں نے ان کی اس دعوت کو فوراً قبول کر لیا چونکہ میں اپنے کام کی طرف سے ہر طرح مطمئن تھا۔تذکروں کے بارے میں بہت کچھ لکھا جا چکا تھا، پی ایچ ڈی کے سلسلے میں ایک فرانسیسی طالبہ کی رہنمائی کر چکا تھا، ۱۹۶۴ء میں نگار کا "تذکروں کا تذکرہ نمبر" نکال چکا تھا، اس لیے، میں خاں صاحب کا ٹکٹ ملتے ہی لاہور پہنچ گیا۔ حمید احمد خاں صاحب نے متعلقہ بزرگ کو اسی وقت بلوایا اور کہا:

"فرمان صاحب آگئے ہیں، آپ وہ کاغذات لے آیئے جن میں آپ نے

ان کی کتاب کی غلطیوں کی مفصل نوٹنگ کر رکھی ہے اور اپنے
شبہات رفع کر لیجیے۔

موصوف پہلے تو میری اچانک موجودگی سے بوکھلائے پھر جبراً قہراً اٹھے اور اپنے کاغذات کا پلندا لے آئے۔ وہ سوالات یا اعتراضات کرتے گئے میں جواب دیتا گیا، وہ کھسیانے ہوتے گئے، آخر کار میں نے انہیں باور کرا دیا کہ:

"آپ کے اعتراضات بالکل بے بنیاد ہیں۔ آپ کا مطالعہ تذکروں کے سلسلے میں بہت ناقص ہے، آپ نے جو معلومات جمع کر رکھی ہیں وہ بہت پہلے رد ہو چکی ہیں، بہت سی نئی معلومات سامنے آگئی ہیں اور میرے مرتب کردہ نتائج ہر طرح درست ہیں"

معترض صاحب ذرا دیر میں ہی ہی کرنے لگے اور شرمندگی کے ساتھ کہنے لگے:

"مجھے بہت افسوس ہے، میں نے فلاں صاحب کے کہنے پر ایسا کیا تھا اور یہ مواد مجھے انہیں صاحب نے فراہم کیا ہے۔"

یہ سن کر خاں صاحب ان پر سخت برہم ہوئے اور ان کی اس حرکت اور کذب و افترا پر انہیں سخت فہمائش کی۔ میری کتاب چھپ گئی، اس پر مجھے جامعہ کراچی نے ڈی لٹ کی ڈگری دی اور کتاب کی اشاعت سے مجلس ترقی ادب بھی نیک نام ہوئی۔ ایسے ہی موقعوں کے لیے کہا گیا ہے کہ "دشمن اگرچہ قویست نگہباں قوی تراست۔"

اس طرح کے اور کئی واقعات ہیں۔ جو حمید احمد خاں کے حوالے سے میرے لیے یادگار ہیں لیکن شاید دوسروں کے لیے اس قسم کی باتوں میں کچھ زیادہ دلچسپی کا سامان نہ ہوگا اس لیے، ان سے صرف نظر کرتے ہوئے، میں اس جگہ صرف غالب کے حوالے سے ان کے بارے میں کچھ کہنے کی کوشش کروں گا۔ اس لیے کہ اول اول غائبانہ طور پر، غالب ہی کی معرفت میں نے انہیں جانا پہچانا ہے اور غالب ہی کی معرفت میرے دل میں ان کی ناقدانہ ژرف نگاہی اور عالمانہ صلاحیتوں کا احترام پیدا ہوا ہے۔

ہمارے یہاں غالب کی شاعرانہ عظمت کا حقیقی احساس بیسویں صدی میں مولانا حالی کی "یادگار غالب" مطبوعہ ۱۸۹۷ء کے بعد ہوا ہے۔ ۱۹۲۱ء میں ڈاکٹر

عبد الرحمن بجنوری کا مقالہ " محاسن کلام غالب " شائع ہوا اور بعض وجوہ سے اس کا شور علمی و ادبی فضا میں اتنا بلند ہوا کہ غالب کے طرف دار اور سخن فہم، دونوں غالب کی طرف متوجہ ہوئے۔ پھر یہ سلسلہ ایسا قائم ہوا کہ اب تک کسی نہ کسی طور پر جاری ہے۔ نہ لکھنے والے سیر ہوتے ہیں اور نہ پڑھنے والے۔ سیکڑوں کتابیں اور ہزاروں مقالے شائع ہو چکے ہیں۔ لیکن بیسویں صدی کے سارے ذخیرے میں جن بزرگوں کا کام ۱۹۵۰ء سے پہلے کا ہے اور انفرادی و اساسی اہمیت کا مالک ہے۔ ان میں ڈاکٹر عبد الرحمن بجنوری (۲) مولانا غلام رسول مہر (۳) شیخ محمد اکرام (۴) اور پروفیسر حمید احمد خاں کے نام آتے ہیں۔ مولانا مہر اور شیخ اکرام کے کام کی نوعیت بیشتر تحقیقی ہے ڈاکٹر بجنوری اور پروفیسر حمید احمد خاں نے تنقیدی نظر سے کلام غالب کا جائزہ لیا ہے، ڈاکٹر عبد الرحمن بجنوری، مولانا مہر اور شیخ اکرام کے کاموں کی اہمیت کا چرچا عام ہو چکا ہے۔ لیکن پروفیسر حمید احمد خاں کی غالب شناسی کی اہمیت و نوعیت سے ابھی تک لوگ کچھ زیادہ واقف نہیں ہیں۔ اس لیے اسی پر اظہار خیال کرنا مناسب ہوگا۔

پروفیسر حمید احمد خان شعر و ادب کا فطری ذوق بھی رکھتے تھے اور مغرب و مشرق دونوں کے ادب سے اچھی طرح واقف تھے۔ انگریزی اردو اور فارسی ادب پر ان کی نظر وسیع بھی تھی اور گہری بھی۔ ایسی صورت میں اپنے دور شباب میں، اگر ڈاکٹر بجنوری کی طرح، ان کی نظر بھی اردو شعرا میں سے صرف غالب، پر آکر ٹھہری، تو چنداں تعجب کی بات نہیں ہے۔ بات یہ ہے کہ اس جدید فکر و نظر کی روشنی میں جس کا آغاز و عروج ہمارے یہاں مغرب کے زیر اثر بیسویں صدی میں ہوا اور جس نے ایک ملک کے ادب کو، کم و بیش دنیا کے ہر ملک کا ادب بنا دیا ہے، اردو کے صرف دو شاعر ایسے ہیں جن کا کلام بیسویں صدی کے قاری کے لیے غیر معمولی کشش کا سامان رکھتا ہے۔ ایک غالب دوسرے اقبال۔ پروفیسر حمید احمد خان کو دونوں کی ذات و صفات سے لگاؤ تھا۔

غالب سے پروفیسر حمید احمد خان کے لگاؤ کی داستان خاصی پرانی ہے۔ ایک جگہ انہوں نے لکھا ہے کہ

" اوائل سن شعور میں غالب کے کلام کے جس پہلو نے مجھے بہت متاثر

کیا وہ مادی کائنات کی وسعتوں پر غالب کی ذہنی گرفت تھی۔
میرے نزدیک غالب کا یہ کمال حیرت انگیز ہے کہ گو میری زندگی نے کئی پلٹنے کھائے مگر عمر کے کسی مرحلے میں بھی غالب نے میرا ساتھ نہ چھوڑا۔"(۶)

غالب کا کلام، پروفیسر حمید احمد خان کے لیے ذوق طبع کی وقتی تسکین یا تفریح طبع کا ذریعہ نہیں رہا بلکہ انہوں نے پوری سنجیدگی اور انہماک کے ساتھ غالب کی زندگی اور کلام کو اپنے مطالعے کے لیے انتخاب کیا ہے۔ ان کا مطالعہ تحقیق و تنقید دونوں نقطہ نظر سے غالب شناسی کے سلسلے میں حد درجہ اہم اور منفرد ہے۔

تحقیق کے سلسلے کا ان کا اہم ترین کام نسخہ حمیدیہ کی نئی ترتیب و تدوین اور تازہ اشاعت ہے (۷)۔ نسخہ حمیدیہ غالب کا وہ مجموعہ کلام ہے جس کا قلمی نسخہ مرقومہ ۱۲۳۷ھ/۱۸۲۱ء بھوپال میں دستیاب ہوا اور مفتی انوار الحق کے زیر اہتمام بعہد نواب حمید اللہ خاں ۱۹۲۱ء میں بھوپال سے شائع ہوا۔ اس میں چوبیس سال تک کی عمر کا تقریباً سارا کلام ہے اور غالب کا متداول دیوان اسی سے ماخوذ ہے۔ ہر چند کہ "نسخہ حمیدیہ" کی اشاعت میں بڑی احتیاط و اہتمام سے کام لیا گیا۔ پھر بھی بعض باتیں اہل نظر کو کھٹکتی تھیں۔ لیکن مطبوعہ اور قلمی نسخوں کے گہرے تقابلی مطالعے کے بغیر کچھ لکھنا بہت مشکل تھا۔ یہ کام وقت، محنت اور دقت نظر کے ساتھ ساتھ کلام غالب کا وسیع مطالعہ چاہتا تھا۔ شاید اسی لیے پروفیسر حمید احمد خان کے سوا کسی اور کو اسے ہاتھ لگانے کی ہمت نہ ہوئی۔

پروفیسر حمید احمد خان اسی کام کے لیے ۱۹۳۸ء میں بھوپال گئے اور کتب خانے میں بیٹھ کر نسخہ حمیدیہ کے مطبوعہ اور قلمی نسخے کی ایک ایک سطر کا تقابلی مطالعہ کیا۔ بعد کو اس مطالعے کے نتائج "نسخہ حمیدیہ" اور غالب کے سلسلے میں نہایت اہم ثابت ہوئے۔ اگر پروفیسر حمید احمد خان ۱۹۳۸ء میں یہ کام نہ کر لیتے تو شاید نسخہ حمیدیہ کو دوبارہ مکمل صحت کے ساتھ شائع کرنے کی نوبت ہی نہ آتی۔ اس لیے کہ کچھ دنوں بعد "نسخہ حمیدیہ" (قلمی) بھوپال کی لائبریری سے غائب ہو گیا اور ابھی تک اس کا سراغ نہیں لگا۔ نسخہ حمیدیہ (مطبوعہ) بھی کمیاب ہی نہیں نایاب ہے۔ ایسی صورت میں نسخہ

حمیدیہ کی از سرِ نو ترتیب تدوین اور حد درجہ کارآمد حواشی و مقدمہ کے ساتھ اس کی اشاعت اردو زبان و ادب اور غالب سے دلچسپی رکھنے والوں پر پروفیسر حمید احمد خاں کا ایسا احسان ہے جسے ادب کی تاریخ کبھی بھلا نہیں سکتی۔

مفتی انوار الحق نے مطبوعہ نسخے کے دیباچے میں یہ خیال ظاہر کیا تھا کہ قلمی نسخے کے حاشیوں پر جو اضافے اور متن کی اصلاحیں درج ہیں وہ ۱۲۴۸ھ میں لکھی گئی ہیں۔ حمید احمد خاں نے اس خیال کی تردید کرتے ہوئے یہ نتیجہ نکالا کہ حاشیے کے اضافے اور اصلاحیں غالب کے سفر کلکتہ پر روانہ ہونے سے پہلے، یعنی ۱۸۲۶ھ تک تصنیف ہو چکی تھیں۔ قلمی نسخے پر چونکہ ۱۲۴۸ھ کی ایک مہر فوج دار محمد خاں کے نام سے ثبت تھی اس لیے مفتی صاحب نے یہ قیاس کیا تھا۔ کہ قلمی نسخہ بھوپال پہنچنے کے بعد ایک بار پھر اصلاح اور اضافہ کے لیے دہلی گیا۔ لیکن یہ قیاس بھی پروفیسر حمید احمد خان کے نزدیک بے بنیاد ہے مفتی صاحب کے مطبوعہ نسخے کا اہم نقص یہ ہے کہ اس میں قلمی نسخے کی اصل ترتیب کچھ سے کچھ ہو گئی ہے۔ بعض جگہ مفتی صاحب سے یہ فرو گذاشت ہوئی ہے کہ وہ مطبوعہ نسخے اور قلمی نسخے کے متن کے اندراجات میں امتیاز نہیں کر سکے۔ پروفیسر حمید احمد خان کے مطبوعہ نسخے میں یہ کمزوریاں نہیں ہیں اور "نسخہ حمیدیہ" کا نقش ثانی، نقش اول سے زیادہ مفید و معتبر ہے۔ ساتھ ہی پروفیسر حمید احمد خان نے "نسخہ حمیدیہ" کے سلسلے میں بعض ایسے اہم سوالات اٹھائے ہیں جو اہل تحقیق کے لیے توجہ طلب ہیں۔ مثلاً عبد العلیٰ، عبد الصمد مظہر اور آغا علی جنہوں نے غالب کے اشعار پر گاہ بگاہ صاد کیا ہے، کون حضرات ہیں؟ حافظ معین، جنہوں نے پورا دیوان خوش خط لکھا ہے، کون صاحب تھے؟ غالب نے قیام دہلی کے زمانے میں کون کون سی غزلیں کہی ہیں اور کون کون سی غزلیں آگرے کی یادگار ہیں؟ مختصر یہ کہ "نسخہ حمیدیہ" مرتبہ پروفیسر حمید احمد خاں کئی وجوہ سے بہت اہم ہے۔ اس میں نسخہ حمیدیہ اور غالب کے متعلق بعض مغالطوں کو دور کیا گیا ہے اور بعض ایسے مسائل کی نشان دہی کی گئی ہے جن کی تفتیش غالب کے سلسلے میں بہت ضروری ہے۔

کلام غالب کی تنقید کے سلسلے میں بھی پروفیسر حمید احمد خان نے اردو، انگریزی میں کئی مقالے لکھے ہیں لیکن سب سے اہم اور منفرد مقالہ وہ ہے جو بہ عنوان

"غالب کی شاعری میں حسن و عشق "پہلی مرتبہ فروری ۱۹۴۹ء کے ہمایوں (لاہور) میں شائع ہوا۔ نظر ثانی کے بعد اب وہ "تنقید غالب کے سو سال" (۸) میں شامل ہے۔ ڈاکٹر بجنوری کے مقالے کے بعد کلام غالب پر یہ دوسرا تنقیدی مقالہ تھا جس نے غالب کی طرف پھر ایک بار لوگوں کو متوجہ کیا۔ یہ مقالہ ڈاکٹر بجنوری کے مقالے کی طرح اپنے قاری کو جذباتی سطح پر متاثر نہیں کرتا بلکہ اس کا رخ جذبے سے کہیں زیادہ فکر سنجیدہ کی جانب ہے۔ ڈاکٹر عبدالرحمن بجنوری۔ اگرچہ فلسفے کے آدمی تھے۔ لیکن محاسن کلام غالب میں ان کا رویہ عموماً فلسفیانہ نہیں جذباتی ہے۔ پروفیسر حمید احمد خان کو بھی اگرچہ غالب اور کلام غالب سے جذباتی لگاؤ ہے۔ لیکن اس لگاؤ کو انہوں نے فکر و شعور کی گرفت میں رکھا ہے۔ چنانچہ مذکورہ بالا مقالہ قاری کے جذبات کو نہیں فکر و ذہن کو اپنا مخاطب بناتا ہے۔

غالب کے متعلق بعض ناقدین کی رائے ہے کہ ان کا کلام فکر و فلسفہ کی گہرائی، نفسیات انسانی کی گرہ کشائی اور مسائل حیات کی ترجمانی کے لحاظ سے تو بہت بلند پایہ ہے۔ لیکن حسن و عشق کے باب میں ان کے یہاں وہ تعمیق و تنوع نظر نہیں آتا جو اردو کے بعض دوسرے شعرا کے یہاں ملتا ہے۔ پروفیسر حمید احمد خان کا مدلل و مربوط مقالہ اس رائے کی تردید کرتا ہے۔ اس مقالے کی ابتدائی سطریں دیکھیے:

> "غالب کے اردو و فارسی کلام میں حسن و عشق کو ایک نمایاں جگہ حاصل ہے۔ تعداد کے لحاظ سے پورے کلام میں اس مضمون کے اشعار ایک تہائی کے قریب ہوں گے ان میں وہی تنوع، جدت طرازی اور نکتہ آفرینی نظر آتی ہے جو دیوان و کلیات کے دوسرے مضامین کا امتیاز خاص ہے اگر مرزا غالب اپنے کلام کا صرف یہی حصہ چھوڑ جاتے تو بھی ان کا شمار دنیا کے بڑے شعرا میں ہوتا۔ ان اشعار میں محض رنگا رنگ طلسمات کے بند دروازے ہی نہیں کھلتے، ان میں شاعری کی ایک نئی دنیا کا انکشاف ہے اس دنیا کی آب و ہوا ہر طبیعت کو سازگار نہیں اور نہ ہو سکتی ہے۔ لیکن اس کی وسعت اور بوقلمونی کا یہ عالم ہے کہ ہر موقع کی مناسبت سے دل کشا منظر بکثرت

ملتے ہیں۔ انسانی فطرت کے لامحدود پہلو، جذبہ عشق کے ماتحت جس طرح بنتے، سنورتے، بگڑتے، پگھلتے اور ڈھلتے ہیں۔ اس کی ترجمانی میں شاعر نے اپنا تمام جوش تخیل اور پورا زور قلم صرف کیا ہے۔"

(۹)

یہ دعویٰ بے دلیل نہیں ہے۔ پروفیسر حمید احمد خاں نے غالب کی ساری اردو فارسی شاعری کو نظر میں رکھ کر نتیجہ اخذ کیا ہے۔ تقریباً پچاس صفحوں کے طویل مقالے میں اپنی بات کو سمجھانے کے لیے تحلیل و تجزیہ، توجیہہ و تاویل اور استدلال و اظہار کا ایسا خوبصورت پیرایہ اختیار کیا گیا ہے اور اپنے خیال کی عکس ریزی کے لیے جگہ جگہ اشعار و امثال کے ایسے مرقعے پیش کیے گئے ہیں کہ قاری کو پروفیسر حمید احمد خاں کی رائے سے اتفاق کرنا ہی پڑتا ہے۔ مقالے کا یہی وہ رخ ہے جس نے اردو ادب کے قارئین کو چونکا دیا ہے اور پروفیسر حمید احمد خاں کی رائے کو غالب شناسی کے سلسلے میں ہمیشہ کے لیے مشعل راہ جانا ہے۔

پروفیسر حمید احمد خاں نے غالب اور کلام غالب کو صرف اپنے مطالعے کا موضوع نہیں بنایا بلکہ اس سے آگے بڑھ کر انہوں نے دوسروں کو بھی غالب پر کام کرنے کی ترغیب دی ہے چنانچہ غالب سے دلچسپی رکھنے والوں پر ان کا ایک احسان یہ ہے کہ ان کی توجہ سے غالب کی ساری اردو فارسی نثر و نظم مفید حواشی اور کارآمد مقدموں کے ساتھ مطبوعہ شکل میں دستیاب ہوگئی۔ اس کے لیے انہوں نے پنجاب یونیورسٹی کی وائس چانسلری کے زمانے میں ایک جامع منصوبہ تیار کرایا۔ "مجلس یادگار غالب" نے ان کی سرپرستی میں غالب کی ساری تصانیف کو نئی صحت کے ساتھ شائع کرنے کا بیڑا اٹھایا۔

یہ کام بہت مشکل تھا۔ لیکن خاں صاحب مرحوم کی ان تھک کوششوں سے تکمیل کو پہنچ گیا اور اس خوش اسلوبی کے ساتھ کہ اگر اب کسی کتب خانے میں "مجلس یادگار غالب" کی مطبوعات موجود نہ ہوں تو اسے مطالعہ غالب کے سلسلے میں ناقص ہی سمجھا جائے گا۔

نثر و نظم غالب کی پندرہ مجلدات کے علاوہ اس موقع پر مجلس یادگار غالب

پنجاب یونیورسٹی نے چار کتابیں اور شائع کیں۔

(۱) "تنقید غالب کے سو سال" مرتبہ فیاض محمود اور اقبال حسین۔

(۲) "غالب تاثرات کے آئینے میں" مرتبہ عبدالشکور احسن اور سجاد باقر رضوی۔

(۳) "اشاریہ غالب" مرتبہ سید معین الرحمن۔

(۴) "غالب، اے کریٹکل انٹروڈکشن (انگریزی) مرتبہ سید فیاض محمود۔

پہلی کتاب میں غالب کی شخصیت اور فکر و فن کے بارے میں ان مضامین کا انتخاب شامل ہے جو غالب صدی کے موقع یعنی ۱۹۶۹ء تک پچھلے سو سال میں لکھے گئے اور جن میں غالب کے بارے میں کسی منفرد اور اوریجنل پہلو یا نکتے کی نشان دہی کی گئی ہے۔ اس کتاب میں نواب میر مہدی مجروح اور مولانا حالی سے لے کر ۱۹۶۹ء تک لکھے گئے صرف پینتیس (۳۵) اوریجنل مقالے شامل ہیں۔ بیسویں صدی میں شائع ہونے والے مقالوں کے ممتاز مصنفین میں عبدالماجد دریاآبادی، ڈاکٹر عبدالرحمن بجنوری سید عبداللطیف، حمید احمد خاں، آل احمد سرور، غلام رسول مہر، احتشام حسین، ڈاکٹر وحید قریشی، ڈاکٹر فرمان فتح پوری، ڈاکٹر نثار احمد فاروقی، ڈاکٹر ابواللیث صدیقی، علامہ نیاز فتح پوری، مالک رام، ڈاکٹر عبادت بریلوی، اسلوب احمد انصاری، سید محمد عبداللہ، پروفیسر وقار عظیم، ڈاکٹر محمد حسن وغیرہ کے نام شامل ہیں۔

میرے لیے خوشی کی اور قابل توقیر بات یہ تھی کہ مجلس یادگار غالب کے ماہرین نے اس کتاب کے لیے منتخب کیے جانے والے اوریجنل مضامین میں میرا بھی ایک مضمون شامل کیا تھا۔ یہ مضمون

"غالب کے کلام میں استفہام"

کے زیر عنوان پہلے پہل اکتوبر ۱۹۵۱ء نگار لکھنؤ میں شائع ہوا تھا۔ بعد ازاں متعدد غالب شناسوں نے اپنے مقالوں اور کتابوں میں اس کا حوالہ دیا۔ ۱۹۶۳ء میں یہ مقالہ میری کتاب "تحقیق و تنقید" میں چھپا، آخر آخر میری کتاب "غالب شاعر امروز و فردا" مطبوعہ اظہار سنز لاہور (۱۹۷۲ء) میں شامل ہوا اور غالب کے سلسلے میں مستقل حوالہ بن گیا۔

"مجلس یادگار غالب" کی مطبوعہ دوسری اہم کتاب کا نام ہے "غالب تاثرات کے آئینے میں" اس کتاب کے مقالہ نگاروں نے یہ بتایا ہے کہ غالب کی شاعری اور

شخصیت نے ان پر کیا اثر ڈالا ہے اور اس اثر کو انہوں نے اپنی زندگی میں کس طرح اپنایا ہے، اس کتاب میں بھی راقم الحروف کا ایک مضمون

"اے کاش کبھی معرض اظہار میں آوے"

عنوان سے شامل ہے۔

تیسری کتاب میں تصانیف غالب کی مختلف اشاعتوں کے ساتھ ساتھ، غالب پر اب تک جو کچھ لکھا گیا ہے اس کی تلخیص سمودی گئی ہے۔ چوتھی کتاب انگریزی زبان میں ہے اور اس کا اصل مقصد انگریزی خواں طبقہ سے غالب کو متعارف کرانا ہے۔ یوں سمجھ لیجیے کہ پروفیسر حمید احمد خان نے مجلس یادگار غالب کی انیس (۱۹) مطبوعات میں غالب اور غالبیات کو بند کر دیا۔ اب جس کتب خانے میں یہ کتابیں موجود ہیں گویا اس میں غالب اور غالبیات سے متعلق ساری بنیادی تحریریں موجود ہیں۔

غالب اور کلام غالب سے پروفیسر حمید احمد خان کی یہ دلچسپی اردو سے ان کے گہرے لگاؤ کا ثبوت ہے۔ پڑھائی انہوں نے عمر بھر انگریزی لیکن محبت انہیں اردو سے رہی۔ انگریزی ادب اور مغربی علوم سے جو کچھ انہوں نے حاصل کیا اردو کے حوالے کیا وہ اردو کے ممتاز ناقد و ادیب ہی نہیں۔ اس کے سچے عاشق اور جاں باز محافظ بھی تھے۔ جب تک رہے اردو کی حفاظت و اشاعت کے لیے سینہ سپر رہے۔ ہر جگہ اور ہر موقع پر انہوں نے اردو کا نام اونچا رکھا اور اردو کے نام لیواؤں کو قدر کی نگاہ سے دیکھا۔ مجلس ترقی ادب لاہور کے ناظم کی حیثیت سے اردو کلاسکس کی اشاعت کی رفتار انہوں نے کچھ اور تیز کر دی۔ ان کی نگرانی میں اساتذہ قدیم کی درجنوں کتابیں، صحت متن اور مفید حواشی و مقدمات کے ساتھ منظر عام پر آئیں۔ کلاسکس سے متعلق متعدد تحقیقی مقالے بھی شائع ہوئے۔ جشن غالب کے موقع پر بھی بعض اہم کتابیں چھاپی گئیں۔ ان میں کلیات غالب (فارسی) جلد اول و دوم دیوان غالب، نسخہ شیرانی اور یادگار غالب خصوصیت سے قابل ذکر ہیں۔ یہی نہیں بعض حلقوں کی طرف سے شدید مخالفت کے باوجود انہوں نے پنجاب یونیورسٹی میں تاریخ ادبیات کا ایک شعبہ قائم کیا۔ مسلمانان پاک و ہند نے عربی، فارسی، اردو اور علاقائی زبانوں کی معرفت جو ثقافتی سرمایہ یادگار چھوڑا تھا۔ اسے کئی جلدوں میں شائع کر کے ہمیشہ کے لیے محفوظ

کر دیا۔ اس طرح کی اور نہ جانے کتنی باتیں ہیں جو ہمارے دلوں میں خان صاحب مرحوم کی یاد کو تازہ رکھیں گی۔ لیکن اگر وہ یہ کچھ بھی نہ کرتے تو بھی غالب کے سلسلے کا وہ تحقیقی و تنقیدی کام، جس کا ذکر اوپر قدرے تفصیل سے کیا گیا ہے، اردو زبان و ادب کی تاریخ میں ان کے نام کو زندہ رکھنے کے لیے بہت کافی تھا۔

۱۹۷۴ء میں پروفیسر حمید احمد خاں کی وفات کے بعد سوچا تھا کہ نگار کا "حمید احمد خاں نمبر" شائع کروں گا، یہ میری دلی خواہش بھی تھی اور خان صاحب کی علمی و ادبی خدمات، اس کی مستحق بھی تھیں لیکن دو سبب سے ایسا نہ ہو سکا، ایک تو یہ کہ وہ زمانہ بعض وجہ سے میرے لیے خاص الجھن کا تھا دوسرے یہ کہ "افکار" کراچی نے حمید احمد اڈیشن شائع کر کے اس کمی کو پورا کر دیا تھا اور میں نے بھی بطور مضمون نگار اس میں شرکت کر لی تھی۔ پھر بھی میں نہ تو حمید احمد خاں صاحب کی علمی و ادبی خدمات کے اعترافات کی طرف سے غافل ہوا اور نہ مطمئن۔ حسن اتفاق دیکھیے کہ پروفیسر ڈاکٹر سید معین الرحمن کے توسط سے، ایم۔ او کالج لاہور کے پروفیسر محمد احسان الحق صاحب (ان دنوں گورنمنٹ کالج لاہور میں ہیں) "حمید احمد خاں صاحب کی شخصیت اور خدمات" کو موضوع بنا کر پی ایچ ڈی کرنے کے لیے کراچی آگئے اور میری نگرانی میں کام کرنا شروع کیا۔ ڈھائی سال میں ہر طرح اپنا کام مکمل کر لیا اور کراچی یونیورسٹی نے انہیں ڈاکٹریٹ کی سند تفویض کر دی۔ ڈاکٹر احسان صاحب کا مقالہ زیر طباعت ہے۔ انشاء اللہ جلد منظر عام پر آجائے گا اور میری طمانیت کا باعث بنے گا۔ یہ میرے لیے ایک بزرگ و محسن دوست کے سلسلے میں کچھ کر جانے کی خواہش کی تکمیل کے مترادف ہے۔

❁ اوپر کی سطروں میں پروفیسر حمید احمد خاں کی تنقیدی بصیرت و ادبی ژرف نگاہی کے بارے میں جو کچھ عرض کیا گیا ہے، وہ سب کا سب غالب اور کلام غالب سے متعلق ہے، لیکن حمید احمد خاں کی ادبی اور تنقیدی خدمات کا یہ صرف ایک رخ ہے۔ ورنہ حقیقت یہ ہے کہ ان کی دوسری تحریریں خصوصاً پاکستان کے تعلیمی و تہذیبی مسائل، مولانا حالی اور علامہ اقبال سے متعلق ان کی تحریریں بہت منفرد ہیں اور فکر و نظر کے بعض نئے گوشوں کو منور کرتی ہیں۔

مولانا حالی کے سلسلے میں ان کی کتاب "ارمغان حالی" مطبوعہ ادارہ ثقافت اسلامیہ لاہور ۱۹۷۱ء، شعرو ادب کے حوالے سے غالب، حالی اور اقبال کو ہم رشتہ کرتی ہے۔ اور مولوی عبدالحق کے اس قول کو یاد دلاتی ہے جس میں انھوں نے کہا تھا کہ اگر حالی نہ ہوتے تو اقبال بھی نہیں ہوتے۔ حمید احمد خاں کی کتاب "اقبال شخصیت اور شاعری" مطبوعہ بزم اقبال لاہور ۱۹۷۴ء اس قول کی تصدیق کرتی ہے۔

حواشی

۱۔ "اردو شعرا کے تذکرے اور تذکرہ نگاری" مطبوعہ مجلس ترقی ادب لاہور ۱۹۷۲ء
۲۔ مقدمہ نسخہ حمیدیہ، مطبوعہ بھوپال ۱۹۲۱ء
۳۔ غالب از غلام رسول مہر مطبوعہ ۱۹۳۷ء لاہور
۴۔ "غالب نامہ" از شیخ محمد اکرام مطبوعہ ۱۹۳۶ء لاہور
۵۔ "غالب کے کلام میں" حسن و عشق مطبوعہ ہمایوں لاہور ۱۹۴۹ء
۶۔ "غالب تاثرات کے آئینے میں" مطبوعہ مجلس یادگار غالب لاہور ۱۹۶۹ء
۷۔ نسخہ حمیدیہ مرتبہ حمید احمد خان مطبوعہ مجلس ترقی ادب لاہور ۱۹۶۶ء
۸۔ "تنقید غالب" کے سو سال مطبوعہ مجلس یادگار غالب لاہور ۱۹۶۹ء
۹۔ تنقید غالب کے سو سال ص ۲۲۲ مطبوعہ مجلس یادگار غالب لاہور ۱۹۶۹ء

مجنوں گورکھپوری

(۱۹۰۴ء۔۔۔۔۔۱۹۸۸ء)

مجنوں گورکھپوری کے نام اور کام سے کون واقف نہیں ؟ میری عمر کے سبھی لوگ، جنہیں زبان وادب سے دلچسپی رہی ہے، اپنے زمانہ طالبعلمی ہی سے انہیں جانتے ہیں۔ ان کے افسانوں کی معرفت بھی اور تنقید کے وسیلے سے بھی۔ ان وسیلوں کے علاوہ، "نگار" کے ذریعے بھی میں ان کے ادبی مرتبے سے خوب واقف تھا۔ اس لیے کہ نگار کا کوئی خاص نمبر، ان کے مقالے کے بغیر شائع نہ ہوتا تھا۔ فراق گورکھپوری اور نیاز فتح پوری کی زبانی بھی ان کے بارے میں بہت کچھ سن رکھا تھا، جی چاہتا تھا کہ کس طرح ان سے ملوں، قریب سے دیکھوں اور ان سے باتیں کروں، لیکن ایک عرصے تک ملنے کی کوئی صورت پیدا نہ ہوئی۔

۵۹۔۱۹۵۸ء کی بات ہے۔ رباعی اور دوبیتی کے فرق سے متعلق میرے دو مقالے صحیفہ (لاہور) اور نگار (لکھنؤ) میں ڈاکٹر عندلیب شادانی کے ساتھ، ایک معارضہ یا معرکہ کی صورت میں شائع ہوئے۔ بحث شروع ہوئی تھی کراچی اور لاہور سے لیکن پہنچی ڈھاکہ، علیگڑھ اور لکھنؤ تک۔ تادیر بحث جاری رہی اور متعدد بزرگ اہلِ قلم نے اس میں حصّہ لیا۔ مجنوں گورکھپوری جیسے بے لاگ اور بے مثال نقاد اور کئی زبانوں کے جید عالم نے بھی موضوع زیر بحث پر قلم اٹھایا۔ اس وقت تک، مجنوں صاحب سے نہ تو میری ملاقات تھی، نہ کسی طرح کا تعارف تھا، اور نہ مراسلت۔ پھر بھی علمی دیانت اور انصاف کے تقاضے کے تحت انہوں نے میرے موقف کی بھرپور تائید کی۔ مفصل بحث کی اور انجمن ترقی اردو ہند کے ترجمان "ہماری زبان" (علیگڑھ) بابت ۸ جون ۱۹۶۰ء میں لکھا:

> "فرمان فتح پوری کے دو مضامین میری نظر سے گذرے، ایک تو وہ جو انہوں نے صحیفہ لاہور کے کسی شمارے میں لکھا ہے۔ یہ مضمون

مجھے خلیل الرحمن اعظمی کے ذریعے ملا۔ دوسرا مضمون وہ تھا جو فرمان صاحب نے "نگار" بابت مارچ ۱۹۶۰ء میں رباعی کے بارے میں لکھا ہے۔ اگر یہ دونوں مضامین میری نظر سے پہلے گزر چکے ہوتے تو شاید میں اس بحث پر لکھنے کی زحمت گوارا کرنے کے لیے تیار نہ ہوتا۔ اس لیے کہ فرمان صاحب نے بڑے ٹھنڈے اور سنجیدہ لہجے میں کم و بیش وہی سب باتیں کہی ہیں جو میں نے کہدی ہیں"

مجنوں صاحب کے زیر حوالہ مضمون سے مجھے اس وقت جتنی خوشی ہوئی وہ بیان سے باہر ہے۔ مجنوں صاحب نے مجھے یک بیک بہت اونچا اٹھا دیا تھا اور ادب کے میدان میں میرے قلم کو معتبر و موقر بنا دیا تھا۔ ظاہر ہے مجنوں صاحب سے ملنے کو جی بے تاب سا رہنے لگا چنانچہ ۱۹۶۲ء میں جب ایک نجی ضرورت سے مجھے ہندوستان جانا پڑا تو کسی طرح وقت نکال کر، میں دو دن کے لیے علیگڑھ بھی گیا۔ لیکن یہ تعطیلات کا زمانہ تھا۔ مجنوں صاحب گورکھپور گئے ہوئے تھے۔ ملاقات سے محروم رہا۔ ڈاکٹر خلیل اعظمی صاحب سے مل کر واپس آگیا۔ یوں لگتا تھا کہ اب مجنوں صاحب سے ملاقات نہ ہوگی۔ لیکن خدا کا کرنا دیکھیے کہ چند سال بعد وہ خود مستقلاً پاکستان آگئے۔ ظاہر ہے ملاقات کے مواقع میسر آئے اور جی بھر کر میسر آئے۔

مستقلاً آنے سے کچھ پہلے مجنوں صاحب ایک بار اور کراچی آچکے تھے۔ پاکستان میں یہ ان کی پہلی آمد تھی، اس لیے مجھ جیسے مشتاقانِ دید اور نیاز مندانِ قدیم کے علاوہ بھی بہت سے نوجوان اہل قلم نے ان کا دل وجان سے استقبال کیا اور اکثر، ان کی خدمت میں حاضر رہے۔ لیکن بڑوں کی طرف سے اور پریس کی طرف سے ان کا وہ استقبال نہ ہوا جو نیاز فتح پوری اور جوش کی آمد پر ہوا تھا۔ البتہ جب مجنوں صاحب دوسری بار مئی ۱۹۶۸ء میں مستقلاً قیام کی غرض سے پاکستان آئے تو ماحول میں تھوڑی سی لرزش پیدا ہوئی۔ خود مجنوں صاحب نے اس سلسلے میں بعض اقدامات کو ضروری جانا۔ کراچی پہنچ کر جہاں انہوں نے بعض دوسرے حضرات سے بہ عجلت رابطہ قائم کیا وہاں مجھے بھی فون کر کے طلب کیا۔

پہلی بار آئے تھے تو کئی ملاقاتیں اور بہت سی باتیں ہو چکی تھیں۔ اس لیے بے

تکلف ہو کر کہنے لگے - مجھے ممتاز حسن صاحب، جمیل الدین عالی، شان الحق حقی، ڈاکٹر محمود حسین اور ڈاکٹر سلیم الزمان صدیقی سے ملنا ہے اور تمہارے ذریعے ملنا ہے اور کچھ ضروری باتیں کرنی ہیں، کسی وقت گاڑی لے کر آو اور مجھے لے چلو - حکم کی تعمیل بہرحال کرنی تھی۔ سب سے پہلے ممتاز حسن صاحب سے ملانے کے لیے لے گیا۔ ممتاز صاحب اس وقت پاکستان بک کارپوریشن کے چیرمین تھے۔ محمد علی ہاوسنگ سوسائٹی میں ٹیپو سلطان روڈ کی ایک عمارت میں بیٹھتے تھے۔ نہایت خوشگوار اور کارآمد ماحول میں ملاقات ہوئی۔ ممتاز حسن صاحب نے اسی وقت جمیل الدین عالی اور حقی صاحب سے مجنوں صاحب کے بارے میں فون پر بات کی۔ دونوں حضرات نے خود مجنوں صاحب سے جلد ملنے کا وعدہ کیا اور ملے بھی۔

اب مجنوں صاحب نے ڈاکٹر محمود حسین سے ملاقات کرنی چاہی، روز فون کرتے آخرکار ڈاکٹر صاحب سے وقت مقرر کر کے میں ایک دن مجنوں صاحب کو لے کر جامعہ ملیہ ملیر پہنچا۔یہاں دوسرے حضرات کے ساتھ ان کی ملاقات ڈاکٹر سلیم الزماں صدیقی صاحب سے بھی ہو گئی کہ وہ مجلس جامعہ تعلیم کے نائب صدر تھے اور ایک اجلاس میں شرکت کی غرض سے وہاں موجود تھے۔ڈاکٹر محمود حسین صاحب چھٹی کا پورا دن جامعہ ملیہ میں گزارتے تھے۔ میں ان دنوں جامعہ ملیہ سے ملحق رفاہ عام سوسائٹی میں رہتا تھا اور میری چھٹی کے دن بھی عموماً جامعہ ملیہ میں ڈاکٹر صاحب کے ساتھ گزرتے تھے۔ مجنوں صاحب چاہتے تھے کہ ہراتوار کو کسی نہ کسی طرح انہیں بھی جامعہ ملیہ لے جایا جائے۔ عملاً ایسا کرنا آسان نہ تھا پھر بھی میں انھیں متعدد بار اپنی گاڑی پر اپنے ساتھ جامعہ لے گیا، کبھی جامعہ سے گاڑی بھجوائی گئی، کبھی اقبال حسین شوقی مرحوم انہیں لے کر پہنچے اور کبھی مجنوں صاحب کے داماد اقبال احمد صاحب نے یہ فریضہ انجام دیا۔ان مسافتوں میں کبھی کبھی مجنوں صاحب کے بیٹے قمر عالم صاحب اور بیشتر اقبال احمد صاحب مع بیگم تہمینہ صاحبہ ساتھ ہوتے تھے۔

مجنوں صاحب کے مزاج کی عجلت پسندی اور تلون طبع کا سب کو اندازہ ہے، ویسے بھی جب وہ پاکستان آئے تو ان کے ساتھ کئی طرح کی الجھنیں لگی ہوئی تھیں، مجنوں صاحب چاہتے تھے کہ ان الجھنوں سے نجات پانے کے لئے جلد سے جلد فضا سازگار

ہو جائے ۔ اوروں کا حال مجھے نہیں معلوم ، میرے جاننے والوں میں اور مجھ جیسے نیاز مندوں میں جناب اقبال حسین شوقی ، جناب شبنم رومانی ، جناب صہبا لکھنوی ، پروفیسر جمیل اختر اور پروفیسر انجم اعظمی وغیرہ ان کی خدمت میں اکثر حاضر رہتے اور جو کچھ بس میں ہوتا دل و جان سے کرتے دوسروں کو بھی اس طرف توجہ دلاتے ، نتیجتاً حالات ، بہتر سے بہتر ہونے لگے ۔ مجنوں صاحب کو اُردو لغت بورڈ کی مجلس مشاورت میں شامل کر لیا گیا اور لغت کے مسوّدات بھی ان کے ملاحظے کے لیے بھیجے جانے لگے ۔ ڈاکٹر محمود حسین صاحب نے پہلے انہیں بطور اعزازی پروفیسر کراچی یونیورسٹی کے شعبہ انگریزی سے منسلک کرایا پھر استاذی ڈاکٹر ابو اللیث صدیقی کے لطفِ خاص سے وہ شعبہ اردو سے وابستہ ہوگئے اور تقریباً دس سال اعزازی پروفیسر کی حیثیت میں اردو پڑھاتے رہے ۔ ایسے میں میرا یہ کہنا بے جا نہ ہو گا کہ کراچی کے آجانے کے بعد میں نے مجنوں صاحب کو بہت قریب سے دیکھا ، ہر قسم کی محفل میں دیکھا ، ہر حال میں دیکھا اور بہت کچھ حاصل کیا ۔

جہاں تک مجنوں گورکھپوری کی شخصیت اور علمی و ادبی خدمات کا تعلق ہے اس میں دو رائیں نہیں کہ ان کی شخصیت اور تحریر دونوں میں ، مشرق و مغرب کے رنگوں کا بہت خوبصورت امتزاج ملتا ہے ۔ مشرقی علوم ، اپنی علمی روایات اور تہذیبی اقدار سے آگاہی ، انہیں اپنے گھر اور خاندان سے ورثے میں بھی ملی تھی ، اور ذاتی مطالعہ و مشرقی تعلیم سے بھی انہوں نے بہت کچھ حاصل کیا تھا ۔ مغرب سے آگاہی انہیں جدید طرز کی جامعات میں اعلیٰ تعلیم اور غیر معمولی مطالعہ کے ذریعے میسر آئی ۔ یہ آگاہی اس پائے کی تھی کہ وہ مشرق و مغرب کو ایک دوسرے کے مقابل رکھ کر آسانی سے یہ دیکھ سکتے تھے کہ کہاں کہاں ان کی سرحدیں ایک دوسرے سے ملتی ہیں ، کن کن باتوں میں ان کی فضائیں ایک دوسرے سے ہم رنگ ہیں اور کس کس پہلو سے یہ کبھی نہ ملنے والے متوازی خطوط کی طرح اپنی اپنی سمتوں میں آگے بڑھ رہے ہیں ۔ مشرق و مغرب کے امتیاز و اتصال کے ان مقامات کو پورے ادراک کے ساتھ مجنوں نے محسوس بھی کیا ہے اور اپنی تحریروں میں اس ادراک و احساس کو سمویا بھی ہے ۔ اسی لیے بہ حیثیت مجموع ان کا ذہن اپنے سائنٹیفک انداز فکر کے لحاظ سے مغربی اور ان کا دل اپنے طرزِ احساس

کے اعتبار سے خالص مشرقی ہے۔ مجنوں کا یہی وہ وصف خاص ہے جس کے سبب ان کی تحریروں میں توازن و اعتدال کی ایک ایسی خوشگوار لہر پیدا ہو گئی ہے۔ جو انہیں اردو کا نہایت باشعور، بالغ نظر اور متوازن ذہن رکھنے والا ادیب و نقاد بناتی ہے۔

مجنوں گورکھپوری کے نام و نسب، خانگی زندگی، رسمی تعلیم، ذرائع معاش اور علمی و ادبی مشاغل کا سلسلہ کچھ اس طور پر بنتا ہے

نام   احمد صدیق، قلمی نام مجنوں گورکھپوری، تخلص مجنوں

والد کا نام   محمد فاروق، دیوانہ (علی گڑھ میں ریاضی کے پروفیسر رہے)

سال پیدائش   ۱۹۰۴ء

شادی   ۱۹۲۶ء

تعلیم   درسِ نظامیہ اور بی اے تک کی تعلیم گورکھپور، علی گڑھ لکھنؤ اور الہ آباد میں حاصل کی۔ ۱۹۳۴ء میں آگرہ یونیورسٹی سے انگریزی میں اور ۱۹۳۵ء میں کلکتہ یونیورسٹی سے اردو میں، ایم اے کیا۔

مشاغل

(۱) زندگی کا بیشتر حصہ، کالج اور یونیورسٹی کی پروفیسری میں گذرا۔

(۲) ۱۹۵۸ء تا ۱۹۶۸ء علیگڑھ تاریخ ادب اردو کے منصوبہ کے تحت اسسٹنٹ ڈائرکٹر رہے۔

۱۹۱۹ء یعنی پندرہ سال کی عمر سے شعر کہنے کے ساتھ مقامی مشاعروں میں شریک ہونے لگے۔

۱۹۲۵ء میں افسانہ نگاری کی طرف توجہ کی، اسی سال انگریزی ترجمہ پر مشتمل طویل افسانہ کتابی صورت میں "سلومی" کے نام سے شائع ہوا۔

(۳) ۱۹۳۰ء سے عملی و نظری تنقید پر قلم اٹھایا۔

(۴) ۱۹۳۰ء میں ایوان اشاعت کے نام سے ایک مکتبہ قائم کیا اور ایوان کے نام سے پرچہ نکالا جو چند سال بعد بند ہو گیا۔

(۵) ۱۹۴۸ء میں پاکستان چلے آئے جہاں تقریباً دس سال کراچی

یونیورسٹی میں اردو کے اعزازی پروفیسر رہے۔

یوں تو افسانہ نگاری کے ساتھ مجنوں نے ترجمے بھی کئے، تنقیدیں بھی لکھیں اور شاعری بھی کی، لیکن ان کی دو حیثیتیں بہت روشن اور متعین ہیں۔ایک افسانہ نگار کی، دوسرے نقاد کی۔ تنقیدی کتابوں میں، شوپنہار، ادب و زندگی، افسانہ، اقبال، تاریخ جمالیات، تنقیدی حاشیے، نقوش و افکار، نکات مجنوں، دوش و فردا، پردیسی کے خطوط، غزل سرا، غالب شخص اور شاعر وغیرہ شامل ہیں۔

افسانوی ادب میں پہلے سلومی، آغاز ہستی، عبدالخمر اور ثمسون مبارز وغیرہ شائع ہوئیں۔ یہ کتابیں علی الترتیب، آسکر وائلڈ، برنارڈ شا، ٹالسٹائی اور ملٹن کے تراجم پر مشتمل ہیں، طویل مختصر افسانہ، یا ناولٹ کی صورت میں، سوگوار شباب، گردش، صیدزبوں، سرشت، سراب، اور زیدی کا حشر قابل ذکر ہیں۔ افسانوی مجموعوں کی تعداد چار ہے، خواب و خیال، سمن پوش، نقش ناہید اور مجنوں کے افسانے۔

نگارشاتِ مجنوں کے یہی دو پہلو جن کا ذکر اوپر کیا گیا یعنی افسانہ نگاری و تنقید، سب سے روشن اور اہم ہیں اور اگر ہم ان کے آغاز وارتقاء کا سراغ لگائیں یا ان کے ابتدائی محرکات و موثرات پر غور کریں تو بار بار نیاز و نگار کے نام لینے پڑیں گے۔ بات یہ ہے کہ فراق گورکھپوری کی طرح مجنوں گورکھپوری کو بھی جوہرِ قابل کی حیثیت سے سب سے پہلے نیاز فتح پوری ہی نے پہچانا انھیں اپنی تخلیقی و تنقیدی صلاحیتوں کا احساس دلایا۔ جبر و اصرار سے لکھوایا اور نگار کے صفحات میں نمایاں جگہ دے کر ان میں خود اعتمادی و خود شناسی پیدا کی۔ یہ خود اعتمادی و خود شناسی صرف یہی نہیں کہ فراق و مجنوں کی شہرت کا باعث بنی بلکہ آخر آخر نگار کی اہمیت و مقبولیت کا بھی ایک وسیلہ بن گئی۔ان کی مستقل و مسلسل قلمی معاونت کی بدولت نگار کے صفحات مشرق و مغرب کی ادبیات کے ساتھ ساتھ جدید تر علوم و فنون کی تراوش سے مزین ہونے لگے۔ پھر ان دونوں کے زیر اثر جدید ادب کے سارے ممتاز اہل قلم نیاز کے نیاز مندوں میں شامل ہوگئے اور نگار، صرف ایک ادبی پرچہ نہ رہا بلکہ حقیقی معنوں میں ایک ادبی تحریک اور ادارہ بن گیا۔

نگار کے اجراء (۱۹۲۲ء) کے فوراً بعد نیاز، فراق اور مجنوں میں یہ ربط خاص یوں

ہی نہیں پیدا ہو گیا۔اس کا ایک وسیع پس منظر ہے۔فراق اور مجنوں کی نو عمری ہی میں نیاز فتح پوری ایک نامور ادیب بن چکے تھے اور ان کی افسانہ نگاری اور انشا پردازی کا ہر طرف چرچا تھا۔فراق و مجنوں کا ذوق ادبی کچھ اس طرح کا تھا کہ وہ نیاز سے متاثر ہوئے بغیر نہیں رہ سکتے تھے۔چنانچہ دونوں ان کے زیر اثر آئے اور ایک دوسرے سے بہت قریب ہو گئے۔ لیکن اس قربت میں ذوقِ شعروادب کے ساتھ ساتھ کچھ اور باتیں بھی شامل تھیں

اسے حسنِ اتفاق کہہ لیجئے کہ نیاز کو بہت پہلے سے فراق اور مجنوں دونوں کے قریبی عزیزوں سے تعلقِ خاطر تھا۔فراق اور ان کے خاندان سے تعلق خاطر کا سبب یہ تھا کہ فراق کی دو حقیقی بہنیں فتح پور کے ایک علمی و ادبی کائستھ گھرانے میں لالہ بہادر مان سنگھ اور امرمان سنگھ کو بیاہی تھیں۔ 'بہادر مان سنگھ اور امرمان سنگھ کے والد لالہ ایشور سہائے (جن کے ایک چھوٹے بھائی رائے بہادر مان سنگھ عہد برطانوی میں پہلے ہندوستانی کی حیثیت سے آئی جی پولیس ہوئے) مدرسہ اسلامیہ فتح پور کے بانی اور اپنے وقت کے وسیع النظر عالم دین وصوفی منش بزرگ مولانا سید ظہور الاسلام کے عقیدت مندوں اور اولین شاگردوں میں تھے۔اسی مدرسے کے دوسرے قدیم طالب علموں اور مولانا کے شاگردوں میں مولانا عبدالرزاق کانپوری صاحب البرامکہ، مولانا حسرت موہانی، مولوی امام علی، مولانا نیاز فتح پوری، عارف ہسوی، مولانا بدیع الزماں خان، مولانا حسن الدین خاموش اور حکیم مولوی عبدالحیٰ وغیرہ کے نام خصوصیت سے قابل ذکر ہیں۔یہ سب مولانا سید ظہور الاسلام سے حددرجہ متاثر تھے۔مولانا حسرت موہانی نے ایک جگہ اپنے استاد کے تذکرے کا آغاز سودا کے اس شعر سے کیا ہے

وے صورتیں الٰہی کس دیس بستیاں ہیں
اب دیکھنے کو جن کے آنکھیں ترستیاں ہیں

خود نیاز فتح پوری نے اپنی خود نوشت میں مولانا سید ظہور الاسلام کا ذکر حددرجہ محبت و احترام سے کیا ہے اور خود کو مولانا موصوف کے طرز تدریس اور شخصیت وکردار سے متاثر بتایا ہے [۲]۔ہم وطن و ہم شہر ہونے کا رشتہ تو خیر موجود ہی تھا لیکن اس نسبت خاص کی بنا پر لالہ ایشور سہائے اور ان کے خاندان سے نیاز فتح پوری

کے تعلقات بہت پہلے سے استوار تھے۔ یہ استواری ابتدا نیاز و فراق کے تعلق کا وسیلہ بنی پھر فراق کی ذہانت و طباعی اور علم دوستی و شاعری فراق کو نیاز سے بہت قریب لے آئی۔ اتنے قریب کہ فراق کے کلام میں بہت سی لسانی اور عروضی خامیوں کے باوجود نیاز فتح پوری نے "یوپی کے ایک نوجوان ہندو شاعر" کے عنوان سے فراق کی شاعری پر مئی ۱۹۲۷ء میں ایک بھرپور مضمون لکھا اور فراق اس کے بعد تیزی سے اوپر اٹھتے گئے۔

مجنوں کو نیاز فتح پوری سے قریب تر لانے کی داستان بھی اسی نوعیت کی ہے مگر بہت دلچسپ ہے۔ نیاز فتح پوری اپنے احباب سے ملنے کے لیے گورکھپور آتے جاتے رہتے تھے۔ اور مہدی الافادی کے یہاں قیام کرتے تھے کہ وہی ان کے محبوب انشاپرداز اور محترم دوست تھے۔ مہدی الافادی کی بیٹی جمیلہ بیگم ادبیات کا بہت پاکیزہ ذوق رکھتی تھیں اور نیاز کے پرستاروں میں تھیں۔ مجنوں صاحب، مہدی الافادی کے بہت قریبی عزیزوں میں ہیں۔ اس تعلق سے الافادی کے یہاں ان کا روز کا آنا جانا تھا۔ یہی آنا جانا ان کے ذوق ادبی کی تربیت کا ابتدائی وسیلہ بنا اور آخر آخر اسی کی بدولت انہوں نے ادبیات کے میدان میں قدم رکھا۔ پہلے شعر و شاعری سے شغف رہا پھر جمیلہ بیگم اور نیاز کی رفاقت و تحریک پر افسانہ و تنقید کی طرف متوجہ ہوئے اور ان دونوں شعبوں میں ایسا اختصاص پیدا کر لیا کہ ان کی تحریریں مستقل و مستند حوالے کی چیزیں بن گئیں۔

مجنوں صاحب اپنی افسانہ نویسی کے آغاز کے سلسلے میں لکھتے ہیں۔

> "فروری ۱۹۲۵ء تک میرے فرشتوں کو بھی گمان نہ تھا کہ میں کبھی کوئی افسانہ بھی لکھوں گا اور پھر ایک عرصے تک افسانہ نگار سمجھا جاؤں گا۔ میری افسانہ نگاری کی تقریب کیا تھی؟۔ یہ روداد دلچسپ ہے۔ جمیلہ بیگم بنت مہدی الافادی میرے جمالیاتی ذوق کے لیے مستقل سہارا تھیں، جمیلہ بیگم، نیاز فتح پوری کی پرستاروں میں تھیں۔ مہدی الافادی کی بیٹی جو ٹھہریں۔ مہدی الافادی خود اپنے سے فوراً بعد کی نسل کے دو چھوٹوں کی طرز نگارش کے بڑے مداح تھے۔ ایک نیاز فتح پوری دوسرے عبدالماجد دریاآبادی۔ میں خود مختلف سطحوں پر ان دونوں کے جمالیاتی انداز تحریر کا قائل تھا۔ ان ہی دنوں میں نیاز کے افسانہ

"شہاب کی سرگزشت" کا بڑا چرچا تھا۔ جمیلہ بیگم اس افسانے کی مداح تھیں۔ کئی بار پڑھ چکی تھیں اور مجھے بھی سنا چکی تھیں لیکن "شہاب کی سرگزشت" ایک افسانے کی حیثیت سے مجھے متاثر نہ کر سکا۔ میں نے جمیلہ بیگم سے اپنی رائے کا بے تکلف اظہار کر دیا۔ انہوں نے طنزیہ لہجے میں کہا۔ "یہ سب کچھ نہ لکھ سکنے کی باتیں ہیں۔" اسی روز رات میں لکھنے بیٹھ گیا اور ایک نشست میں "زیدی کا حشر" ایک تہائی لکھ کر صبح کو جمیلہ بیگم کو سنا دیا۔ لیکن میں نے اس کو پورا نہیں کیا۔ دو تین ہفتے بعد نیاز فتح پوری گورکھپور آئے، انہوں نے "زیدی کا حشر" سنا تو میرا لکھا ہوا نامکمل مسودہ لے کر پڑھا اور اپنے بکس میں مقفل کر کے کہا یہ افسانہ ،نگار میں قسط وار چھپے گا۔ اب میں مرتا کیا نہ کرتا۔ "زیدی کا حشر" پورا کیا گیا اور نگار میں بالاقساط چھپا۔ اس کے چند ماہ بعد مجھے نیاز فتح پوری نے سمجھانا شروع کیا کہ میں افسانہ نگاری کی بہترین قابلیت رکھتا ہوں اور میں صرف افسانہ لکھوں۔ یوں میں افسانہ لکھنے لگا۔"[۴]

مجنوں گورکھپوری طبعاً اور مزاجاً فراق کی بہ نسبت نیاز سے زیادہ قریب تھے۔ مذہب اور اسلامیات سے قطع نظر کہ نیاز نے انہیں بھی عمر بھر اپنائے رکھا، مجنوں کو نیاز کی طرح عربی، فارسی اور ہندی زبان و ثقافت سے گہری دلچسپی اور واقفیت تھی۔ خصوصاً شاعری اور افسانے سے تو مجنوں کا وہی تعلق تھا جو نیاز کا۔ دوسرے سے ہٹ کر سوچنے ،روشِ عام سے بچ کر چلنے اور ہر بات میں جدت و ندرت سے کام لینے میں دونوں تقریباً ایک سے تھے۔ ان کے ذوقِ جمال اور شوقِ مطالعہ کے موضوعات میں بھی بڑی مماثلت تھی۔ دونوں کو قدامت پرستی سے الجھن اور ایجادِ طبع سے شغف تھا۔ روایت پر دونوں کی نظر تھی۔ لیکن ردّ و قبول میں دونوں روایت سے کام لینے کے قائل تھے۔ نثر سے زیادہ شعر کی تنقید سے دونوں کو زیادہ دلچسپی تھی۔ اس اشتراکِ ذہنی کا یہ نتیجہ ہوا کہ نیاز نے مجنوں کو مستقلاً نگار کے لیے اپنا لیا اور اس حد تک کہ ان کا شمار نگار کے خاص افسانہ نویسوں اور مقالہ نگاروں میں کرنے لگے۔ چنانچہ جب مجنوں صاحب کی

مختصر کتاب "شوپنہار" کے نام سے شائع ہوئی تو نیاز نے تبصرہ کرتے ہوئے لکھا۔

"یہ ایک رسالہ ہے جسے نگار کے مشہور افسانہ نویس مجنوں گورکھپوری نے جرمنی کے مشہور فلسفی شوپنہار کے حالات اور اس کے فلسفے کی تنقید میں لکھا ہے۔ غالباً کم لوگوں کو اس حقیقت کا علم ہوگا کہ مجنوں صرف افسانہ نگار نہیں بلکہ وہ نہایت بلند فلسفیانہ ذوق بھی رکھتے ہیں اور یہ دونوں باتیں ان میں اس قدر حُسن کے ساتھ ملی ہوئی ہیں کہ شوپنہار کی طرح ہم ان کے متعلق بھی یہ نہیں کہہ سکتے کہ ان دونوں میں کون سا عنصر ان میں غالب پایا جاتا ہے۔ اس لیے شوپنہار کے فلسفے کو اردو میں منتقل کرنے کے لیے مجنوں سے زیادہ اہل کوئی دوسرا شخص ہو ہی نہ سکتا تھا مجھے حیرت ہے کہ فلسفے کے خشک مباحث پر انہوں نے کس قدر شگفتگی و ادبیت سے گفتگو کی ہے۔ ۵

اس اقتباس کا ابتدائی فقرہ خاص طور پر قابلِ توجہ ہے۔ اس میں نیاز نے مجنوں کو "نگار کا افسانہ نویس" قرار دیا ہے۔ مجنوں اور نیاز کی یہ اپنائیت اتنی بڑھی کہ نیاز کو جس وقت "جنّ" نامی پرچہ نکلنے کا خیال پیدا ہوا تو اس کی ترتیب وتدوین کا سارا کام مجنوں کے سپرد کر دیا۔ بعد ازاں شعروادب سے متعلق جتنے خاص نمبر یا سالنامے شائع کیے گئے ان سب میں مجنوں سے مشورہ لیا گیا۔ مقالہ لکھوایا گیا۔ ان کے مضمون کی شمولیت کی خاطر بعض وقت پرچے کو خلاف معمول تاخیر سے شائع کیا گیا۔

نیاز کا، مجنوں کو نگار کے افسانہ نویس کی حیثیت سے متعارف کرانا کچھ ایسا بے جا نہ تھا۔ مجنوں نے نیاز ہی سے متاثر ہو کر جمیلہ بیگم کی فرمائش پر پہلا طویل افسانہ لکھا اور یہ نگار ہی میں شائع ہوا۔ پھر یہ سلسلہ نگار میں برسوں قائم رہا۔ نیاز نے مجنوں صاحب کے مذاقِ طبع کا لحاظ کر کے "افسانہ" کے نام سے ایک رسالے کا ڈول بھی ڈالا تھا۔ اس کا مدیر بھی وہ مجنوں صاحب کو بنانا چاہتے تھے، لیکن یہ خیال عملی جامہ نہ پہن سکا۔ اب مجنوں نے نیاز اور نگار ہی کے طرز پر گورکھپور سے ۱۹۳۱ء میں اپنا رسالہ "ایوان" جاری کیا لیکن یہ مشکل سے چار پانچ برس زندہ رہ سکا کہ ماہنامہ نکلنے میں جس قسم کی انتظامی

صلاحیت اور تن دہی کی ضرورت ہوتی ہے شاید وہ مجنوں صاحب میں نہ تھی۔ بہر حال ۱۹۳۱ء اور ۱۹۳۵ء کے درمیان مجنوں نے جو کچھ لکھا اسے نیاز کی طرح زیادہ تر اپنے ہی رسالے میں شائع کیا۔ لیکن اس دور میں بھی انہوں نے اعتراف کیا ہے کہ "میں اپنے دیرینہ محبوب نگار و نیاز کو نہیں بھولا" چنانچہ جب تک مجنوں صاحب افسانہ نویس رہے ان کی افسانوی تحریریں نگار ہی میں چھپتی رہیں جن کی تفصیل اس طور پر نگار میں بکھری پڑی ہے اور ممکن ہے کہ کسی وقت کسی محقق کی توجہ کا مرکز بنے۔

۱۔ زیدی کا حشر قسط اول	مئی ۱۹۲۵ء
۲۔ زیدی کا حشر قسط دوم	جون ۱۹۲۵ء
۳۔ زیدی کا حشر آخری قسط	جولائی ۱۹۲۵ء
۴۔ گہنا (پہلا مختصر افسانہ)	جون ۱۹۲۶ء
۵۔ سمن پوش	جولائی ۱۹۲۶ء
۶۔ حسنین کا انجام	ستمبر ۱۹۲۶ء
۷۔ آغاز ہستی (ڈرامہ)	جنوری ۱۹۲۷ء
۸۔ آغاز ہستی (ڈرامہ)	فروری ۱۹۲۷ء
۹۔ گوہر محبت	جون ۱۹۲۷ء
۱۰۔ مراد	جولائی ۱۹۲۷ء
۱۱۔ حسن شاہ	اگست ۱۹۲۷ء
۱۲۔ جشن عروسی	ستمبر ۱۹۲۷ء
۱۳۔ ہتیا	نومبر ۱۹۲۷ء
۱۴۔ ابوالخمر (ڈراما)	دسمبر ۱۹۲۷ء
۱۵۔ مادر چہ خیالیم قسط اول	جولائی ۱۹۲۸ء
۱۶۔ مادر چہ خیالیم قسط دوم	اگست ۱۹۲۸ء
۱۷۔ مادر چہ خیالیم قسط سوم	ستمبر ۱۹۲۸ء
۱۸۔ مادر چہ خیالیم قسط آخر	اکتوبر ۱۹۲۸ء
۱۹۔ باز گشت قسط اول	اگست ۱۹۲۹ء

۲۰۔ بازگشت آخری قسط — ستمبر ۱۹۲۹ء

۲۱۔ خواب و خیال — جنوری ۱۹۳۱ء

۲۲۔ محبت کا مزار — اگست ۱۹۳۷ء

افسانہ نگاری میں مجنوں، پریم چند کے نہیں، یلدرم اور نیاز کے قبیلے کے آدمی ہیں، ان کے افسانے اس عہد کی یادگار ہیں جس میں نثر لطیف مقبول ہو رہی تھی۔ اور عقلیت پسندی کے بجائے، رومانیت، تخلیقی ادب کا جزو اعظم بن گئی تھی۔ "سمن پوش" کے دیباچے میں خود مجنوں صاحب لکھتے ہیں کہ "۱۹۲۰ء کے بعد بھی ادب لطیف کا زور تھا ناول اور افسانے میں یا تو اصلاحی میلان تھا جس کی تنہا نمائندگی پریم چند کر رہے تھے یا وہی رومانی میلان تھا جو ادب لطیف کی روح رواں تھا اور جس کے نمائندے، سجاد حیدر یلدرم اور نیاز فتح پوری کی سرکردگی میں، اکثریت میں تھے، میرے ناولٹ اور افسانے اس سلسلے کی آخری کڑی ہیں، البتہ رومانیت اور جذباتیت کے ساتھ میرے افسانوں میں فکر و تامل کا ایک میلان ضرور ملے گا"۔

پروفیسر احتشام حسین نے نگار پاکستان کے "اصناف ادب" نمبر میں اردو افسانے کے ارتقاء پر گفتگو کرتے ہوئے مجنوں کے بارے میں لکھا ہے کہ "وہ نیاز سے اچھے خاصے قریب ہیں لیکن اگر آپ ان کا مطالعہ کیجئے تو یہ معلوم ہوگا کہ وہ صرف محبت کو مرکزی موضوع قرار دیتے ہیں۔ محبت میں جو غم اور تلخی ہے، گھٹن اور ناکامی ہے، وہ ان کا بنیادی موضوع ہے۔ ان کے افسانے کسی طرح بھی آج کی فضا میں عام مسائل سے ہم آہنگ نہیں معلوم ہوتے، لیکن اس وقت کسی نہ کسی حد تک یہ صورت ضرور تھی کہ گھروں کے اندر لڑکے اور لڑکیاں ایک دوسرے سے محبت کرتے تھے، خون تھوکتے تھے اور دق کا شکار ہوتے تھے اور ان کو سوائے اس کے اور کوئی راستہ دکھائی نہ دیتا تھا کہ وہ اپنے غم کو چھپائے ہوئے دنیا سے گذر جائیں۔"

"محبت کا مزار" کے بعد، مجنوں نے افسانے کو چھوڑ کر، تنقید کے دیار کا رخ کیا یعنی زندگی و ادب کے مسائل پر غور کرنے اور تنقیدی مضامین لکھنے کی طرف مائل ہوئے۔ اس کا آغاز بھی نگار کے صفحات سے ہوا، ہرچند کہ مجنوں صاحب نے اپنی خود

ادب میں یہ زمین حالی اور شبلی کی کوششوں کے بعد بالکل سادہ اور غفلت زدہ پڑی ہوئی تھی۔"٦

لیکن یہاں پر مجنوں صاحب سے سہو ہوا ہے۔ وہ نظریاتی تنقید کی جانب ۱۹۳۶ء سے بہت پہلے بلکہ عملی تنقید یعنی میراثر، نواب مرزا شوق کی مثنویوں پر قلم اٹھانے سے بھی پہلے ۱۹۲۹ء میں متوجہ ہوئے ہیں۔ ان کا ایک مضمون "زندگی" کے عنوان سے دسمبر ۱۹۲۹ء کے نگار میں نظر آتا ہے۔ یہ مضمون ادبی تنقید کے سفر میں مجنوں کے جمالیاتی والحادی اور جدلیاتی ورجائی نقطہ نظر کی اساس ہے۔ زندگی کیا ہے، غم اور خوشی یا بیم ورجا سے اس کا کس نوع کا تعلق ہے، دنیا کے بعض عظیم ادیبوں اور فلسفیوں نے اسے کن کن زاویوں سے دیکھا ہے۔ زندگی اور ادب کا باہم کیا رشتہ ہے یا اسے کیا ہونا چاہیے تصوف اور فلسفہ نے معاشرے کو کیا دیا ہے۔ شاعر یا شاعری کے عطیات کس نوع کے ہیں۔ فردیت اور اجتماعیت کسے کہتے ہیں یہ ایک دوسرے سے کیونکر مربوط رہ سکتے ہیں زندگی کا سکون و اضطراب اصلاً کیا ہے۔ اس سے انسان کیوں کر دوچار ہوتا ہے۔ رہبانیت و بے عملی، آدمی کو کیا دیتی ہے اور عمل واقدام سے انسان کو کیا ملتا ہے قنوطی اور رجائی میلانات کسی معاشرے یا فرد پر کس طرح اثر انداز ہوتے ہیں اور آخر آخر ان کے نتائج کیا مرتب ہوتے ہیں؛ ان سب باتوں کا مجنوں صاحب نے اپنے مضمون میں بہت خوبصورت جائزہ لیا ہے۔ یہی جائزہ اور اس کے بعض اجزا آگے چل کر ان کے تنقیدی مضامین خصوصاً نظریاتی تنقید سے متعلق مضامین میں جگہ جگہ نمودار ہوئے ہیں اور زندگی وادب کو ہم رشتہ کرنے اور جہد و عمل سے ہم آہنگ رکھنے پر اصرار کرتے ہوئے نظر آتے ہیں۔

مختصر یہ کہ مجنوں صاحب کا پہلا تنقیدی مضمون جسے بھرپور اور اساسی مضمون کہنا چاہیے، پہلے پہل نگار ہی میں چھپا۔ پھر وہ بھی رفتہ رفتہ نیاز فتح پوری کی طرح افسانے کو چھوڑ کر تنقید نگار بن گئے۔ ان کے تنقیدی مقالات کی مانگ بھی ان کے افسانوں کی طرح تیزی سے بڑھ گئی۔ نظری تنقیدی سے متعلق مجنوں صاحب کا معرکتہ آرا مقالہ "ادب اور زندگی" جو بعد کو ان کی کتاب کا عنوان بنا اور دوسرے مضامین کے ساتھ ۱۹۴۰ء میں شائع ہوا۔ وہ بھی سب سے پہلے مئی ۱۹۳۸ء کے نگار میں چھپا تھا۔

نظری تنقید کے سلسلے میں مجنوں کی یہ سب سے اہم کتاب ہے۔ اس کتاب نے اردو تنقید کو ایک حیات افروز رخ سے آشنا کیا اور یہ رخ آج بھی عموماً ممدوح و مقبول ہے کہ یہ ادب سے زندگی کا رشتہ بہر حال جوڑے رکھتا ہے۔ خود مجنوں صاحب کو اس کا احساس ہے کہ ان کی تنقیدی کتابوں میں سب سے مقبول اور اہم کتاب یہی ہے۔ اگر ایسا نہ ہوتا تو وہ بطور افتخار یہ نہ لکھتے:۔

"ہندو پاک کی شاید ہی کوئی یونیورسٹی ہو جس کے اردو ادب کے نصاب میں کم و بیش تیس سال سے "ادب اور زندگی" داخل نہ ہو"۔ ۷

اس پس منظر میں یہ کہنا بے جا نہ ہوگا کہ مجنوں گورکھپوری جس طرح کسی وقت نگار کے افسانہ نویسوں میں شمار کیے جاتے تھے ۱۹۳۸ء کے بعد وہ اسی طرح نگار کے تنقید نگاروں میں شامل ہو گئے اور افسانے کی جگہ ان کے مقالات پابندی کے ساتھ نگار میں چھپنے لگے۔ ان مقالات کا اشماریہ کچھ اس طور پر بنتا ہے:۔

۱۔ زندگی	مطبوعہ دسمبر ۱۹۲۹ء
۲۔ حالی کا مرتبہ اردو ادب میں	فروری ۱۹۳۸ء
۳۔ ادب اور زندگی	مئی ۱۹۳۸ء
۴۔ مبادیات تنقید	جون ۱۹۳۸ء
۵۔ مصحفی اور ان کی شاعری	جنوری ۱۹۳۹ء
۶۔ زندگی اور ادب کا بحران	اگست ۱۹۳۹ء
۷۔ نظیر اور اردو شاعری میں واقعیت و جمہوریت	جنوری ۱۹۴۰ء
۸۔ اردو افسانے کے جدید میلانات	جون ۱۹۴۰ء
۹۔ نگار کا نظیر نمبر	نومبر ۱۹۴۰ء
۱۰۔ غزل اور عصر جدید	فروری ۱۹۴۲ء
۱۱۔ ریاض کی شوخ نگاریاں	جنوری ۱۹۴۳ء
۱۲۔ ادب کی جدلیاتی ماہیت	فروری ۱۹۴۶ء
۱۳۔ فانی بدایونی	نومبر ۱۹۴۷ء

۱۴۔ فانی	جنوری فروری ۱۹۵۰ء
۱۵۔ حسرت کی غزل	جنوری فروری ۱۹۵۲ء
۱۶۔ شعر و غزل	جنوری ۱۹۵۷ء
۱۷۔ خورشید الاسلام	اکتوبر ۱۹۶۱ء
۱۸۔ اردو نثر، نیاز، اور نئی نسل	مارچ ۱۹۶۳ء
۱۹۔ جدید نظم کی ہیئت و تشکیل	جولائی ۱۹۶۵ء
۲۰۔ شعر و غزل	نومبر ۱۹۶۷ء
۲۱۔ جدیدیت۔ یعنی چہ	اکتوبر ۸ ۱۹ء
۲۲۔ غالب ہمہ رنگ	جنوری ۱۹۶۹ء

ان مقالات نے جہاں نگار کو مشرقی اصول تنقید کے ساتھ مغربی انداز تنقید کا مظہر و مرکز بنادیا وہیں نیاز و نگار کی معرفت اردو تنقید کی تاریخ میں مجنوں کا بھی ایک منفرد مقام متعین ہوگیا۔ نیاز نے ان کی کتاب "ادب اور زندگی" پر یوں اظہار خیال کرتے ہوئے لکھا ہے:۔

"کیت کے لحاظ سے بھی اور کیفیت کے اعتبار سے بھی وہ (مجنوں) ایک بے چین قسم کا دماغ رکھنے والے انسان ہیں اور اسی لیے ان کے افکار ذہنی میں ایک مخصوص ندرت و جسارت پائی جاتی ہے۔

مجنوں اپنے مطالعے کے لحاظ سے فلسفی بھی ہیں اور ادیب بھی، اس لیے دونوں کے امتزاج نے ان کے رنگ انتقاد میں گہرائی کے ساتھ ساتھ شگفتگی و دلکشی بھی پیدا کر دی ہے۔ خصوصیت کے ساتھ جب وہ کسی ایسے موضوع پر قلم اٹھاتے ہیں جس میں انہیں فیوچرسٹ اسکول کے آرنسٹ کی طرح اظہار خیال کا موقع مل جاتا ہے تو ان کے اشارات بہت پرلطف اور گرانمایہ ہو جاتے ہیں۔

ادب کا تعلق زندگی سے کیا ہے؟ گو تاثرات کے لحاظ سے انسانی تفکر کے لیے یہ کوئی نئی بات نہ ہو لیکن بحث و گفتگو کے لیے اسے ایک مستقل موضوع بنا دینا بالکل تازہ چیز ہے۔ اس مجموعے کے اکثر

مقالات اسی خیال کو سامنے رکھ کر یک جا کیے گئے ہیں اور غالباً یہ کہنا
غلط نہ ہوگا کہ اردو میں شاید ہی اتنا مفید مواد اس موضوع پر کہیں اور
مل سکے۔ حقیقت یہ ہے کہ علوم مغربی کے مطالعے سے مجنوں نے خود
جتنا صحیح فائدہ اٹھایا ہے وہ کم کسی کو نصیب ہوتا ہے اور دوسروں کو
جتنا فائدہ پہنچایا ہے اس کی دوسری مثال تو مجھے نظر نہیں آتی۔"٨

نیاز فتح پوری نے مجنوں کی دوسری کتابوں پر بھی تبصرے کیے ہیں لیکن غور کرنے سے اندازہ ہوتا ہے کہ اوپر کے اقتباس میں نیاز نے وہ ساری باتیں اجمال کے ساتھ کہہ دی ہیں جو مجنوں کے طرز فکر، انداز تنقید، وسعت مطالعہ، عمق نگاہ، اور اسلوب نگارش کے بارے میں کہی جاسکتی ہیں اور جنہیں پھیلا کر کوئی شخص آسانی سے ایک طویل مقالہ بنا سکتا ہے۔ اتنے کم الفاظ میں مجنوں کے بارے میں یہ ساری باتیں وہی شخص کہہ سکتا تھا جس نے نگارشات مجنوں کے ساتھ ساتھ مجنوں کی زندگی اور شخصیت کو بہت قریب سے دیکھا ہو، ان کے جملہ ارتسامات ذہنی اور ارتعاش قلبی کا رمز شناس رہا ہو، اور جس کے علم وفکر کی برتری کے خود مجنوں صاحب بھی قائل رہے ہوں۔ نیاز فتح پوری یقیناً مطالعہ مجنوں کے باب میں اس منصب پر فائز تھے اور اسی لیے ان کی رائے معمولی نہیں، غیر معمولی اہمیت کی حامل ہے۔

حواشی

١۔ تفصیل کے لئے دیکھیے نگار جنوری فروری ١٩٦٧ء ص ٢٢

٢۔ دیوان حسرت موہانی حصہ ہشتم مرتبہ بیگم حسرت موہانی بحوالہ "حسرت موہانی" از عبدالشکور ص ١٠ مطبوعہ آگرہ ١٩٣٦ء۔

٣۔ نگار جشن طلائی نمبر جنوری فروری ١٩٨٣ء۔

٤۔ ارمغان مجنوں مطبوعہ کراچی ١٩٨٠ء۔

٥۔ نگار ستمبر ١٩٨٠ء۔

٦۔ ارمغان مجنوں ص ٩ ٧۔ ارمغان مجنوں ص ٩١ ٨۔ نگار اگست ١٩٣٠ء۔

سید عابد علی عابدؔ

(۱۹۰۶ء..........۱۹۷۱ء)

سید عابد علی عابد اردو کے ان بزرگ ادیبوں میں سے تھے جن کے دم سے ہمارے ہاں شعر گوئی و شعر فہمی، نکتہ سنجی و نکتہ آفرینی اور زبان دانی و تبحر علمی کا بھرم قائم تھا۔ افسوس کہ علم و ذہانت کی یہ روشن شمعیں ایک ایک کر کے بجھتی جا رہی ہیں اور ایوان ادب کی روشنی مدہم ہوتی جا رہی ہے۔

عابد صاحب کو ذاتی طور پر میں زیادہ نہیں جانتا، صرف دو چار بار ملا ہوں اور دو چار خط آئے گئے ہیں، پہلا خط میں نے انہیں ۱۹۵۷ء کے اواخر میں لکھا تھا، اس زمانے میں وہ سہ ماہی "صحیفہ" کے مدیر تھے اور اپنی کتاب "اصولِ انتقاد ادبیات" مرتب کر رہے تھے۔ میں نے اپنے خط میں "صحیفہ" میں کچھ لکھنے کی خواہش کا اظہار کیا تھا۔ عابد صاحب نے مجھے کچھ اس طرح کا جواب لکھا تھا:

> "صحیفہ کے لیے ضرور کچھ لکھیے، میں نے "نگار" جنوری ۱۹۵۷ء کے سالنامہ "اصناف، سخن نمبر" میں آپ کا مضمون رباعی کے فنی و معنوی ارتقا پر دیکھا ہے، خوب ہے۔ میں اپنی کتاب میں بہ سلسلۂ رباعی اس سے مدد لے رہا ہوں اور منتخب تنقیدی مقالات کے ایک مجموعے میں بھی اسے شامل کر رہا ہوں۔"

کچھ دنوں بعد عابد صاحب کی مرتبہ ایک مختصر سی کتاب "سرمایۂ تنقید" لاہور سے مجھے موصول ہوئی۔ اس میں میرا مضمون شامل تھا اور جب ۱۹۶۰ء میں ان کی کتاب "اصولِ انتقاد ادبیات" منظر عام پر آئی تو اس میں بھی میرے مضمون کے حوالے موجود تھے۔ غرض کہ عابد صاحب نے میرے پہلے ہی خط کا جواب کچھ ایسا حوصلہ افزا دیا کہ مجھ میں صحیفہ کے لیے لکھنے کی جرأت پیدا ہو گئی۔ چنانچہ میں نے اقبال کے قطعات کے سلسلے میں ڈاکٹر عندلیب شادانی مرحوم سے اختلاف کرتے ہوئے "رباعی کیوں کر" کے عنوان سے ایک مضمون لکھا۔ عابد صاحب نے ۱۹۵۸ء کے کسی

شمارے میں اسے شائع کیا۔ یہ مضمون یک سر تحقیقی اور فنی نوعیت کا تھا، اس کی بحث کا زیادہ حصہ فارسی سے متعلق تھا اور فارسی ہی کی کتابوں کے حوالے دیے گئے تھے۔ عابد صاحب فارسی زبان کے عالم اور نباض تھے، حد درجہ پسندیدگی کا اظہار کیا لیکن جب شادانی صاحب سے جواب الجواب کا سلسلہ شروع ہوا تو ایک خط میں مجھے لکھا

"شادانی صاحب کئی طرف سے دباؤ ڈال رہے ہیں، میری ذاتی خواہش کے باوجود آپ کا مضمون شائع نہ ہوسکے گا۔"

نتیجتاً میں نے اپنا مضمون "نگار" (لکھنؤ) میں شائع کرا دیا۔ اس کے بعد دو تین خط اور آئے گئے، پھر یہ سلسلہ منقطع ہو گیا۔

عابد صاحب سے ملاقات کا موقع بھی مجھے زیادہ نہیں ملا۔ پہلی ملاقات ۱۹۶۶ء میں ربوہ کی تعلیمی کانفرس میں ہوئی۔ اس کانفرس میں کراچی سے ڈاکٹر اشتیاق حسین قریشی میجر آفتاب حسن اور راقم الحروف نے شرکت کی تھی۔ لاہور سے سید عابد علی عابد، پروفیسر وقار عظیم، افتخار جالب وغیرہ تھے۔ ان کے علاوہ دوسرے علاقوں کے متعدد ادیب اور شاعر موجود تھے۔ میری خوش قسمتی کہ جس مکان میں عابد صاحب کے ٹھہرنے کا انتظام کیا گیا تھا، میں اسی میں چند گھنٹے پہلے سے موجود تھا۔ یہاں میری ان کی پہلی ملاقات ہوئی۔ جیسے ہی میں نے کہا "میں ہوں آپ کا نیاز مند فرمان فتح پوری" مارے محبت کے اٹھ کھڑے ہوئے، گلے سے لگایا اور سب کو چھوڑ کر بہت دیر تک مجھ سے باتیں کرتے رہے۔ باتیں اگر چہ ذاتی قسم کی تھیں لیکن لطف سے خالی نہ تھیں۔ اس کے بعد رات کو سونے سے پہلے، صبح ناشتے پر، دوپہر کو کھانے پر، شام کو چائے پر، جلسے میں، راہ چلتے ہر جگہ دو دن اُن کا ساتھ رہا اور ہر جگہ ان کی علمی و ادبی گل فشانی کا عالم یہ ہوتا کہ

وہ کہیں اور سنا کرے کوئی

یہ سہ روزہ کانفرس تھی اور کئی اجلاسوں میں بٹی ہوئی تھی۔ ایک اجلاس کی صدارت سید عابد علی عابد کو کرنی تھی۔ اس میں اردو زبان کے مزاج اور ساخت کے موضوع پہ گفتگو ہونی تھی۔ ایک صاحب نے طویل مقالہ پڑھا اور مختلف دلائل سے

یہ بتانا چاہا کہ اردو میں عربی فارسی کے جو الفاظ شامل ہیں، ان کا تلفظ، عربی و فارسی لغت کے مطابق ہونا چاہیے۔ اس سلسلے میں انہوں نے بڑے بڑے اساتذۂ اردو کے یہاں سے غلطیاں نکال کر رکھ دیں اور اردو کے مستعمل الفاظ کے سلسلے میں یہ بات نظر انداز کر گئے کہ اردو میں جو لفظ دوسری زبان سے آگیا، وہ اردو ہو گیا۔ یہ مقالہ یہی نہیں کہ حقائق سے دور تھا بلکہ بعض وجوہ سے ایسا مغالطہ آمیز تھا کہ اس کا رد اسی وقت ضروری تھا لیکن رد کون کرتا۔ مقالہ نگار نے اپنی بات اتنے حوالوں اور ماخذوں کی مدد سے کہی تھی کہ اس کی تردید، فی البدیہہ ہر شخص کے بس کی بات نہ تھی۔ عابد صاحب مقالہ سن رہے تھے اور مقالہ نگار کی کج روی پر مضطرب ہو رہے تھے۔ غالباً انہوں نے مجمع کے اضطراب کو بھی بھانپ لیا تھا۔ اس لیے جب صدارتی خطبے کے لیے کھڑے ہوئے تو کہنے لگے:

> "صاحبو! اس موقع کے لیے میں نے جو مقالہ لکھا تھا۔ اس کی نقلیں تقسیم کر دی گئی ہیں، آپ حضرات اسے دیکھ لیجیے گا۔ اس وقت میں اردو زبان کے مزاج اور صحتِ تلفظ کے بارے میں کچھ عرض کروں گا۔"

اس کے بعد عابد صاحب کی تقریر شروع ہوئی۔ عابد صاحب نے اردو زبان کے مزاج اور اس میں دخیل الفاظ کی نوعیت پر بڑی عالمانہ بحث کی۔ عربی، فارسی اور اردو کے سیکڑوں اشعار و الفاظ کے ذریعے عابد صاحب نے بتایا کہ تلفظ کے سلسلے میں اردو کا مستعمل ہر جگہ عربی و فارسی لغات کا پابند نہیں رہ سکتا۔ یہ تقریر ایسی مدلل اور دلکش تھی کہ اجلاس کا حاصل سمجھی گئی۔ رات کو مشاعرے میں بھی عابد صاحب نے مختصر سا خطبہ دیا۔ یہ خطبہ بھی دلچسپ اور معلومات افزا تھا۔ دونوں موقعوں پر اپنی بات کہتے وقت عابد صاحب میرا نام لے کر بار بار مجھے مخاطب کرتے اور میری توقیر اس طرح بڑھاتے کہ میں محجوب ہو جاتا۔ ان کی لطف ارزانی کا ایک سمت تو ایسا ہے کہ میں اسے بھول ہی نہیں سکتا۔ اس کانفرس کے ایک اجلاس میں "اردو میں قرآنی الفاظ و محاورات" کے موضوع پر بحث ہونی تھی۔ اجلاس کی صدارت استاذی ڈاکٹر غلام مصطفیٰ خاں صدر شعبہ اردو سندھ یونیورسٹی کو کرنی تھی۔ لیکن ڈاکٹر صاحب

موصوف کسی وجہ سے نہ پہنچ سکے۔عابد صاحب نے عین وقت پر یہ تجویز پیش کر دی کہ "اس اجلاس کے لیے موزوں ترین آدمی ڈاکٹر فرمان فتح پوری ہیں۔" اس تجویز سے مجھ پر ایسی گھبراہٹ طاری ہوئی کہ پسینہ پسینہ ہو گیا۔ جتنی دیر کرسی صدارت پر بیٹھا رہا، کھویا رہا۔ کم علمی اور جہالت مجھے جھنجھوڑتی رہی، قسم لے لیجیے اگر کسی کی تقریر یا کوئی مقالہ میں نے سنا ہو، سنتا کیسے؟ میرا ذہن تو صدارتی تقریر کے لیے "اردو میں قرآنی الفاظ و محاورات" کی تلاش میں لگا ہوا تھا۔ جیسے تیسے صدارتی خطبے سے نجات پائی اور اسٹیج سے نیچے آ گیا۔ تس پر بھی عابد صاحب میری باتوں پر واہ واہ سبحان اللہ کہتے رہے۔ یہ سب بڑے آدمیوں کی بڑی باتیں تھیں اور صرف میری دل بستگی کے لیے تھیں ورنہ مجھے اپنی حقیقت اچھی طرح معلوم تھی۔

دو تین ملاقاتیں عابد صاحب سے اور ہوئیں، لیکن سرسری، پھر بھی ان ملاقاتوں کی معرفت مجھے ان کے بارے میں بعض ایسی باتوں کا علم ہو سکا جو ان کی کتابوں کے مطالعے سے نہ معلوم ہو سکتی تھیں۔ ان ملاقاتوں کی مدد سے میں کہہ سکتا ہوں کہ وہ بڑے زندہ دل اور کشادہ قلب آدمی تھے۔ ان کا علم کتابی نہیں، حاضر تھا، یعنی اس کی نوعیت یہ نہیں تھی کہ چند کتابیں سامنے رکھیں اور اخذ و استفادہ کے ذریعے زبان کو الٹ پلٹ کر ایک چلتا پھرتا مقالہ تیار کر لیا۔ بلکہ ان کی تقریر و تحریر دونوں سے صاف پتا چلتا تھا کہ جو چیزیں ان کی نظر سے گزری ہیں، وہ ان کے سینے میں اتر گئی ہیں اور اسی لیے جنگل ہو یا میدان عابد صاحب کو زبان و قلم کی آبیاری میں کوئی دقت نہ ہوتی تھی۔

عابد صاحب اردو زبان و ادب کے ایک بڑے عالم تو خیر تھے ہی، لیکن دوسرے علوم و فنون پر بھی ان کی نظر وسیع تھی۔ علومِ شرقیہ کے ساتھ ساتھ علوم جدیدہ کا بھی انہوں نے خاص مطالعہ کیا تھا۔ مطالعہ تو خیر اور بہت سے لوگوں نے بھی کیا ہے لیکن اس مطالعے سے جو کام اپنی تحریروں میں عابد صاحب نے لیا ہے، وہ ہر شخص کے بس کی بات نہیں ہوتی۔ تخلیقی قوتیں عابد صاحب کو قدرت کی جانب سے ملی تھیں، مطالعے نے ان میں تحقیق و تنقید کی قوتیں بھی پیدا کر دی تھیں، پھر یہی قوتیں، ان کی رومان پرور طبیعت کے زیرِ اثر اس خوبصورتی سے روبکار آئیں کہ کم و

و بیش ان کی ساری تحریریں ادب کا جزو بن گئیں۔

ہمارے دور میں لوگ پچھلے ادیبوں اور شاعروں کی طرح جامع الصفات نہیں بلکہ عام طور پر یک صفت یا اک فنے ہوتے ہیں۔ کوئی شاعری ہے کوئی مقالہ نگار، کوئی نقاد ہے۔ کوئی ڈرامانویس، کوئی مترجم ہے کوئی مصنف، کوئی افسانہ نویس ہے اور کوئی ناول نگار۔ ایسے لوگ بہت کم ہیں جو ادب کے مختلف شعبوں میں کوئی قابل ذکر نشان بنانے کی صلاحیت رکھتے ہیں۔ مجھے پرانے ادیبوں کی یہ اہلیت و صلاحیت سید عابد علی عابد میں نظر آئی ہے۔ ان کی شخصیت خاصی پہلو دار ہے، وہ شاعر بھی ہیں، ادیب بھی، ڈرامانویس بھی ہیں اور ناول نگار بھی، محقق بھی ہیں نقاد بھی، مترجم بھی ہیں اور افسانہ نگار بھی، غرضکہ ہمارے ادب میں ان کی کئی حیثیتیں ہیں اور ہر حیثیت کئی وجوہ سے قابل توجہ ہے۔

اس جگہ میں ان کے دوسرے کمالات کو نظرانداز کر کے صرف ان کی تنقیدی حیثیت کا ذکر قدرے تفصیل سے کروں گا۔ تنقید کے سلسلے میں ان کی مندرجہ ذیل تین کتابیں میری نظر سے گزری ہیں:

۱۔ "انتقاد" مطبوعہ ادارہ فروغ اردو، لاہور ۱۹۵۶ء، طبع اول۔

۲۔ "اصولِ انتقاد ادبیات" مطبوعہ مجلس ترقی ادب، لاہور ۱۹۶۰ء، طبع اول۔

۳۔ "تنقیدی مضامین" مطبوعہ میری لائبریری، لاہور ۱۹۶۶ء۔

پہلی اور تیسری کتاب میں مختلف موضوعات پر ادبی مقالات ہیں۔ ان میں سے چار مقالے "شعر"، "کلاسیک کیا ہے"، "انتقاد کا منصب" اور "سخن فہمی" کا تعلق تنقید کے نظری مباحث سے ہے۔ "اردو میں حروف تہجی کی غنائی اہمیت"، "حیات دبیر"، "الفاظ میں تاریخ" اور "کلمہ آئینہ کی تحقیق" بنیادی طور پر تحقیقی ہیں، بقیہ مضامین عملی تنقید کے زمرے میں آتے ہیں۔ ان میں سے چار مضامین اقبال کی شاعری اور اس کے رموز و علائم سے تعلق رکھتے ہیں۔ "ریختی"، "غالب اور بیدل"، "محمد حسین آزاد"، "شکوہ"، "جدید غزل" اور "فورٹ ولیم کالج" ان کے علاوہ ہیں اور عملی تنقید کے بہت اچھے نمونے ہیں۔

ان مقالات کا مطالعہ بتاتا ہے کہ سید عابد علی عابد، تحقیق و تنقید کا نہایت پاکیزہ اور فکر انگیز شعور رکھتے تھے۔ ان کا مطالعہ تو خیر وسیع تھا ہی لیکن ان کا مذاقِ سلیم اس سے بھی بڑھ کر تھا۔ یہ مذاق سلیم انہیں تحقیق و تنقید کی ان گہری وادیوں میں اتار دیتا تھا جہاں تنقیدی تحریر خود ایک طرح کی تخلیق بن جاتی ہے مطالعہ اور دقت نظر کو تنقید میں یقیناً بڑی اہمیت حاصل ہے لیکن اکثر یہ بھی دیکھا گیا ہے کہ مطالعے کی وسعت اور فکر کی گہرائی کے باوجود، بعض لوگ تنقید کا حق نہیں ادا کر پاتے۔ مذاقِ سلیم کی ناپختگی یا فقدان کے سبب ایسا ہوتا ہے۔ یہ بھی دیکھا گیا ہے کہ مذاق سلیم سے بیگانہ ناقدین کی تحریریں عام طور پر بے رس، بے کیف، غیر ادبی اور غیر تخلیقی ہوتی ہیں۔ اگر آپ چاہیں تو یوں کہہ سکتے ہیں کہ تنقید نہیں بلکہ ادب سے متعلق ایک طرح کی رپورٹنگ ہوتی ہے۔ ان کی تحریر صاف بتا دیتی ہے کہ محنت اور مطالعہ کی مدد سے ایک زبان کے افکار و خیالات، دوسری زبان میں منتقل تو کر لیے گئے ہیں لیکن نقاد کی طبیعت کو ادبیت یا شعریت سے کوئی مناسبت نہیں ہے۔

اس قسم کی تنقید، جس کا مقصد محض فلسفہ بگھارنا اور مستعار نظریات کا پرچار ہوتا ہے، عموماً خشک اور بے جان ہوتی ہے۔ اس سے ادبی تنقید کا وہ منصب پورا نہیں ہوتا جس کے سبب اسے قاری اور ادب کے درمیان کی ایک اہم کڑی سمجھا جاتا ہے۔ حق بات یہ ہے کہ بلند پایہ ادبی تنقید، فکر و مطالعہ کے ساتھ ساتھ اعلیٰ درجے کا ادبی شعور اور ادبی ذوق چاہتی ہے۔ لیکن مشکل یہ ہے کہ یہ چیزیں محض مطالعے اور محنت سے نہیں بلکہ برسوں کی ذہنی تربیت سے پیدا ہوتی ہیں۔ مجھے عابد علی عابد کے یہاں یہ خوبیاں نظر آتی ہیں۔ یہی سبب ہے کہ ان کے مقالات اپنے قاری کو تھکاتے نہیں ہیں بلکہ ذوق مطالعہ کو مہمیز لگاتے ہیں۔ اس کے ساتھ ان کی تحریروں سے یہ بھی صاف ظاہر ہوتا ہے کہ وہ جو کچھ کہہ رہے ہیں۔ پوری طرح منضم کر کے کہہ رہے ہیں۔ کچے اور اگلے ہوئے نوالے ان کے یہاں نہیں ہیں۔ ان کے یہاں عموماً اپنے ہی تجربے، اپنی ہی رائیں، اپنے ہی نتائج اور اپنی ہی باتیں ہیں اور اپنے انداز میں کہی گئی ہیں۔ مغرب کے ادب کا انہوں نے گہرا مطالعہ کیا تھا اور اس مطالعے کے اثرات ان کی تنقیدی تحریروں میں نظر بھی آتے ہیں، لیکن ان مقالات میں نہ تو وہ مغرب سے

مرعوب دکھائی دیتے ہیں اور نہ انہوں نے مغرب کے افکار و نظریات کو اس طرح اپنایا ہے کہ وہ تقلید اور ترجے کا مضحکہ خیز نمونہ بن جائیں۔

مقالات کے مجموعوں سے قطع نظر، تنقید کے سلسلے میں، عابد صاحب کی سب سے اہم کتاب "اصول انتقاد ادبیات" ہے۔ جیسا کہ نام سے ظاہر ہے یہ ادبی تنقید کے اصولوں سے بحث کرتی ہے۔ اس کتاب میں کوئی چھ سو صفحات ہیں، خوبصورت ٹائپ میں مجلس ترقی ادب لاہور سے شائع ہوئی ہے۔ اپنے موضوع کے اعتبار سے اردو تنقید کی تاریخ میں یہ پہلی کتاب ہے جس میں مشرق و مغرب کے ادب اور ان کے اصول نقد کو ساتھ رکھ کر، ان کو دیکھنے اور پرکھنے کی کوشش کی گئی ہے۔ دونوں کے باہمی رشتوں، مشترک قدروں اور انحرافی صورتوں پر غور کر کے ان کے جواز و عدم جواز اور مفید و غیر مفید ہونے کی بحثیں چھیڑی گئی ہیں۔ تنقید کی بعض مروجہ کتابوں کی طرح اس میں ادب کی ساری اصناف یا ان کے مواد و ہیئت کے مسائل کو ایک ہی عینک سے دیکھنے دکھانے پر زور نہیں دیا گیا بلکہ ادب کو دو بڑے شعبوں "نثر و نظم" میں تقسیم کر کے دونوں کی مختلف صنفوں اور ان کے اجزائے ترکیبی کو الگ الگ پرکھنے اور جانچنے کے بعد ان کی تنقید کے اصول مرتب کیے گئے۔ سب اصولوں کی تدوین میں وہ نظری بحثوں میں الجھے ہیں لیکن اتنا نہیں کہ اصول، الجھاوے میں گم ہو جائیں۔ نظری مسائل کا جائزہ انہوں نے استدلال کے ساتھ لیا ہے لیکن اختصار اور حسنِ بیان کو ہر جگہ ملحوظ رکھا ہے۔ یہی صورت ادب اور اس سے متعلق بعض اصطلاحات و اقدار کی بحثوں کی ہے۔ ان بحثوں میں عابد صاحب نے منطقی استدلال سے کام لیا ہے لیکن یہ استدلال بے مصرف موشگافیوں کا شکار کہیں نہیں ہوا لمبی چوڑی، بے معنی، بوسیدہ بحثیں کہیں نہیں ہیں بلکہ کم سے کم عبارت میں خاصے دل نشیں انداز میں ادب کے مباحث و اصطلاحات کے مفاہیم ہمارے ذہنوں میں اتار دیے گئے ہیں۔ اس سلسلے میں عابد صاحب کے چند بیانات دیکھیے:

آرٹ:

"جس طرح فطرت اور روح انسانی، خدا کی صنعت، تخلیق کا اظہار و اثبات ہے، اسی طرح آرٹ یا فن بھی انسان کی تخلیقی کاوش کا ابلاغ

و اظہار ہے۔"

(ص ۲۲)

"آرٹ، فطرت پر روحِ انسانی کے عمل کا نام ہے۔ مراد یہ ہے کہ انسان کا ذہن، اپنی واردات کے لیے کسی مادّی وسیلے کو ذریعہ بناتا ہے۔ سنگ تراش پتھر سے کام لیتا ہے، مصور خطوط و رنگ سے، ادیب الفاظ سے۔ یہی انسان کا آرٹ ہے یعنی مادّی وسائل کے ذریعے باطنی، روحانی اور ذہنی واردات کا اظہار۔"

(تنقیدی مضامین، ص ۱۲)

آرٹ اور فائن آرٹ:

"جہاں آرٹ میں، حسن پیدا ہو جائے، وہیں فائن آرٹ پیدا ہو جاتا ہے، یعنی صناع کا مقصد کچھ ہی کیوں نہ ہو، اگر اس کی تخلیق میں حسن موجود ہے تو وہ فائن آرٹ کے دائرے میں شامل کیا جاسکے گا۔"

(انتقاد، ص ۱۴)

ادب:

"وسیع ترین معانی میں ادب انسان کے افکار و تصورات کا تحریری بیان ہے۔"

(اصول انتقاد ادبیات، ص ۱۹)

"ادب ان تحریروں کو کہتے ہیں جن کے معانی میں یک گونہ عظمت و رفعت ہو اور جن کا اسلوب فنکارانہ ہو۔"

(ص ۲۹)

شعر:

"شعر کے لغوی معانی پر غور کرنے سے ثابت ہوا کہ شعر حقائق و دقائق لطیف کے اظہار کا نام ہے۔ ان حقائق کا علم شاعر کو شعور کی اعلیٰ ترین شکلوں کے ذریعے ہوتا ہے۔" (تنقیدی مضامین، ص ۱۷)

کلاسیک:

"کلاسیک میں اپنے زمانے کی ثقافت اور تمدّن کے تمام دھاروں، اسلوبوں، وضعوں اور لہجوں کی مکمل ترجمانی ہوتی ہے، یعنی کلاسیک میں کم و بیش تمدن کے تمام عزائم و اعمال جلوہ گر نظر آتے ہیں۔"

(تنقیدی مضامین، ص ۲۵)

حُسن:

"حُسن اصلاً شکل سے، پیکر سے، انداز نگارش سے اور ہیئت سے تعلق رکھتا ہے۔ اس کی وجہ یہ ہے کہ یہ ہمیشہ صورت پذیر ہوتا ہے۔ فکر مجرّد کی شکل میں فنی حسن کا تصور کبھی نہیں کیا جا سکتا، حسن کے مدارج نہیں ہوتے، یہ ایک صفت مطلق ہے۔"

(اصول، ص ۲۸)

حسن و معنی:

"آرٹ کی تمام تخلیقات، تمام ادبی شہپارے حُسن کے اعتبار سے یکساں ہوتے ہیں، البتہ معنی کے لحاظ سے ان میں اختلاف ہوتے ہے

(اصول، ص ۲۸)

انتقاد:

"اصطلاح میں ادبی تخلیقات کو پرکھنا اور ان کی قدر و قیمت کو متعین کرنا انتقاد کہلاتا ہے۔"

(مقدمہ اصول انتقاد ادبیات)

"انتقاد کا منصب یہ ہے کہ وہ ادبیات کی عظمت کو پرکھے اور ادبی حسن کا تجزیہ کرے۔"

(انتقاد، ص ۲۲)

انتقاد کی خصوصیت:

"انتقاد کی سب سے واضح خصوصیت ایک قسم کا ذہنی اعتدال اور توازن ہے۔"

(اصول ص ۲)

نقاد:

"نقاد کا منصب یہ ہے کہ ادبی یا فنی کاوشوں پر غور کرنے کے بعد، ان کی قدر و قیمت کے متعلق، دیانتداری سے صحیح فیصلے صادر کرے۔۔ قدر و قیمت کے تعین میں اسلوب، ہیئت، پیکر اور تکنیک کے کوائف کا تجزیہ بھی شامل ہے۔"

(مقدمہ اصول)

ادب کا موضوع:

"جہاں تک ادب کے موضوعات کا تعلق ہے، نقاد متفق الکلمہ ہو کر کہہ چکے ہیں کہ ان کی تحدید یا تعیین ناممکن ہے ۰۰۰ کوئی شخص یہ دعویٰ نہیں کر سکتا کہ فلاں موضوع ادبیات کے دائرے سے خارج ہے۔"

(اصول، ص ۳۰)

ادبی تخلیق کے محرکات:

(۱) "ذوق داستان سرائی۔"

(۲) "ذوق بزم آرائی۔"

(۳) "ذوق خود نمائی۔"

(اصول، ص ۳۶ تا ۳۸)

انتقادی مطالعے کے مباحث:

(۱) "ادب اور روایت۔"

(۲) "ادب اور مذہبی اخلاق و اقدار۔"
(۳) "ادب اور مذاقِ سلیم۔"

(اصول، ص ۵۸)

ادبی روایت:

"ادبی روایت دراصل اُن اصطلاحات، تشبیہات و استعارات، علائم و رموز، اسالیب زبان و بیان، پیرایہ ہائے ابلاغ و اظہار، اشارات و تلمیحات، ذوقِ سلیم اور انتقاد کے متعلق تصورات اور فنکار و مخاطب کے درمیان ان تفہیمات پر مشتمل ہوتی ہے جن کے معانی واضح ہوتے ہیں اس کے علاوہ روایت ان تمام عمرانی اقدار کا ذخیرہ ہوتی ہے جسے کسی قوم یا ملت یا جماعت کے فنکاروں کی اکثریت مسلم اور صحیح تسلیم کرتی ہے۔"

(اصول، ص ۵۸)

ادب اور معاشرہ:

"ادب شعوری طور پر یا غیر شعوری طور پر اس معاشرت کی ترجمانی کرتا ہے جس سے وہ مربوط ہوتا ہے یا جس کی وہ تخلیق ہوتا ہے۔"
(اصول، ص ۸۵)

مذاقِ سلیم:

"مذاقِ سلیم طویل علمی تربیت اور شعری انتقاد کا نتیجہ ہوتا ہے اور خود شاعر کو بھی، اور فنکار کو بھی، مذاقِ سلیم سے یعنی ملکہ انتقاد سے بہرہ یاب ہونا چاہیے کہ اس کے بغیر اس کی تخلیقات بہر حال ناقص رہیں گی۔"

(اصول، ص ۱۳۴)

اس طرح کے اور نہ جانے کتنے علمی و ادبی مباحث و موضوعات ہیں جن پر عابد صاحب نے عالمانہ نظر ڈالی ہے۔ طریقہ کار عموماً یہ رکھا ہے کہ پہلے انہوں نے ہر ادبی

مسئلے اور اس کے متعلقہ مخصوص الفاظ و اصطلاحات کا لغوی اور تاریخی جائزہ لیا ہے۔ اس کے بعد اُن کی معنوی وسعتوں اور نوعیتوں پر روشنی ڈالی ہے۔ پھر ادبیات میں ان کے عمل دخل اور اثرات کا جائزہ لیا ہے۔ اس جائزے میں اردو کے علاوہ فارسی، عربی اور انگریزی کے ادیب و شاعر بھی جگہ جگہ زیر بحث آئے ہیں۔ یہ بحثیں خاصی تشریحی، مدلّل اور جامع ہیں۔ کہیں ایک جگہ بھی معنوی الجھاؤ نظر نہیں آتا۔ صاف پتا چلتا ہے کہ وہ اپنے قاری کے ذہن و دل میں جو کچھ ڈالنا چاہتے ہیں، اسے پہلے اپنے ذہن و دل میں پوری طرح اتار چکے ہیں اور جو کچھ کہہ رہے ہیں وہ پورے وثوق و اعتماد کے ساتھ کہہ رہے ہیں۔

اس اعتماد و وثوق کی بدولت انہوں نے ہر موضوع کی طویل بحث کے بعد، جہاں اس کی تلخیص کی ہے، سمندر کو کوزے میں بند کر دیا ہے، یعنی ہر بحث کے آخر میں انہوں نے چند لفظوں میں تعریف کی صورت میں واضح طور پر یہ بتا دیا ہے کہ ادب کے کسی خاص موضوع اور اس کے متعلقہ الفاظ کا مفہوم، ہمارے تنقیدی ادب میں کیا ہے اور کیا ہونا چاہیے۔ آپ ان کے نتائج اور تعریفات سے بعض جگہ اختلاف کر سکتے ہیں لیکن یہ نہیں کہہ سکتے کہ کہنے والا جو کچھ کہہ رہا ہے، وہ مبہم و غیر واضح ہے، یا کہنے والا اس کے رموز و نکات سے واقف نہیں ہے۔ ان کے خیالات ہر موضوع اور اصطلاح ادب کے سلسلے میں بہت واضح ہیں اور اسی لیے بعض جگہ اختلاف رائے کے باوجود ہمیں ان کے تبحر علمی، وسعت مطالعہ اور انداز نقد کی داد دینی ہی پڑتی ہے۔

مسائل و مباحث کی طرح عابد صاحب نے ادب و تنقید کے بعض مروّجہ الفاظ و اصطلاحات کو بھی مختلف زاویوں سے پہلے دیکھا اور جانچا ہے۔ اس کے بعد انہیں ادبیات میں مخصوص معنی کے ساتھ استعمال کرنے کو جائز خیال کیا ہے طریقہ کار یہاں بھی وہی ہے۔ یعنی پہلے ہر لفظ کو لغت کی روشنی میں دیکھا ہے، پھر اس کے استعمال کی صورتوں سے لے کر ہر انگریزی لفظ کے لیے اردو میں اس کا مترادف تلاش کیا ہے۔ علمی و ادبی الفاظ کے یہ ترجمے اکثر جگہ اس نوع کے ہیں کہ ان سے بہتر تلاش نا بہت مشکل ہے۔ چند الفاظ کے ترجمے ذیل میں دیکھیے:

۱۔ Suggestion ــــ خیال افروزی

۲۔Melody ـــــ ترنم
۳۔Harmony ـــــ نغمہ
۴۔Picturesqueness ـــــ تصویریت
۵۔Concreteness ـــــ تجسیم
۶۔Classification ـــــ اصطفاف
۷۔Epic ـــــ حماسہ
۸۔epic of Art ـــــ حماسہ فنی
۹۔Social Animal ـــــ حیوانِ متمدن
۱۰۔Rhythm ـــــ آہنگ
۱۱۔Punctuation ـــــ توقیف
۱۲۔Interpenetration ـــــ نفوذِ باہمی
۱۳۔Sublimation ـــــ ترفع
۱۴۔Prologue ـــــ پیش گفتار
۱۵۔Transcedental ـــــ ماورائی
۱۶۔Cognition ـــــ آگاہی

ان الفاظ کے تراجم میں آپ دیکھ رہے ہوں گے کہ کچھ پرانے ہیں اور کچھ یکسر نئے ہیں۔ بعض نئے تراجم ممکن ہے نامانوس ہونے کے سبب، بعض اصحاب کے لیے قابل قبول نہ ہوں لیکن عابد صاحب نے ان لفظوں کو لغوی اور اصطلاحی کسوٹیوں پر جس طرح پرکھا ہے اور ان کی تشریح جس مدلل طریقے سے کی ہے، اس کی روشنی میں، عابد صاحب کی رائے سے اختلاف کرنا مشکل ہو جاتا ہے، اور ہمیں ان کے اختراع ذہنی کا قائل ہونا پڑتا ہے۔ مثال کے طور پر لفظ "Epic" کو لے لیجیے، اس کا ترجمہ ہمارے یہاں عام طور پر "رزمیہ" کیا جاتا ہے۔ یہ مانا کہ مولانا شبلی سے لے کر آج تک کے بہت سے ادیبوں نے اسے استعمال کیا ہے اور اب اس کا ترک آسان نہیں ہے۔ لیکن عابد صاحب نے اسے "رزمیہ" کے بجائے "حماسہ" کہا ہے۔ حماسہ "کا لفظ" "رزمیہ" کے مقابلے میں واقعہ زیادہ موزوں ہے۔ عابد صاحب اس سلسلے میں لکھتے

ہیں:

"پروفیسر شبلی نے Epic کا ترجمہ رزمیہ کیا ہے لیکن انہوں نے جو یہ تصور کر لیا ہے کہ ایپک کا تعلق اصلاً جنگ و جدل یا شجاعت کے واقعات سے ہے، یہ غلط ہے۔ مغرب کے نقاد باتفاق لکھتے ہیں کہ ایپک یا حماسہ میں ایک کہانی ضرور ہوتی ہے لیکن اس کہانی کا تعلق پوری قوم کے ان ثقافتی اور تاریخی کوائف سے ہوتا ہے جن کی جڑیں افسانوں یا داستانوں میں پیوست ہیں کہ افسانے اور داستانیں ہی زندگی سے بہت قریب ہوتی ہیں، حماسہ میں تاریخی واقعیت کا ہونا ضروری نہیں۔"

(اصول، ص ۱۴۳)

عابد صاحب نے Epic کی جو خصوصیات اوپر بتائی ہیں، اس لحاظ سے اس کا ترجمہ "حماسہ" ہی بہتر ہے۔ اس اقتباس سے صرف یہ ظاہر کرنا تھا کہ عابد صاحب نے ادبی اصطلاحات کے ترجموں میں جہاں کہیں جدت سے کام لیا ہے، وہاں انہوں نے اس جدت کا مدلل جواز بھی پیش کر دیا ہے، مثلاً Cognition کا ترجمہ انہوں نے "آگاہی" کیا ہے لیکن قبل اس کے کہ وہ نتیجے کے طور پر یہ کہیں کہ:

"Cognition کا ترجمہ "آگاہی" مناسب ہے۔"

(تنقیدی مضامین، ص ۱۸)

انہوں نے اس کے جواز میں کئی صفحوں میں مدلل بحث کی ہے۔

"اصول انتقاد ادبیات" کا ایک اہم اور دلچسپ باب وہ ہے جس میں عابد صاحب نے "ادب میں الفاظ کی اہمیت" پر گفتگو کی ہے۔ اس باب میں علم عروض، علم قافیہ، وزن، مترادفات، محاورات، روزمرہ، فصاحت، بلاغت، ایجاز و اطناب، حذف و مقدر، علم معانی، علم بیان اور علم بیان کے اجزا مثلاً تشبیہ، استعارہ، مجاز مرسل اور کنایہ وغیرہ سبھی زیر بحث آتے ہیں، لیکن عابد صاحب نے بعض پرانے ناقدوں کی طرح صرف نظری بحثوں ہی کو سب کچھ نہیں سمجھا بلکہ فارسی اور اردو کے اشعار اور مشرق و مغرب کے اہل قلم کے اقوال کے ذریعے اپنی بحث کو دلچسپ،

معلومات افزا اور نتیجہ خیز بنانے کی کوشش کی ہے ۔یہی نہیں کہ زبان و بیان کے سلسلے کی اصطلاحات و مباحث کو انہوں نے نہایت سادگی اور خوش اسلوبی سے ہمارے ذہنوں میں اتار دیا ہے بلکہ انگریزی ادب کے حوالوں سے یہ بھی بتایا ہے کہ ادب میں الفاظ کی اہمیت، ہر زبان میں تقریباً ایک سی ہے۔ چنانچہ جہاں انہوں نے الفاظ کے معنوی انعکاسات خصوصاً تشبیہ و استعارات کی بحثیں چھیڑی ہیں، وہاں نتیجے کے طور پر یہ بھی لکھا ہے کہ:

"عربی فارسی کے نقاد ہوں یا مغرب کے انشا پرداز، دونوں کا اس پر اتفاق ہے کہ تشبیہ و استعارہ کا منصب دقیق اور لطیف کیفیات واردات کی ترجمانی ہے ۔یہی وجہ ہے کہ خیال جتنا لطیف، دقیق، نفیس، پیچدار اور بلند ہوتا ہے، اسی نسبت سے تشبیہ اور استعارہ کی مدد کی ضرورت ہوتی ہے۔"

(اصول، ص ۲۷۶)

اس قسم کی ادبی علامتوں اور اصطلاحوں کے تراجم اور ان کے معانی کے تعین کا دائرہ صرف انگریزی یا مغربی علوم سے ماخوذ الفاظ تک محدود نہیں ہے بلکہ انہوں نے اردو تنقید کے ارتقا پر بحث کرتے ہوئے، مشرقی تنقید کے بعض اصطلاحی الفاظ و مباحث پر بھی عالمانہ روشنی ڈالی ہے اور ان کے معنی کی حد بندی کی ہے ۔اس سلسلے میں انہوں نے پہلے متعدد مفرد کلمات کے لغوی اور اصطلاحی معنوں کا جائزہ لیا ہے، پھر مثالوں کے ذریعے ان کے معنوی امتیازات کو واضح کیا ہے ۔ایک جگہ لکھتے ہیں:

"حسن، روپ، دلبری یا تناسب کی مختلف صورتوں، شکلوں، پہلوؤں اور رُخوں کے اظہار کے لیے اکثر یہ کلمات استعمال ہوتے ہیں۔
کرشمہ، عشوہ، انداز، ادا، غمزہ، ناز، جلوہ، تماشا، آن۔
ان کلمات کے معانی میں اختلاف ہے، ان کی دلالتوں میں اختلاف ہے، روپ کے جن پہلوؤں کی طرف یہ اشارہ کرتے ہیں، ان میں اختلاف ہے، لیکن آج یہ حالت ہے کہ یہ سمجھ کر کہ عربی اور فارسی کا

مطالعہ بے معنی ہے، ان کلمات کو اس طرح مترادف یا مرادف سمجھا جاتا ہے، گویا کسی لغت نویس نے بیٹھ کر خواہ مخواہ یہ کلمات درج کر دیے ہیں۔"

(اصول، ص ۳۹۲)

اس کے بعد انہوں نے ان الفاظ کے معنوں پر عالمانہ اور خوبصورت بحث کرتے ہوئے، اشعار و امثال کے ذریعے ان کے نازک معنوی فرق کو واضح کیا ہے۔ یہ بحثیں ایسی پُر مغز، دلچسپ اور معلومات افزا ہیں کہ مطالعے سے تعلق رکھتی ہیں۔

اس قسم کے نتائج کے تعین میں عابد صاحب نے مشرقی علما و ناقدین کی آرا کے ساتھ ساتھ ٹی۔ ایس۔ ایلیٹ تک، مغرب کے معتبر نقادوں کی آرا سے بھی مدد لی ہے۔ نتیجہ یہ ہے کہ ان کے انتقادی خیالات مشرق و مغرب کے تنقیدی اصولوں کا نہایت کارآمد اور خوشگوار سنگم بن گئے ہیں۔ اردو میں مشرق و مغرب کے اصول تنقید پر الگ الگ مقالات کی صورت میں بہت کچھ لکھا گیا ہے۔ بعض کتابیں بھی منظر عام پر آئی ہیں۔ لیکن عابد صاحب کی کتاب "اصول انتقاد ادبیات" اپنے موضوع اور انداز بحث کے لحاظ سے منفرد ہے۔ میری نظر سے اردو کی کوئی ایسی کتاب نہیں گزری جس میں عالمی ادب کو ذہن میں رکھ کر ادب اور اس کے بنیادی مسائل اٹھائے گئے ہوں یا مشرق و مغرب کے اصول تنقید میں تطبیق پیدا کر کے ان کے مصنوعی فاصلوں کو کم کرنے کی کوشش کی گئی ہو۔ ساتھ ہی اردو ادب کی اہم صنفوں مثلاً داستان، افسانہ، ناول، ڈراما، غزل، مثنوی، قصیدہ اور نظم کے مزاج و ہیئت کا تجزیہ کر کے ان کی تنقید کے لیے الگ الگ راہیں متعین کی گئی ہوں۔

****

ڈاکٹر محمود حسین

(۱۹۰۷ء..........۱۹۷۵ء)

اب و جد

نام	محمود حسین خان
تاریخ پیدائش	۱۵ جولائی ۱۹۰۷ء
جائے پیدائش	قائم گنج۔ ضلع فرخ آباد، یو، پی
والد	فدا حسین خاں متوفی ۱۹۰۷ء بعمر ۲۹ سال
والدہ	نازنین بیگم (وفات ۱۹۱۱ء)
دادا	غلام حسین خان ابن محمد حسین خان ابن احمد حسین خان
نانا	نبی داد خان
چچا	عطا حسین خاں (وفات ۱۹۱۴ء)
مورثِ اعلیٰ	حسین خان ملقب بہ رہ آخون (بڑے استاد)

بھائی بہن

ڈاکٹر محمود حسین مرحوم سات بھائی تھے اور سب سے چھوٹے تھے۔ بہن کوئی نہ تھی۔ بڑے بھائیوں کے نام بلحاظ بزرگی و خردی یہ ہیں۔

۱۔ مظفر حسین خان مرحوم

۲۔ عابد حسین خان مرحوم

۳۔ ڈاکٹر ذاکر حسین خان مرحوم (ہندوستان کے سابق صدر)

۴۔ زاہد حسین خان مرحوم (اٹھارہ سال کی عمر میں بعارضہ دق انتقال کیا)

۵۔ ڈاکٹر یوسف حسین خان (علوم عمرانی اور اردو کے نامور عالم و مصنف)۔

۶۔ جعفر حسین خان مرحوم (چھ سال کی عمر میں وفات پائی)

پرورش و تعلیم و تربیت

ڈاکٹر محمود حسین، شکمِ مادر ہی میں تھے کہ والد کا انتقال ہو گیا۔ مشکل سے چار سال کی عمر تھی کہ والدہ نے بھی داعیٔ اجل کو لبیک کہا۔ چنانچہ ان کی پرورش اور تعلیم و تربیت، چچا، چچی اور بڑے بھائیوں کی نگرانی میں ہوئی، رسمی تعلیم کے لئے اوّل اوّل اسلامیہ ہائی اسکول اٹاوہ میں داخل ہوئے بعد ازاں، گورنمنٹ ہائی اسکول علی گڈھ، جارج اسکول قائم گنج اور جامعہ ملیہ اسلامیہ دہلی میں تعلیم حاصل کی۔

تعلیمی اسناد

۱۔ میٹرک۔ ۱۹۲۴ء میں جامعہ ملیہ اسلامیہ علی گڈھ سے اوّل درجہ میں پاس کیا۔

۲۔ انٹر۔ ۱۹۲۵ء میں جامعہ ملیہ اسلامیہ علی گڈھ سے منتقل ہوئی تو ڈاکٹر صاحب بھی دہلی چلے گئے اور وہیں سے ۱۹۲۶ء میں انٹر کیا۔

۳۔ بی۔ اے۔ ۱۹۲۸ء میں جامعہ ملیہ دہلی سے بی۔ اے کیا۔

۴۔ پی ایچ ڈی۔ ۱۹۲۹ء میں اعلیٰ تعلیم کے لئے جرمنی گئے اور ہائڈل برگ سے ۱۹۳۲ء میں پی، ایچ ڈی کی ڈگری حاصل کی۔ موضوع تھا "اصلاحات آئین ہند ۱۹۱۹ء"۔

۵۔ ڈی، لٹ۔ ۱۹۶۱ء میں COLORADO STATE COLLEGE نے ڈی لٹ کی اعزازی ڈگری دی۔

شادی

اکتوبر ۱۹۳۳ء میں، محترمہ سلطان جہاں بیگم، بنت علی عثمان خان سے شادی ہوئی سلطان جہاں بیگم گھر میں "بیا" کہلاتی ہیں

اولاد

دو بیٹے اور تین بیٹیاں ہیں۔

۱۔ انور حسین بھائی۔ بہنوں میں سب سے بڑے ہیں، ۲۶ / جنوری ۱۹۳۵ء میں پیدا

ہوئے، ۲۷ اپریل ۱۹۶۲ء میں مہرالنسا، بنت ڈاکٹر یوسف حسین خان سے شادی ہوئی۔ ان دنوں، اسلام آباد میں ہیں۔

۲۔ طارق حسین بھائی۔ بہنوں میں سب سے چھوٹے ہیں۔ ۱۲ جنوری ۱۹۴۳ء میں پیدا ہوئے۔ ۷ مارچ ۱۹۷۰ء میں صبیحہ بنت خورشید حسن خان سے شادی ہوئی۔

۳۔ تنویر جہاں بیگم۔ بیٹیوں میں سب سے بڑی ہیں، تاریخ پیدائش ۲۷ جنوری ۱۹۳۷ء ہے۔ ۲۶ دسمبر ۱۹۵۶ء میں ڈاکٹر صاحب مرحوم کے خالہ زاد بھائی کے چھوٹے بیٹے کیپٹن ضیاء الدین خان سے شادی ہوئی۔

۴۔ یاسمین خانم۔ ۲۶ ستمبر ۱۹۳۹ء میں پیدا ہوئیں۔ یکم نومبر ۱۹۵۷ء میں افضل حسین کے پوتے میاں افتخار حسین سے شادی ہوئی۔

۵۔ ثاقبہ خانم۔ یکم نومبر ۱۹۴۰ء میں پیدا ہوئیں۔ ۲۴ دسمبر ۱۹۵۸ء میں ضیاء الدین کے بڑے بھائی میجر جنرل رحیم الدین خاں سے شادی ہوئی۔

مناصب

۱۔ ۱۹۲۳ء ڈھاکہ یونیورسٹی میں جدید تاریخ کے ریڈر مقرر ہوئے

۲۔ ۱۹۳۹ء میں آل انڈیا ریڈیو کے مشیر مقرر ہوئے۔

۳۔ ۱۹۴۷ء (۱) پاکستان کانسٹیٹیونٹ اسمبلی کے ممبر منتخب ہوئے۔

(۲) ڈھاکہ یونیورسٹی کے شعبہ تعلقاتِ عامہ کا پروفیسر مقرر کیا گیا۔

۴۔ ۱۹۴۸ء۔ پاکستان اسٹرلنگ بیلنس ڈیلی گیشن کے ممبر بنائے گئے۔

۵۔ ۱۹۴۹ء (۱) ڈھاکہ سے مستقلاً کراچی آگئے۔

(۲) پاکستان کی کابینہ میں دفاع، امور خارجہ اور دولت مشترکہ کے نائب وزیر مقرر ہوئے۔

۶۔ ۱۹۵۰ء۔ ریاستی اور قبائلی امور کے نائب وزیر مقرر کیے گئے۔

۷۔ ۱۹۵۱ء۔ کابینہ میں بہ حیثیت وزیر شامل ہوئے اور امور آزاد کشمیر کا قلمدان ان کے سپرد ہوا۔

۸۔ ۱۹۵۲ء۔ کابینہ کے وزیر تعلیم مقرر ہوئے۔

۹۔ ۱۹۵۳ء۔ (۱) ۴ جولائی ۱۹۵۳ء کو کراچی یونیورسٹی کے شعبہ تاریخ کے پروفیسر اور صدر مقرر ہوئے۔

(۲) کراچی یونیورسٹی کی فیکلٹی آف آرٹس کے ڈین منتخب کئے گئے۔

۱۰۔ ۱۹۶۰ء۔ ۱۵ دسمبر ۱۹۶۰ء کو ڈھاکہ یونیورسٹی کا وائس چانسلر مقرر کیا گیا۔

۱۱۔ ۱۹۶۳ء۔ (۱) ۱۹ فروری کو وائس چانسلر کے عہدے سے مستعفی ہو گئے۔

(۲) ۲۰ فروری ۱۹۶۳ء کو کراچی کے شعبہ تاریخ میں بہ حیثیت پروفیسر اور صدر واپس آگئے۔

۱۲۔ ۱۹۶۴ء۔ وزیٹنگ پروفیسر کی حیثیت سے ہائڈل برگ یونیورسٹی (جرمنی) گئے۔

۱۳۔ ۶۵۔ ۱۹۶۴ء۔ کولمبیا یونیورسٹی کے وزیٹنگ پروفیسر رہے۔

۱۴۔ ۱۹۶۵ء۔ (۱) ۷ جون ۱۹۶۵ء کو اپنے سابق عہدے پر کراچی یونیورسٹی واپس آگئے۔

(۲) ۲۴ ستمبر ۱۹۶۵ء کو فیکلٹی آف آرٹس کے دوبارہ ڈین مقرر کئے گئے۔

۱۵۔ ۱۹۶۷ء۔ ۱۴ جولائی ۱۹۶۷ء کو ساٹھ سال پورے ہو گئے اور ملازمت کی مدت میں دو سال کی توسیع کر دی گئی

۱۶۔ ۱۹۶۹ء۔ ملازمت میں ایک سال کی مزید توسیع دے دی گئی۔

۱۷۔ ۱۹۷۱ء۔ ۳ اگست ۱۹۷۱ء کو چار سال کے لئے کراچی یونیورسٹی کی وائس چانسلر مقرر ہوئے۔

۱۸۔ ۱۹۷۵ء۔ ۹ اپریل ۱۹۷۵ء۔ تادم حیات کراچی یونیوسٹی کے وائس چانسلر رہے۔

منصبی مدتیں

۱۔ ریڈر۔ ۱۹۳۳ء۔ تا ۱۹۴۶ء۔ تقریباً ۱۴ سال

۲۔ مشیر آل انڈیا ریڈیو ۱۹۳۹ء۔ تا ۱۹۴۰ء۔ تقریباً ۲ سال

۳۔ پروفیسر۔ ۱۹۴۷ء۔ تا ۱۹۷۱ء۔ تقریباً ۲۴ سال

۴۔ پاکستان کانسٹیوئنٹ اسمبلی کے ممبر ۱۹۴۷ء تا ۱۹۵۴ء تقریباً سات سال

۵۔ پاکستان کابینہ کے وزیر و نائب وزیر ۱۹۴۹ء۔ تا ۱۹۵۳ء۔ تقریباً چار سال

۶۔ ڈین فیکلٹی آف آرٹس (۱) ۱۹۵۳ء۔ تا ۱۹۵۷ء۔ ۴ سال

(۲) ۱۹۶۵ء تا ۱۹۷۱ء ۶ سال، کل مدّت تقریباً ۱۰ سال

۷۔ بیرونی یونیورسٹیوں میں وزیٹنگ پروفیسر ۱۹۶۴ء تا ۱۹۶۵ء تقریباً ڈیڑھ سال

۸۔ پرو چانسلر ۱۹۴۹ء تا ۱۹۵۳ء تقریباً ۴ سال

۹۔ وائس چانسلر (۱) ۱۹۶۰ء تا ۱۹۶۳ء (ڈھاکہ یونیورسٹی) ۳ سال

(۲) ۱۹۷۱ء تا ۱۹۷۵ء (کراچی یونیورسٹی) ۴ سال، کل مدت تقریباً ۷ سال

جامعہ تعلیم ملی ملیر

۲۹ اکتوبر ۱۹۵۲ء جامعہ ملّیہ ملیر کا یوم تاسیس ہے۔ اس کے بعد، اس کے تحت کئے بعد دیگرے مندرجہ ذیل ادارے قائم ہوئے۔

۱۔ ۱۹۵۲ء۔ اقامتی ابتدائی مدرسہ۔

۲۔ ۱۹۵۳ء۔ اقامتی ثانوی مدرسہ۔

۳۔ ۱۹۵۵ء۔ کامرس کالج۔

۴۔ ۱۹۵۵ء۔ مکتبۂ جامعہ تعلیم ملی۔

۵۔ ۱۹۵۶ء۔ سائنس کالج۔

۶۔ ۱۹۵۷ء۔ آرٹس کالج

۷۔ ۱۹۵۹ء۔ جامعہ ملیہ انسٹی ٹیوٹ آف ایجوکیشن

۸۔ ۱۹۶۰ء۔ جامعہ ایجوکیشنل کوارٹرلی کا اجرا۔

۹۔ ۱۹۶۴ء۔ جامعہ ملیہ انسٹی ٹیوٹ آف ٹکنالوجی

۱۰۔ ۱۹۶۶ء۔ ثانوی مدرسہ برائے طالبات

۱۱۔ ۱۹۷۰ء۔ ٹیچر ٹریننگ کالج

تصنیفات و تالیفات

ڈاکٹر صاحب کے مسوّدات میں سیکڑوں مطبوعہ و غیر مطبوعہ مقالے موجود ہیں لیکن ان سب کی فہرست دینا سر دست میرے لئے ممکن نہیں، کتابی صورت میں ان کی مطبوعہ تصنیفات کی تفصیل یہ ہے۔

۱۔ معاہدہ عمرانی یا اصول قانون سیاسی

روسو کی مشہور کتاب سوشل کنٹریکٹ کا اردو ترجمہ مع مقدمہ و حواشی
طبع اول ۱۹۳۵۔ مکتبہ جامعہ دہلی
طبع دوم ۱۹۶۴۔ شعبہ تصنیف و تالیف و ترجمہ کراچی یونیورسٹی
۲۔ دی کوئسٹ آف امپائر (THE QUEST OF EMPIRE)
ڈاکٹر صاحب کی تصنیف ہے اور انگریزی میں ہے۔ کتاب کا موضوع جاپان، اٹلی اور جرمنی کی توسیع پسندانہ حکمت عملی ہے۔ طبع اول۔ ۱۹۳۷۔ ڈھاکہ
۳۔ بادشاہ

(مشہور اطالوی مصنف میکاولی کی تصنیف پرنس کا اردو ترجمہ مع مقدمہ)
طبع اول ۱۹۴۷۔ مکتبہ جامعہ دہلی
طبع دوم ۱۹۵۷۔ اردو اکادمی سندھ کراچی
طبع سوم ۱۹۷۰۔ شعبہ تصنیف و تالیف و ترجمہ کراچی یونیورسٹی
۴۔ فتح المجاہدین

ٹیپو سلطان کے عسکری نظام و اصول پر مشتمل، زین العابدین شوستری کی فارسی کتاب کا متن مع مقدمہ و حواشی بہ زبان انگریزی طبع اول ۱۹۵۰۔ اردو اکادمی سندھ کراچی
۵ - دی ڈریمس آف ٹیپو سلطان (THE DREAMS OF TIPO SULTAN)
طبع اول۔ پاکستان ہسٹاریکل سوسائٹی کراچی ۱۹۵۵۔
ڈاکٹر نجلاعزالدین کی مشہور کتاب (THE ARAB WORLD) کا اردو ترجمہ ہے
طبع اول۔ ۱۹۶۷۔ مکتبہ جدید لاہور
۷۔ لائبریریز اور لائبریرین (LIBRARIES AND LIBRARIAN)
کتاب اور کتب خانوں کی اہمیت پر مشتمل انگریزی مقالات کا مجموعہ ہے۔
طبع اول۔ اکتوبر ۱۹۷۴۔ شعبہ تصنیف و تالیف و ترجمہ، جامعہ کراچی

بیماری دل

۱۔ ۳ مئی ۱۹۶۹ء میں ڈاکٹر ذاکر حسین کا انتقال ہوا میت میں شرکت کے لئے دہلی گئے وہیں، ۵ مئی کو دل کا پہلا شدید دورہ پڑا۔

۲۔ ۵ اپریل ۱۹۷۵ء کو سہ پہر کو کراچی یونیورسٹی دفتر ہی میں فالج کا حملہ ہوا۔ چوتھے دن نیم غشی کے عالم ہی میں دل کا دوسرا دورہ پڑا اور جان لیوا ثابت ہوا۔

وفات

۱۰/ اپریل ۱۹۷۵ء مطابق ۲۷ ربیع الاول ۱۳۹۵ھ نصف شب گزرنے کے بعد دو بج کر چالیس منٹ پر وفات پائی۔

جنازہ وتدفین

مرحوم کا جنازہ ۱۱ مئی ۱۹۷۵ء کو ۴ بجے شام مرحوم کی وصیت کے مطابق ان کے مکان ۔گوشہ" این ۔۴۱، پی، ای، سی، ایچ، ایس سے جلوس کی شکل میں جامعہ ملیہ ملیر کے احاطے میں لے جایا گیا۔ مولانا احتشام الحق تھانوی نے نماز پڑھائی۔

چھ بجے شام کو سپرد خاک کیا گیا۔ جامعہ ملیہ کی مسجد کے دروازے کے سامنے دائیں جانب، جامعہ تعلیم ملیہ ملیر کے سکریٹری ماسٹر عبدالحیٔ مرحوم کی قبر کے ساتھ ان کی قبر ہے۔

اتوار کا دن، صبح نو ساڑھے نو بجے کا وقت، ملیر کی کھلی فضا، جامعہ تعلیم ملیہ کے سکریٹری ماسٹر عبدالحیٔ مرحوم کا کمرہ، چار چھ آدمی بیٹھے ہیں۔ جامعہ ملیہ کے سارے ادارے کھلے ہوئے ہیں۔ ہر طرف چہل پہل ہے۔ ماسٹر صاحب سے ادھر ادھر کی باتیں ہو رہی ہیں۔ ایک صاحب نے پوچھا، ساڑھے نو ہو رہے ہیں ڈاکٹر صاحب ابھی تک نہیں پہنچے۔ ماسٹر صاحب بولے: ہاں آج انہیں صبح آٹھ بجے فلاں صاحب کے سوئم میں

جانا تھا۔ شائد اسی لئے دیر ہوئی، آنے ہی والے ہوں گے، بات ابھی ختم بھی نہ کر پائے تھے کہ بولے " دیکھو وہ آگئے" سب کے چہروں پر خوشی کی لہر دوڑ گئی۔ ڈاکٹر صاحب کمرے میں داخل ہوئے۔ سلام کے لئے پہلے ہی سے ہاتھ اٹھائے ہوئے، ایک ایک سے ہاتھ ملایا۔ خیریت پوچھی، کچھ دیر ادھر ادھر کی باتیں ہوتی رہیں، پھر لطیفے شروع ہوئے، قہقہے لگے۔ ہفتے بھر کا سارا غم دور ہوگیا۔ اسی عالم میں دیکھتے ہی دیکھتے ڈاکٹر صاحب نے پہلو بدلا اور ماسٹر صاحب سے پوچھا، ہاں تو مجلس کی میٹنگ کا کیا وقت ہے؟ کالج میں بھی ایک جلسہ ہے، لڑکیوں کے اسکول میں بھی کوئی فنکشن ہے۔ پاک صاحب کو میں نے جامعہ دکھانے کے لئے بھی بلایا ہے، پھر کیا تھا ڈاکٹر صاحب بھی کام میں لگ گئے اور دوسرے بھی۔ تفریح کے وقت تفریح اور کام کے وقت کام کا محض ایک مقولہ نہیں ڈاکٹر صاحب کی زندگی کا معمول تھا۔ جس اتوار کو نہ کوئی میٹنگ ہوتی اور نہ کوئی جلسہ ہوتا، تو پھر ڈاکٹر صاحب پورا دن تفریح طبع میں گزارتے۔ گھنٹے آدھ گھنٹے ادھر ادھر کی باتیں کرتے۔ پھر ان کی نظریں تاش کھیلنے والے ساتھیوں (ڈاکٹر اسماعیل سعد، ظہور صاحب، نیاز صاحب) کو تلاش کرنے لگتیں۔ دس ساڑھے دس بجے ڈاکٹر صاحب نے پوچھا، اسماعیل ابھی تک نہیں آے، ماسٹر صاحب نے کہا، فون آیا تھا، کہہ رہے تھے، ذرا دیر سے پہنچوں گا، ڈاکٹر صاحب بولے، عجیب آدمی ہیں، مجھ سے کہا تھا ساڑھے دس بجے تک پہنچ جاؤں گا۔ اچھا تو ظہور صاحب کہاں ہیں، ماسٹر صاحب! اکرم کو بھیج کر انھیں بلوائیے، اتنے میں ظہور صاحب آگئے، نیاز صاحب موجود ہی تھے۔ اسماعیل صاحب کی جگہہ ماسٹر صاحب نے لے لی اور کھیل شروع ہوگیا۔ اور کھانے کے وقت تک جاری رہا۔

بعض اتوار کو کھیلنے کا پورا موقع نہ ملتا۔ کیے بعد دیگرے ڈاکٹر صاحب سے ملنے کے لئے بہت سے لوگ جامعہ ملیہ پہنچ جاتے۔ تانتا سا بندھ جاتا۔ ڈاکٹر صاحب کھیل چھوڑ دیتے۔ ہر ایک سے مل کر اس کا دل خوش کرتے، لوگ اپنی ضرورتیں بتاتے۔ ڈاکٹر صاحب ممکن امداد کرتے۔ کسی کے لئے فون کر دیا، کسی کو خط لکھ دیا اور کسی کے ساتھ چلنے کا وعدہ کر لیا، غرضیکہ صبح سے شام تک جامعہ ملیہ میں اتوار کو جس طرح کی رونق رہتی تھی وہ دیکھنے سے تعلق رکھتی تھی۔ ڈاکٹر صاحب کے دم قدم کی بدولت

تا حدِ نظر تازگی و شگفتگی فضا میں بکھر جاتی تھی۔ زندگی اپنے روشن امکان پر رقص کرنے لگتی تھی۔ ڈاکٹر صاحب کی رجائی شخصیت اور جاندار گفتگو مردوں میں جان ڈال دیتی تھی۔ مایوسیاں چھٹ جاتی تھیں اور امید کے کنول جسم و جاں میں کھل اٹھتے تھے ان کا تکلم و تبسم، ماحول میں محبت و شرافت کا رس گھول دیتا تھا۔ اصغر گونڈوی کا یہ شعر انھیں کے اندازِ گفتگو پر صادق آتا ہے

یوں مسکرائے جان سی کلیوں میں پڑ گئی
یوں لب کشا ہوئے کہ گلستاں بنا دیا

کتنی ہی یادیں اور کتنی ہی باتیں جامعہ ملیہ کے حوالے سے ذہن میں ابھر رہی ہیں، اس لئے کہ سولہ سترہ سال میں ایک دو نہیں، نہ جانے کتنے اتوار، میں نے ڈاکٹر صاحب کے ساتھ جامعہ میں گزارے ہیں۔ جامعہ ملیہ کے قومیائے جانے سے قبل تک میرا قیام جامعہ ملیہ کیمپس سے ملحق تھا۔ اتوار کو اساتذہ کے تربیتی اداروں میں اردو تدریس پر میرا اعزازی لیکچر بھی ہوتا تھا۔ اس لئے ڈاکٹر صاحب سے ہر اتوار کو ملاقات ہوتی تھی۔ کسی اتوار کو نہ گیا تو وہ فون کرکے گھر سے بلوا لیتے تھے خاص کر ایسے موقعوں پر جبکہ جامعہ ملیہ میں اس دن کوئی علمی و ادبی تقریب ہو۔ کبھی کبھی جب ان کا گذر، میرے گھر کے سامنے سے ہوتا تو وہ جامعہ جاتے ہوئے مجھے گھر سے لے لیتے۔ غرضکہ ان کا پیار، ان کی دلجوئی، ان کے چہرے کی مسکراہٹ، ان کے قہقہے، ان کی پرسشِ احوال اور ان کی ہمت افزائی میرے اور مجھ جیسے بہتوں کے حق میں بہت ارزاں تھی۔ اس لطف ارزانی کی داستان اگرچہ لذیذ بھی ہے اور مجھے بہت عزیز بھی لیکن اس کا ذکر اس جگہ نہ چھیڑوں گا۔ یوں بھی اس قسم کی ذاتی باتوں سے دوسروں کو دلچسپی نہ ہوگی، ہاں ڈاکٹر صاحب کو میں نے کیسا پایا اور ان کی صحبتوں میں کیا کچھ سیکھا۔ اس کا مختصر ذکر البتہ کروں گا۔

یہ کہنا درست نہ ہوگا کہ ڈاکٹر محمود حسین ایک غیر معمولی مؤرخ، غیر معمولی ماہرِ تعلیم اور غیر معمولی دانشور تھے لیکن یہ ضرور کہوں گا کہ مجھ جیسے بے بصر لوگوں میں بھی نہ تھے، پاکستان میں اس وقت، تعلیم و تعلم اور فکر و دانش کی نمائندگی کرنے والا جو بھی اچھا برا طبقہ موجود ہے اس میں صرف یہی نہیں کہ ڈاکٹر محمود حسین کا دم بہت

غنیمت تھا بلکہ اس سلسلے میں ان کا قد و قامت بہتوں سے بلند بھی تھا۔ ان کی سوچ اور نظر کسی مسئلے میں ممکن ہے بہت بلند نہ رہی ہو لیکن ان کا شمار پست نظروں میں نہیں کیا جا سکتا۔ تعلیم و تدریس سے لے کر ملی سیاست و قیادت تک ان کی نظر خاصی بلند تھی کم از کم اتنی بلند ضرور کہ پاکستانی معاشرے میں اس کی مثالیں بہت آسانی سے نہیں مل سکتیں۔ ان میں ایک خاص بات جو اُن کے قبیل کے لوگوں میں کم دیکھنے میں آئی ہے، یہ تھی کہ وہ زندگی کے ہر مسئلے میں ایک ذاتی رائے رکھتے تھے یہ رائے سنی سنائی نہیں انفرادی غور و فکر اور مطالعہ و مشاہدہ کا نتیجہ ہوتی تھی، اسی لئے اٹل ہوتی تھی۔ رائے کے مسئلے میں وہ موقع محل دیکھ کر پہلو بدل لینے والے آدمی نہ تھے۔ جو کچھ دل میں رکھتے تھے اور جس بات کو جس طرح صحیح سمجھتے تھے اس کے اظہار میں کوئی جھجک محسوس نہ کرتے تھے۔

پھر یہ بھی تھا کہ کسی مسئلے میں بھی ان کی فکر، محض نظری یا مجرّد نہ تھی وہ ان لوگوں میں نہ تھے جو نظری طور پر عقیدہ کچھ رکھتے ہیں اور عمل اس کے برعکس کرتے ہیں۔ ان کے فکر و عمل میں پوری مطابقت تھی۔ دوسرے لفظوں میں یوں کہہ سکتے ہیں کہ ان کے فکر و عمل کے درمیان دو قدم کا بھی فاصلہ نہیں تھا۔ دونوں کی سرحدیں اس طرح ملی ہوئی تھیں کہ انہیں فکر سے آگے بڑھ کر عمل کے میدان میں داخل ہو جانے میں دشواری نہ ہوتی تھی بلکہ ان کے کام کرنے کے ڈھب سے تو یہ اندازہ ہوتا تھا کہ وہ فکر کو عمل کے بغیر بے معنی چیز سمجھتے تھے۔ ممکن ہے یہ بات ان کے اندر ان کے محبوب شاعر علامہ اقبال کے مطالعہ سے پیدا ہوئی ہو اور یہ بھی ممکن ہے کہ مولانا جوہر سے شدید ذہنی و قلبی وابستگی کا نتیجہ ہو لیکن یہ ایک حقیقت ہے کہ جو کچھ سوچتے تھے اسکو جلد سے جلد عملی جامہ پہنانے یا کر گذرنے کی کوشش کرتے تھے شاید اسی لئے اہم سے اہم مسئلے میں بھی بہ عجلت فیصلہ کر لیتے تھے۔ جب کسی مسئلے میں دوسرے فیصلہ کرتے ہچکچاتے یا ضرورت سے زیادہ وقت صرف کرتے تو وہ انگریزی کا یہ مقولہ دہراتے تھے کہ فیصلہ نہ کرنے سے غلط فیصلہ کرنا بہتر ہے۔ اُن کا کہنا تھا کہ کوئی فیصلہ خواہ کتنی ہی احتیاط سے کیوں نہ کیا جائے، جب اسے عملی جامہ پہنایا جائے گا تو غلطیوں کا احساس بہر حال ہوگا، اسی لئے وہ ہر مسئلے میں عملی اقدام کو سوچ

کی طوالت پر ترجیح دیتے تھے۔

فکر کو عملی جامہ پہنانے کے سلسلے میں بھی ان کا مخصوص طریقۂ کار تھا۔ وہ کام کو مختلف افراد یا کمیٹیوں میں بانٹ دیتے تھے اور جس کے سپرد جو کام کرتے تھے اس پر ہر طرح اعتماد کرتے تھے۔ اگر وہ کسی کام کے سربراہ ہیں تو چاہتے تھے جو کام جس ماتحت کے سپرد ہے۔ اسی کے ذریعے اس کام کو ان تک پہنچنا چاہئے چھوٹے سے چھوٹے اور بڑے سے بڑے کام میں ان کا رویّہ یہی تھا۔ اس اعتماد اور اصول پرستی کے نتیجے میں ماتحت عملے کا ہر فرد ان سے مطمئن اور خوش رہتا تھا۔ سبکو علم ہے کہ بہت سے لوگ اپنی نجی ضرورتوں کے تحت ڈاکٹر صاحب سے ملتے تھے۔ اور اپنے مسائل کے سلسلے میں سفارش کے طلبگار ہوتے تھے۔ ڈاکٹر صاحب بہت سی باتوں میں بااختیار ہوتے تھے۔ اور چاہتے تو اس کام کو اپنے حکم یا قلم سے کر دیتے لیکن ایسا کرنا ان کے مزاج اور اصول دونوں کے خلاف تھا۔ میں نے بارہا دیکھا ہے کہ لوگ جامعہ ملیہ کے تعلیمی اداروں میں اپنے بچّوں کا داخلہ چاہتے تھے۔ اور اپنے پرانے تعلقات کی بنا پر سمجھتے تھے کہ ڈاکٹر صاحب فوراً حکم صادر فرمادیں گے لیکن وہ کبھی ایسا نہ کرتے تھے اور ادارے کے سربراہ سے ملنے کا مشورہ دیتے تھے اور اپنے کو یکسر بے اختیار ظاہر کرتے تھے اس سے ان کا مقصد ادارے اور ادارے کے سربراہ کے احترام کو ہر حال میں ملحوظ رکھنا تھا۔ ان کے اس رویّے سے اداروں کے سربراہوں کا وقار، عام و خاص سب میں برقرار رہتا تھا۔ غرض مندوں کی غرض بھی سلیقے کے ساتھ پوری ہو جاتی تھی اس لئے کہ ڈاکٹر صاحب کسی نہ کسی انداز سے اپنی سفارش سربراہ تک پہنچا دیتے تھے۔

ڈاکٹر صاحب کا ایک بنیادی وصف یہ بھی تھا کہ نہ تو وہ خود کسی کی برائی کرتے تھے۔ اور نہ کسی کی برائی سننا پسند کرتے تھے۔ ہاں اصولوں پر تبادلہ خیال اور تنقید کے لئے وہ ہر وقت تیار رہتے تھے۔ اور بحث میں بے باکی کے ساتھ حصہ لیتے تھے لیکن اس پر جب لوگ کسی کی ذاتی برائیاں گنوانے لگتے تو وہ ان کی باتوں سے خوش نہ ہوتے۔ ان کا رنگ رخ بدل جاتا۔ وہ جبراً قہراً، مخاطب کی بات سن لیتے تھے لیکن اس کی ہمنوائی ان کے بس کی نہ تھی۔ ایسے موقعوں پر وہ عموماً یکسر خاموش بیٹھے رہتے تھے۔ لیکن کبھی کبھی غم و غصہ سے مغلوب بھی ہو جاتے تھے۔ ان کی شخصیت و کردار کے

اس وصف کو میں نے ان کے پیرایۂ عمل میں بھی پوری طرح جلوہ گر دیکھا ہے وہ اچھے برے ہر قسم کے آدمی سے اس کی صلاحیتوں کے مطابق کام لے لینے کو منتظم کی سب سے بڑی خوبی سمجھتے تھے۔ جامعہ ملّیہ میں ابتدائی مدرسے سے لیکر کالج تک متعدد ادارے ہیں۔ ان سب کے اپنے اپنے مسائل تھے۔ اور ان کو حل کرنا ڈاکٹر صاحب کی ذمہ داری تھی۔ اداروں کے بعض نگراں ان کے سامنے یہ شکایت لے کر بیٹھ جاتے کہ فلاں فلاں کام نہیں کرتے۔ دیر سے آتے ہیں چھٹیاں بہت لیتے ہیں، بات بات پر لڑتے ہیں وغیرہ وغیرہ۔ ڈاکٹر صاحب پوری بات غور سے سنتے پھر نہایت نرم لہجے میں سمجھاتے۔ "یہ دنیا ایسی ہی رہی ہے اور رہے گی۔ افراد اچھے برے ہر طرح کے پیدا ہوتے رہے ہیں اور ہوتے رہیں گے۔ انہیں سے کام لیجئے اور کام چلائیے اچھوں سے تو سبھی کام لے لیتے ہیں۔ بروں سے کام لینا مانا مشکل ہے لیکن سب نے اچھوں ہی کو اپنا لیا تو برے کہاں جائیں گے۔" ڈاکٹر صاحب کی ان باتوں کا خاصا اچھا اثر ہوتا، طرفین میں مطابقت کی صورت، کچھ دنوں میں پیدا ہو جاتی۔ میرا اندازہ ہے کہ اچھے اور برے کو اپنانے کا یہ تصوّر، ڈاکٹر صاحب کو آنحضرتؐ کے قول اور مولانا جوہر کے ایک شعر سے ملا تھا سب کو علم ہے کہ ڈاکٹر صاحب کو مولانا جوہر سے گہرا جذباتی لگاؤ تھا۔ انکی زندگی اور شخصیت سے اتنا متاثر تھے۔ کہ مولانا جوہر ٹرانی کی سالانہ تقریب میں جب بھی تقریر کرنے کھڑے ہوتے تو خلافِ معمول جذبات سے مغلوب ہو جاتے، آواز بھرّا جاتی اور آنکھیں نمناک ہو جاتیں آخر میں جوہر کے چند اشعار بھی ضرور سناتے تھے اور ان میں یہ نعتیہ شعر بھی ہوتا تھا

کیوں نہ ایسے نبیؐ پر نہ فدا ہوں کہ جو فرمائے
اچھے تو سبھی کے ہیں بُرا میرے لئے ہے

ایک اور صفت ان میں تھی، وہ اپنے ملنے والوں کی ذاتی باتوں اور ان کے رازوں کے امین تھے۔ لوگ ان کے پاس آتے تھے، اپنی ضرورتیں بیان کرتے تھے، اپنا دکھ درد سناتے تھے۔ اور بیان کے منظر و پس منظر میں دوسروں کے مظالم و عیوب کا بھی ذکر کرتے تھے، ڈاکٹر صاحب سب کی باتیں پوری توجہ سے سنتے لیکن کبھی کسی سے اس کا ذکر نہ کرتے تھے۔ اس خاص کردار کی بنا پر؟ ہر شخص ڈاکٹر

صاحب پر حد درجہ اعتماد کرتا تھا۔ ہر ملنے والا جانتا تھا کہ ڈاکٹر صاحب سب کی باتیں پوری توجہ سے سنتے لیکن کبھی کسی سے اس کا ذکر نہ کرتے تھے۔ اس خاص کردار کی بنا پر، ہر شخص ڈاکٹر صاحب پر حد درجہ اعتماد کرتا تھا۔ ہر ملنے والا جانتا تھا کہ ڈاکٹر صاحب سے جو کچھ بیان کیا جارہا ہے یا مطلب برآری کے لئے جس طرح گریہ وزاری کی جارہی ہے، ڈاکٹر صاحب کبھی کسی سے اس کا تذکرہ نہ کریں گے۔ میں ایسے بہت سے لوگوں کو جانتا ہوں، ان میں چھوٹے بھی ہیں بڑے بھی، جنہوں نے ضرورت مند بن کر ڈاکٹر صاحب سے ملاقات کی راہیں تلاش کیں، ان سے ملے ان سے فائدہ اٹھایا اور پھر ان کا ذکر اس خاص انداز سے کرنے لگے جیسے ڈاکٹر صاحب نے ان کے ساتھ کوئی احسان کیا ہی نہیں۔ یہ صرف اس لئے تھا کہ لوگ ڈاکٹر صاحب کی نفسیات سے واقف تھے۔ وہ جانتے تھے کہ ان پر جو احسان کیا گیا ہے۔ وہ ڈاکٹر صاحب کے سینے کا ایسا راز ہے جو بھول کر بھی ان کی زبان پر نہ آئے گا۔ واقعہ یہ ہے کہ ڈاکٹر صاحب نیکی کر دریا میں ڈال کے قایل تھے۔ ان کے ذہن کے کسی گوشے میں بھی یہ بات نہ ہوتی تھی کہ انہوں نے کسی کے ساتھ کچھ کیا ہے اس لئے تذکرے کا سوال ہی نہ اٹھتا تھا۔ اگر کبھی کوئی احسان شناس ان کا شکریہ ادا کرتا تو عجب طرح سے محجوب ہوتے اور اور فوراً بات کاٹ کر دوسری بات شروع کر دیتے، اس کے برعکس ہم آپ اگر کسی کے ساتھ کوئی بھلائی کرتے ہیں تو خود اس کا تذکرہ دس جگہ کرتے ہیں اس طرح بڑھا چڑھا کر کرتے ہیں کہ احسان مند حیرت زدہ رہ جاتا ہے لیکن اس سے یہ فائدہ ضرور ہوتا ہے کہ احسان ناشناس کو چار ناچار احسان کا اعتراف کرنا ہی پڑتا ہے لیکن جو لوگ ڈاکٹر محمود حسین کی طرح، احسان کو احسان ہی نہ سمجھتے ہوں اور کسی کی مدد کو اپنا فریضہ جانتے ہوں، ساتھ ہی کسی کے ساتھ کچھ کرنے کا ذکر تک زبان پر نہ لاتے ہوں۔ ایسوں کے احسانات کو اگر لوگ بھول جائیں تو ہمیں چنداں تعجب نہ کرنا چاہیئے۔

ڈاکٹر صاحب کسی قسم کی احساس کمتری یا برتری کے شکار نہ تھے۔ وہ چھوٹے بڑے، اپنے پرائے دوست دشمن سب سے ملتے تھے اور ایک بڑے صوفی کی طرح اپنی انا کو ہر طرح مار کے اور اپنی ذات کی نفی کر کے ملتے تھے۔ مل کر خود بھی خوش ہوتے تھے۔ یہ خوئے دلنوازی انہیں اپنے خاندان سے ورثے میں بھی ملی تھی اور ڈاکٹر ذاکر

حسین نے بھی اس باب میں ان پر گہرا اثر ڈالا تھا۔ سبب کچھ بھی رہا ہو ان کی کرم فرمائیاں اور لطف ارزانیاں بہت عام تھیں۔ لیکن امداد و سفارش کی یہ ساری ارزانی نجی کاموں کے لئے ہوتی تھی۔ قاعدے قانون اور اصولی معاملوں میں وہ بڑے سخت گیر تھے۔ اور کسی کی نہ سنتے تھے جس بات کو صحیح سمجھتے تھے اسی پر اڑے رہتے تھے۔ طبیعت میں ایسی لچک تھی کہ انہیں عام مسائل میں جمہور کے ساتھ مطابقت پیدا کر لینے میں دشواری نہ ہوتی تھی۔ لیکن جہاں کہیں وہ مطابق پیدا نہ کر پاتے تو اختلاف کرنے سے گریز نہ کرتے اپنی رائے کا اظہار برملا کرتے اور پورے طنطنے کے ساتھ کرتے۔ بڑے سے بڑے دوست اور بڑی سے بڑی قوت کی پروا کئے بغیر کرتے۔ بات یہ ہے کہ وہ اجتماعی مسائل کو ہمیشہ اصولوں کی روشنی میں، ہر قسم کی جانب داری سے بالاتر رہ کر دیکھتے تھے۔ دوستی، مروّت، اور قرابت کو درمیان میں نہ آنے دیتے تھے۔ اگر ایسا نہ ہوتا تو وہ اپنے بڑے بھائی ڈاکٹر ذاکر حسین کے سیاسی مسلک سے اختلاف کر کے، قیام پاکستان کی تحریک میں شامل نہ ہوتے۔

سچ یہ ہے کہ ڈاکٹر صاحب جو رائے قائم کرتے تھے وہ کسی کے دباؤ سے نہیں اپنے طور پر کرتے تھے۔ اور جب یہ دیکھتے کہ اختلاف رائے کو اہمیت نہیں دی جارہی اور اصولوں پر ضرب پڑ رہی ہے تو وہ احتجاجاً اس مسئلے سے خود کو الگ کر لیتے تھے۔ اس قسم کے احتجاجی فیصلوں کی مثالیں ان کی زندگی میں ایک دو نہیں بہت سی ملتی ہیں۔ پچھلے پندرہ سالہ سال میں سبھی نے دیکھا ہے کئی ایسے واقعات گزرے ہیں۔ ۱۹۵۷ء میں ڈین تھے۔ ایک مسئلے میں شرکائے مجلس کی رائے سے اتفاق نہ کر سکے اس لئے مستعفی ہو گئے۔ ڈھاکا یونیورسٹی کی وائس چانسلری سے استعفیٰ دینے کا بھی یہی سبب تھا۔ ڈاکٹر اشتیاق حسین صاحب کے زمانے میں شعبہ ریاضی کی استاد محترمہ شائستہ زیدی کو بعض وجوہ سے معطل کر دیا گیا۔ اس وقت کی اکیڈمک کونسل اور سنڈیکیٹ کے بیشتر ارکان، ڈاکٹر قریشی صاحب کے ساتھ تھے۔ ڈاکٹر محمود حسین اور ڈاکٹر قریشی کے دیرینہ اور غیر معمولی روابط کا حال بھی سب کو معلوم ہے۔ لیکن ڈاکٹر صاحب مرحوم اس مسئلے میں ڈاکٹر قریشی سے اتفاق رائے نہ کر سکے۔ انہوں نے صاف لکھا کہ میرے نقطہ نظر سے چونکہ یہ عمل یکسر غیر منصفانہ ہے اس لئے میرے لئے

سنڈیکٹ کا ممبر رہنا ممکن نہیں، ڈین کے عہدے سے میرا استعفیٰ منظور کیا جائے اور کسی وجہ سے میرا صدر شعبہ رہنا مناسب نہ ہو تو مجھے اس سے بھی سبکدوش کر دیا جائے۔ وفات سے چند مہینے پہلے کی بات ہے انہوں نے کراچی یونیورسٹی کی وائس چانسلری سے اصولوں کی خاطر استعفیٰ دیدیا تھا۔ ۱۹۵۸ء میں انجمن ترقی اردو کی معتمدی سے بھی اختلاف رائے کی بنا پر مستعفی ہوئے تھے۔ اسی طرح اب سے چند سال پہلے جب جامعہ ملیہ کے مختلف اداروں کے درمیان مستقل تنازع کی صورتیں پیدا ہوئیں اور ڈاکٹر صاحب نے محسوس کیا وہ اپنے بعض رفقاکار کی رائے سے متفق نہ ہو سکیں گے تو انہوں نے مجلس جامعہ تعلیم ملی کی صدارت سے بھی استعفیٰ دے دیا تھا۔ یہ ایک الگ بات ہے کہ ان کا کونسا استعفیٰ منظور ہوا اور کونسا نامنظور۔ میں تو صرف اس قدر کہنا چاہتا ہوں کہ وہ نجی معاملوں میں حد درجہ نرم اور اصولی باتوں میں حد درجہ سخت گیر تھے۔ کرسی چھوڑ سکتے تھے کسی مصلحت کی بناء پر اصولوں کا سودا کرنے پر تیار نہ ہو سکتے تھے۔ اب یہ اپنے اپنے ظرف طبع کی بات ہے کہ اسے ان کی خانصاحبیت سے تعبیر کیا جائے یا ضد سے اور یا اقبال کے لفظوں میں ایک مومن کا کردار سمجھا جائے۔

ہو محفلِ یاراں تو بریشم کی طرح نرم
رزمِ حق و باطل ہو تو فولاد ہے مومن

جس طرح میں نے ڈاکٹر صاحب کو کسی کی غیبت اور برائی کرتے نہیں دیکھا اسی طرح ان کے کردار میں جذبہ انتقام کی کوئی لہر بھی مجھے کبھی نظر نہیں آئی۔ ان کا سینہ ہر قسم کی کدورت سے پاک آئینہ کی طرح شفاف تھا۔ جانتے تھے فلاں شخص میرا مخالف ہے، ہر جگہ میری برائی کرتا ہے پھر بھی اگر وہ ان سے ملتا اور ان سے مدد چاہتا تو وہ اس کی پذیرائی اسی طرح کرتے جیسے خاص اپنوں کی۔ بعض باتوں میں وہ دوسروں سے اختلاف رکھتے تھے لیکن اس اختلاف کو سینے میں سانپ بنا کر پالے رکھنے اور موقع پا کر دوسروں کو ڈسنے کی خوئے بد ان میں نہ تھی۔ غم و خوشی دونوں کا حساب وہ ہر شخص کے ساتھ روز کا روز بے باق رکھتے تھے۔ خفا ہوتے تھے لیکن خفگی کو کینے کا وسیلہ نہ بننے دیتے تھے۔ ان کا غصہ شعلہ مستعجل تھا۔ ذرا دیر کے لئے لپکتا پھر خنکی میں بدل

جاتا۔ بقول شخصے ان کا غصہ کیا تھا۔ ایک طرح کا انجکشن تھا۔ ایک لمحہ کے لئے جھٹکا سا لگتا تھا اور ہلکی سی چبھن محسوس ہوتی تھی پھر افاقہ۔ یعنی دوسرے ہی لمحے ڈاکٹر صاحب اپنی مسکراہٹوں سے مریض کے زخم پر مرہم رکھتے اور اس انداز سے جیسے وہ انجکشن دینے میں خود بھی چبھن محسوس کر رہے تھے۔ اگر کسی کی کوئی بات ان کے مزاج کے خلاف ہوتی تو بھی ایسی شان بے نیازی سے کام لیتے کہ ان کے نیاز مند، ان کی فراخ دلی پر حیرت زدہ رہ جاتے۔ اس طرح کا ایک تجربہ مجھے ذاتی طور پر بھی ہوا۔ پروفیسر این۔ ڈی خاں جو اس وقت پی پی پی کے ممتاز رہنما ہیں جامعہ ملیہ کالج میں استاد تھے۔ ایک مسئلے پر مجلس سے اختلاف ہوا اور انہیں برطرفی کا نوٹس دے دیا گیا۔ تحقیقی کمیشن اور مقدمہ بازی تک بات گئی۔ پروفیسر این۔ ڈی خاں صاحب نے مختلف اخبار و رسائل کو اپنی صفائی میں ایک طویل مراسلہ بھیجا۔ جس کا خلاصہ یہ تھا کہ ان کے ساتھ ناانصافی ہو رہی ہے۔ یہ مراسلہ مجھے بھی بھیجا گیا اور میں نے اکتوبر ۱۹۶۹ء کے نگار میں اسے مندرجہ ذیل نوٹ کے ساتھ شائع کر دیا۔

"آپ کا مراسلہ مفصل تبصرہ چاہتا ہے اور میں نے اسی خیال سے حالات و واقعات کا جائزہ بھی لیا تھا لیکن جب معلوم ہوا کہ اس سلسلے میں ہائی کورٹ کے ایک چیف جسٹس کی سربراہی میں تحقیقی کمیشن مقرر کر دیا گیا ہے تو میں نے اپنے جائزے کو شامل اشاعت کرنا مناسب نہ سمجھا۔ جہاں تک آپ کے عقائد کا تعلق ہے اس سلسلے میں مجھے کچھ کہنے کی ضرورت نہیں۔ خود آپ کا مراسلہ واضح شہادت ہے کہ آپ بحمد للہ راہ مستقیم پر ہیں۔ اس وضاحت کے بعد کسی کا یہ اصرار کہ آپ مسلمان نہیں ہیں یا اللہ و رسول پر ایمان نہیں رکھتے۔ ایسی مذہبی اجارہ داری کے مترادف ہے جسے کوئی اسلامی معاشرہ یا مسلمان کبھی استحسان کی نظر سے نہیں دیکھ سکتا۔ رہا کسی کے غیر ارادی فعل یا سہو و خطا کا سوال، سو اس کا امکان بہر حال مجھ سے بھی اور آپ سے بھی رہتا ہے اللہ تعالیٰ ہی اس کا بصیر و محاسب ہے۔ بندوں کو خدا بننے کا حق نہیں پہنچتا۔"

جامعہ ملیہ کے بعض احباب نے میرے اس نوٹ کو پسند نہ کیا۔ ڈاکٹر صاحب کی توجہ بھی لوگوں نے اس طرف بطور خاص مبذول کرائی۔ ضمناً یہ بھی ظاہر کیا کہ ڈاکٹر صاحب نے اسے پسند نہیں کیا لیکن یہ محض قیاس تھا۔ ڈاکٹر صاحب نے نہ کبھی اس کا مجھ سے ذکر کیا اور نہ میرے حال پر ان کی لطف ارزانی میں کوئی کمی آئی۔ وہ ان لوگوں میں نہ تھے جو کسی معاملے میں کسی اختلاف رائے کو بہانا بنا کر دل میں گرہ ڈال لیتے ہیں اور اصولی مسئلوں کو ذاتی مسئلہ بنالیتے ہیں۔ اظہار رائے کے سلسلے میں وہ خود بھی آزاد و بے باک تھے اور دوسروں کو بھی اس کا حق دیتے تھے۔

ڈاکٹر صاحب کی شخصیت کی طرح ان کا علمی و ادبی ذوق بھی ہمہ گیر تھا۔ اپنے مخصوص مضامین یعنی تعلیم، تاریخ اور سیاست کے ساتھ ساتھ فنون لطیفہ خصوصاً شعر و ادب پر بھی وہ اچھی نظر رکھتے تھے۔ فارسی اور اس کی شعری و ادبی روایات سے آگاہی کے سبب اردو شاعری کے رموز و نکات کو خوب سمجھتے تھے۔ اور ناقدانہ بصیرت کے ساتھ ان سے لطف اندوز ہوتے تھے ادبی اجتماعات میں ان کی گفتگو سننے کے لائق ہوتی تھی۔ جس موضوع پر بولتے تھے۔ بعض بہت خوبصورت اور انفرادی نکتے پیدا کر لیتے تھے۔ انگریزی اور اردو دونوں میں لکھتے اور بولتے تھے۔ اور اس انداز خاص سے کہ دونوں میں لطف زبان برقرار رہتا تھا۔ یہی سبب تھا کہ علم و فن کی بیشتر شاخوں کے اجتماعات میں انہیں بلایا جاتا تھا اور ان کی بات توجہ سے سنی جاتی تھی چنانچہ ان کے قلمی مسودات میں تعلیم، تاریخ اور مختلف ثقافتی موضوعات کے علاوہ اردو زبان اور شعر و ادب کے مسائل پر بھی کئی مقالے نظر آتے ہیں۔ یہ مقالے فکر و نظر اور زبان و بیان ہر لحاظ سے قابل توجہ ہیں اور بعض بالکل نئے پہلوؤں کو اجاگر کرتے ہیں۔ ان میں سے میں نے چند منتخب مقالے "خطباتِ محمود" کے نام سے شائع کر دیے ہیں۔

یہ ضرور ہے کہ درس و تدریس اور انتظامی امور کی بے پناہ مصروفیت کے سبب وہ تصنیف و تالیف کی طرف پوری توجہ نہ دے سکے۔ پھر بھی سات آٹھ کتابیں مطبوعہ شکل میں دے جانا اس امر کی دلیل ہے کہ وہ سماجی مشاغل میں حد درجہ مصروف رہنے کے باوصف تحقیقی و تنقیدی کام کی طرف سے غافل نہ تھے۔ لکھنے پڑھنے کے لئے وقت نکال لیتے تھے۔ ان کے درجنوں خطبے اور مقالے غیر مطبوعہ صورت میں

پڑے ہیں اور متعلقہ موضوعات کے بعض بالکل نئے پہلوؤں کو روشن کرتے ہیں۔ ڈاکٹر صاحب اپنی ذات و صفات کی طرف سے ایسی بے نیازانہ زندگی بسر کر گئے کہ ان کے یہ مقالات۔ کتابی صورت میں ان کی زندگی میں شائع نہ ہوسکے ورنہ اگر وہ چاہتے تو آج بہت آسانی سے ان کی کئی کتابیں اردو اور انگریزی میں موجود ہوتیں۔ معاہدۂ عمرانی کا دیباچہ ظاہر کرتا ہے کہ انہوں نے ۳۴۔۱۹۳۳ء سے باقاعدہ لکھنا شروع کر دیا تھا اور اس وقت کلکتہ ریویو اور ماڈرن ٹائمز میں ان کے جو مضامین انگریزی میں چھپے تھے۔ وہ علمی حلقوں میں خاصے پسند کئے گئے تھے۔ ۱۹۳۳ء سے لیکر تادم مرگ تقریباً چالیس سال تک دوسری مصروفیتوں کے باوجود وہ برابر لکھتے رہے اور مطبوعہ و غیر مطبوعہ دونوں شکلوں میں تصنیف و تالیف کا ایک ایسا بڑا ذخیرہ یادگار چھوڑ گئے جو ان کے قبیل کے لوگوں کے یہاں بہت کم ملتا ہے۔

ڈاکٹر صاحب کی دلجوئی و دلنوازی کا تجربہ سبھی کو ہے۔ اس دلنوازی کا اہم ترین پہلو یہ تھا کہ وہ اپنے مخاطب یا میزبان کو خواہ وہ کتنے ہی معمولی درجے کا کیوں نہ ہو احساس کمتری کا شکار نہیں ہونے دیتے تھے۔ پہلی ملاقات میں اپنے اخلاق رویوں سے وہ اسے اتنا بلند کر دیتے تھے کہ وہ خود بھی اپنے آپ کو تھوڑی دیر کے لئے بڑا محسوس کرنے لگتا تھا۔ ان کا یہ عمل کسی تصنع یا بناوٹ کا نتیجہ نہیں بلکہ ان کی سیرت کا جزو اعظم تھا۔ اپنے چپراسیوں اور دھوبیوں کی دعوت پر بھی وہ ان کے گھر جاتے اور نہایت خوش دلی سے ان کی تقریبات میں ایک عام آدمی کی طرح شریک ہوتے۔ ٹوٹی ہوئی پلنگ اور معمولی فرش پر جھٹ سے بیٹھ جاتے اور میزبان کی خوشیوں کو دوبالا کر دیتے۔ ذیابطیس اور دل کے مریض تھے۔ کئی چیزوں سے پرہیز کرتے تھے لیکن میزبان کی خاطر ہر چیز کھالیتے۔ بعض لوگ از راہ ہمدردی ڈاکٹر صاحب کو روکنا چاہتے ڈاکٹر صاحب کہتے، بھائی اب یہ کہہ رہے ہیں تو تھوڑا سا لیے لیتا ہوں۔ کھانا کیسا ہی ہو تعریف کرتے اور خندہ پیشانی سے مزے لے لے کر کھاتے، دسترخوان پر جتنی بھی چیزیں ہوتیں، میزبان کے اصرار پر ہر چیز چکھتے۔ عام طور پر دیکھا گیا ہے کہ اگر کھانے میں اتفاق سے کوئی کمی رہ گئی ہو یعنی سالن میں مرچ یا نمک زیادہ ہو گیا ہو یا فیرنی میں شکر کم ہو گئی تو لوگ اس کا اظہار اس طرح کرنے لگتے ہیں کہ میزبان کو بڑی

خفت ہوتی ہے۔ ڈاکٹر صاحب دوسروں کے برعکس اس قسم کی چیزوں کو زیادہ کھاتے۔ بار بار لیتے اور بڑی تعریف کرتے، مقصود صرف یہ ہوتا کہ میزبان کو خفت کے احساس سے بچایا جائے کھانے کے معاملے میں گھر اور گھر کے باہر دونوں جگہ ان کا عمل یہی تھا۔ جو کچھ سامنے آگیا صبر و شکر کے ساتھ کھالیا اور پکانے والے کی معمولی کمزوری کی آڑ لے کر رزق کو تنقید سے دیکھنا یا میزبان کو خفیف کرنا کبھی پسند نہیں کیا۔

معمولی جلسوں سے لے کر شادی بیاہ تک، چھوٹا بڑا ہر آدمی ڈاکٹر صاحب کو بلانا چاہتا۔ ایک دن میں درجنوں جگہ انہیں جانا پڑتا۔ تھک کر چور ہو جاتے بیگم، بچے اور بعض احباب روکنا چاہتے، لیکن ڈاکٹر صاحب کہتے "بھائی اتنے خلوص سے بلا رہے ہیں کیسے انکار کروں، ذرا دیر کے لئے چلا جاؤں گا۔" اگر کوئی مجبوری نہ ہو تو بلا امتیاز ہر شخص سے وعدہ کر لیتے اور ایفائے وعدہ کو اپنا فرض سمجھتے۔ بیمار ہوں، موسم خراب ہو، کوئی اور جائے یا نہ جائے ڈاکٹر صاحب جائیں گے، وعدہ جو کر لیا ہے۔ ایسے ایک دو نہیں کئی منظر میری نظر سے گذرے ہیں۔ ایک صاحب کےیہاں رات کا کھانا تھا۔ بہت سے لوگ مدعو تھے لیکن شام کے چھ بجے برق و باد کا طوفان شروع ہوا۔ بارش کا تار نہ ٹوٹا راستے مخدوش، کراچی جل تھل ہو گیا۔ ڈاکٹر صاحب جامعہ ملیہ میں بیٹھے مضطرب ہو رہے تھے کہ فلاں صاحب انتظار کر رہے ہوں گے۔ کتنے پریشان ہوں گے سارا کھانا خراب ہوگا۔ چلنا چاہیئے۔ ڈرائیور کو بلایا اور کہا دیر تو ہو گئی لیکن کسی طرح چلو۔ دوسرے لوگ بھی تیار ہو گئے۔ ڈاکٹر صاحب بارہ میل کا سفر کر کے لت پت کپڑوں میں پہنچ گئے۔ اس خلاف توقع آمد پر میزبان کی باچھیں کھل گئیں، دوسرے نہ پہنچ سکے لیکن ڈاکٹر صاحب کی موجودگی نے اس کا سارا غم دُور کر دیا۔

❁ ڈاکٹر محمود حسین کو تعلیم، تعلیمی اداروں اور تعلیمی مسائل سے خاص دلچسپی تھی، ان کا یقین تھا کہ اچھے تعلیمی ادارے ہی، ایک با کردار قوم کی تعمیر و تشکیل کا حق ادا کر سکتے ہیں، چنانچہ ان کی عملی پوری زندگی تعلیم ہی کے شعبوں میں گذری، مختلف یونیورسٹیوں میں پروفیسر رہے، کابینہ میں وزیر تعلیم رہے، وائس چانسلر رہے اور درجنوں تعلیمی اداروں کے رکن و معاون رہے اسی کے ساتھ ساتھ جامعہ تعلیم ملی کے

نام سے ایک مثالی تعلیمی ادارے کی بنیاد ڈالی، یہ ادارہ، ابتدائی اسکول سے لے کر ڈگری کالج تک ہر قسم کی فنی و سائنسی تعلیم دیتا ہے۔اور کسی وقت پاکستان کے ان اداروں میں شمار ہوتا تھا جسے دیکھنے کے لئے دور دور سے لوگ آتے تھے۔اور جس میں داخلے کے لئے ملک اور ملک سے باہر، کے طلبا۔ مشتاق رہتے تھے۔اس ادارے کی شادابی اور چہل پہل فی الواقع دیکھنے کے لائق ہوتی تھی۔لیکن سرکاری تحویل میں جانے کے بعد، اب یہ ایک وحشت کدہ ہے، ہر طرف دھول اڑتی ہے ور بھیانک سناٹا ہے کاش، حکومت یا قوم اس طرف توجہ کرے کہ ابھی اس کی جڑوں میں تازگی و توانائی باقی ہے اور ذرا سی آبیاری کے بعد یہ اب بھی ایک سایہ دار تناور درخت بن سکتا ہے۔

جامعہ ملّیہ ملیر، کیسے قائم ہوا، اس کے بارے میں لوگوں کو پوری واقفیت نہیں ہے۔حتیٰ کہ مجلس تعلیم ملی کی سالانہ مطبوعہ رویدادیں بھی اس کے ذکر سے خالی ہیں اس لئے اس کا مختصر تذکرہ ضروری معلوم ہوتا ہے۔ مجلس تعلیم ملی (رجسٹرڈ) نام ہے ایک انجمن یا تنظیم کا اور جامعہ ملیہ نام ہے اس تعلیمی ادارے کا جو اس مجلس کے تحت قائم ہوا۔ مجلس تعلیم ملی کی جانب سے ۱۶ مارچ ۱۹۵۳ء کو جو میمورنڈم چھپا تھا اور جسے بعض ترمیمات کے ساتھ ٹائمس پریس کراچی سے بھی ۱۹۶۴ء میں شائع کیا گیا تھا۔اس کے دیکھنے سے پتہ چلتا ہے کہ جامعہ ملیہ اسلامیہ دہلی کے بعض قدیم طلباء اساتذہ اور بہی خواہوں کا ایک جلسہ ۷ مارچ ۴۸ء کو ہوا تھا، اس میں مجلس تعیلم ملی پاکستان کے قیام کی قرارداد منظور کی گئی تھی۔پھر ۲۱ مارچ ۱۹۴۸ء کو اس کا میمورنڈم مرتب کیا گیا، اور مولانا اسلم جے راج پوری، پروفیسر وقار عظیم، سید عروج الحسن، عبدالواحد سندھی، رحیم الدین، تصویر حسین اور کے سی چشتی نے اس پر دستخط کئے لیکن یہ مجلس کئی برس تک صرف کاغذ پر رہی اور عملی صورت اختیار نہ کر سکی۔جب ماسٹر عبدالحیٔ مرحوم اور اس وقت کے وزیر تعلیم ڈاکٹر محمود حسین مرحوم، اس میں عملاً شریک ہوئے تو مجلس تعلیم ملی ایک فعال تنظیم بن گئی اور ڈاکٹر صاحب مرحوم کی قیادت میں ۲۹ اکتوبر ۱۹۵۲ء کو "جامعہ ملّیہ ملیر" کے نام سے اپنے وجود و اقدام کا عملی ثبوت فراہم کر سکی۔چنانچہ مجلس تعلیم ملی کا یوم تاسیس اسی نسبت سے ۲۹ اکتوبر کو

منایا جاتا ہے اس تاریخ کے انتخاب میں ایک نکتہ یہ بھی ہے کہ جامعہ ملیہ اسلامیہ دہلی کی بنیاد بھی اسی تاریخ کو رکھی گئی تھی۔

جامعہ ملیہ کراچی کے پس منظر سے بھی عام طور پر لوگ بے خبر ہیں۔ حالانکہ ۹ مارچ ۱۹۵۲ء کے سارے اخبارات میں اور ، اپریل ۱۹۵۲ء کے نگار کے علاوہ جون ۱۹۶۶ء کے نگار میں بھی اس کا ذکر آچکا ہے۔ اکتوبر ۱۹۵۲ء میں جس وقت مجلس تعلیم ملی کو جامعہ ملیہ کے لئے موجودہ جگہ الاٹ ہوئی تو وہاں چند کمروں کی وہ لمبی بیرک موجود تھی جس میں جامعہ ملیہ کا ابتدائی مدرسہ ہے۔ یہ گرو کل بلڈنگ نام کی ایک متروکہ عمارت تھی اور جامعہ ملیہ سے پہلے اس میں ری پبلک اسکول " کے نام سے آٹھویں جماعت تک ایک اسکول ۱۹۵۰ء سے قائم تھا۔ طلبا کی تعداد ڈیڑھ سو کے قریب تھی۔ چھ استاد تھے۔ پہلے ہیڈ ماسٹر مقبول احمد مرحوم اور دوسرے ہیڈ ماسٹر ذاکر حسین صدا لکھنوی تھے۔ یہ اسکول "انجمن تعلیمات ملیہ" (رجسٹرڈ) کے تحت قائم تھا اور انجمن کے صدر ملک کے ممتاز صنعت کار اور علم دوست جناب پیر محفوظ علی صاحب تھے۔ اس کی مجلس منتظمہ میں محمد حبیب صدیقی، مولانا سعید الرحمن رہبر کانپوری، رشید احمد رومی، عبدالعزیز جعفری اور ریاض الحق وغیرہ کے ساتھ راقم الحروف بھی شعبہ نشر و اشاعت کے انچارج ، رکن کی حیثیت سے شامل تھا۔ نظامت تعلیم کی طرف سے اسکول کے معائنے بھی ، ہوئے لیکن چونکہ اسکول کی عمارت کے دو کمروں میں مولانا رضی صاحب مع خاندان کے رہتے تھے اور کسی قیمت پر چھوڑنے کو تیار نہ تھے اس لئے نہ تو پوری عمارت انجمن کی تحویل میں آسکی اور نہ اسکول کو سرکاری امداد مل سکی۔ مالی خستگی کو دور کرنے کے لئے یہ طے پایا کہ ایک بین المملکتی مشاعرہ منعقد کیا جائے اس مشاعرے کا کنوینر اور اس کی انتظامی کمیٹی کا سیکریٹری بھی راقم الحروف تھا۔ ۸ مارچ ۱۹۵۲ء کو سندھ مدرسہ کے احاطے میں مشاعرہ ہوا۔ میری گذارش پر علامہ نیاز فتح پوری صدارت کے لئے اور جوش، فراق، جگر، اثر لکھنوی اور شعری بھوپالی مہمان شاعر کی حیثیت میں ہندوستان سے تشریف لائے۔

حفیظ جالندھری صاحب نے استقبالیہ کمیٹی کے چیئرمین کی حیثیت سے باہر سے آنے والے شعرا کا خیر مقدم کیا اور ضیاء الحسن موسوی صاحب نے اسٹیج سیکریٹری

کے فرائض انجام دیئے۔ یہ پاکستان کی تاریخ کا ایک غیر معمولی مشاعرہ تھا۔ اس میں اس وقت کے بیشتر مرکزی وزرا شریک ہوئے تھے۔ سید ہاشم رضا صاحب کراچی کے ناظم اعلیٰ تھے اور ہندوستانی شعراء کے لئے اجازت نامے انہیں کے ذریعے حاصل کئے گئے تھے دوسرے دن شعراء کے اعزاز میں پیر محفوظ علی صاحب نے اپنے گھر پر جو عشائیہ دیا تھا اس میں بھی سید ہاشم رضا صاحب، حفیظ جالندھری صاحب اور ذوالفقار علی بخاری صاحب شریک تھے۔ لیکن مشاعرہ جس غرض سے کیا گیا تھا وہ مقصد پورا نہ ہوا یہ وہ زمانہ تھا جب محمود حسین صاحب مرحوم وزیر تعلیم تھے اور جامعہ ملیہ کے قیام کے لئے جگہ کی تلاش میں تھے سید ہاشم رضا صاحب کے توسط سے انہوں نے انجمن تعلیمات ملیہ کے صدر پیر محفوظ علی صاحب سے بات چیت کی اور اس خیال سے کہ ملیر میں بہت جلد ایک مثالی تعلیمی ادارہ قائم ہو جائے گا پیر محفوظ صاحب نے ری پبلک اسکول کی عمارت کو مجلس تعلیم ملی کی تحویل میں دے دیا۔ بعد کو مولانا رضی نے بھی کمرے خالی کر دیئے۔ اور مجلس نے ۲۹ اکتوبر ۱۹۵۲ء سے اپنے انداز پر کام کرنا شروع کر دیا۔ چند برسوں میں، اس مجلس نے "جامعہ تعلیم ملی" کے نام سے ایک کثیر المقاصد تعلیمی درسگاہ قائم کر دی۔ ایسی درسگاہ جس کے معیار و تنظیم کی شہرت، ملک سے باہر دور دور تک پہنچ گئی تھی۔ اور جسے مثالی درسگاہ کے طور پر باہر کے ماہرین تعلیم کو دکھایا جاتا تھا۔ یونیورسٹی کا منصب ملنے ہی والا تھا کہ اسے قومی تحویل میں لے لیا گیا۔ اور سارے منصوبے خاک میں مل گئے۔ کیے دھرے پر پانی پھر گیا۔

ڈاکٹر اختر حسین رائے پوری

(۱۹۱۲ء .... ۱۹۹۲ء)

میٹرک پاس کرنے کے فوراً بعد، حد درجہ چونکا دینے والی جو کتاب میرے مطالعے میں آئی وہ "ادب وانقلاب" تھی۔ یہ کتاب، ان کتابوں میں سے ایک ہے جسے میں نے ایک قیمتی اثاثہ جانا اور ہجرت کرتے وقت اپنے ساتھ لایا۔ یہ نسخہ آج بھی میرے پاس محفوظ ہے لیکن بہت دنوں تک، اس کے مصنف ڈاکٹر اختر حسین رائے پوری کی ذات و صفات سے میں یکسر ناواقف و بے خبر رہا۔ اس لیے کہ اختر حسین رائے پوری نہ تو کبھی عام محفلوں کے آدمی رہے اور نہ ان کی منصبی مصروفیات نے انہیں اس کا موقع دیا۔

چھٹی دہائی کے اوائل کی بات ہے میں نے انہیں پہلی بار کراچی میں اس وقت دیکھا جب اختر انصاری اکبر آبادی (مرحوم) مدیر "مشرب" نے اپنے ادارے کی تازہ مطبوعات کے سلسلے میں ڈاکٹر اختر حسین رائے پوری کی زیر صدارت، ایک ادبی جلسہ کیا۔ تین کتابیں بیک وقت زیر بحث تھیں۔ ایک پر سلیم احمد (مرحوم) کو دوسری پر کسی اور کو اور تیسری کتاب "دلی کی بپتا" مصنفہ شاہد احمد دہلوی (مرحوم) پر مجھے مضمون پڑھنے کے لیے کہا گیا تھا۔ بہت کامیاب جلسہ تھا اور شہر کے بیشتر صاحبانِ ذوق اس میں شریک تھے۔ میرے لیے تقریب کا حاصل یہ تھا کہ مجھے پہلی بار شاہد احمد دہلوی اور ڈاکٹر اختر حسین رائے پوری سے ملنے اور تبادلہ خیال کا موقع ملا تھا۔

اس جلسے کا ایک واقعہ مجھے ہمیشہ یاد رہے گا۔ شاہد احمد دہلوی (مرحوم) سے ملاقات ہوئی تو مصافحہ و معانقہ کے بعد، انہوں نے مجھے اوپر سے نیچے تک دیکھا اور بولے "آپ کو تو میں، مولانا نیاز فتح پوری کی طرز کا بقراطی مولوی سمجھتا تھا۔ لیکن آپ تو صاحبزادے اور اچھے بھلے آدمی نکلے"۔ اس کے بعد شاہد صاحب سے ملنے کا سلسلہ قائم رہا اور مجھے یہ اندازہ ہوا کہ شاہد صاحب، کبھی نیاز فتح پوری سے خوش نہیں رہے اور اولین ملاقات میں انہوں نے اپنے فقروں میں دراصل نیاز پر چھینٹیں پھینکی تھیں۔ یہ

الگ بات ہے کہ شاہد صاحب نے جب جوش ملیح آبادی کے خلاف، ساقی کا "جوش نمبر" نکالا، تو نیاز کی تحریروں کو اپنے مقصد کے لیے بہت اہم جانا اور نگار کی فائلوں سے تلاش کر کے جوش نمبر میں بطور خاص جگہ دی، خیر یہ تو جملہ معترضہ تھا۔ سچ یہ ہے کہ شاہد صاحب مجھ سے بہت خوش دلی سے ملے اور نہایت حوصلہ افزا لہجے میں مجھ سے پوچھا، کب آئے، کہاں ہیں اور کیا کر رہے ہیں۔ اور ان کا یہ شفقت آمیز بزرگانہ برتاؤ ہمیشہ برقرار رہا۔

بعد ازاں کراچی میں شاہد صاحب سے گاہے گاہے ملاقاتیں رہیں لیکن ڈاکٹر اختر حسین رائے پوری سے ۱۹۷۵ء سے پہلے کوئی رابطہ نہ ہو سکا۔ ۱۹۷۵ء میں رابطے کی ضرورت اور صورت یوں پیدا ہو گئی کہ ۱۰ اپریل ۱۹۷۵ء کو ڈاکٹر محمود حسین کا اچانک انتقال ہوا اور میں نے اسی وقت "نگار" کے محمود حسین نمبر نکالنے کا اعلان کر دیا۔ اس سلسلے میں ڈاکٹر اختر حسین سے بھی میں نے رجوع کیا اس لیے کہ جس زمانے میں ڈاکٹر محمود حسین، وزیر تعلیم تھے، ڈاکٹر اختر حسین بھی وزارت تعلیم میں ایک اہم منصب پر فائز تھے اور ڈاکٹر محمود حسین کی زندگی کے بارے میں بہت کچھ جانتے تھے۔ میری گزارش پر ڈاکٹر اختر حسین، کچھ لکھنے پر تیار تو ہو گئے لیکن بہت مشکل سے۔

ڈاکٹر محمود حسین کے بارے میں انہوں نے جو مختصر سا مضمون لکھا اس میں ایک بات ایسی آگئی جس کے بہانے، مجھے ڈاکٹر اختر حسین صاحب سے فون پر تبادلۂ خیال اور مراسلت کا موقع مل گیا۔ ہوا یہ کہ انہوں نے اپنے مضمون میں ایک فقرہ اس طرح کا لکھا کہ "ڈاکٹر محمود حسین پی ایچ ڈی کرنے کے فوراً بعد پہلے ڈھاکہ یونیورسٹی میں لکچرر ہوئے پھر ترقی پاکر ریڈر ہو گئے۔" میں نے فون پر انہیں بتایا کہ ڈاکٹر محمود حسین کا پہلا تقرر، لکچرار کی حیثیت میں نہیں، ریڈر کی حیثیت میں ہوا تھا۔ اختر حسین صاحب اس بات کو کسی طرح ماننے کو تیار نہ تھے لیکن میرے سامنے ڈاکٹر محمود حسین کا پورا سوانحی خاکہ اور سروس ریکارڈ تھا، پروفیسر ڈاکٹر آر۔ سی موجمدار صدر شعبہ تاریخ ڈھاکہ یونیورسٹی کا وہ خط تھا جس میں انہوں نے ڈاکٹر محمود حسین کو ماڈرن ہسٹری میں ریڈر مقرر ہونے کی اطلاع دی تھی۔ یہ چیزیں میں نے نگار کے محمود حسین نمبر ۱۹۷۵ء میں شائع بھی کر دی ہیں۔

۱۹۷۵ء کے بعد کئی برس تک اختر حسین صاحب سے کوئی رابطہ نہ رہا۔ وہ بھی اس اثنا میں ملازمت سے سبکدوش ہو کر تقریباً گوشہ گیر ہو گئے اور اس گوشہ گیری کو انہوں نے لکھنے پڑھنے کا خاموش وسیلہ بنایا چنانچہ بینائی سے محرومی کے باوجود، ان کی خود نوشت، جسے اردو کی بہترین خود نوشتوں میں شمار کیا جاتا ہے، اسی زمانے میں بنام "گرد راہ" خاص اہتمام سے منظر عام پر آئی۔ یہ کتاب ڈاکٹر اختر حسین کو بھی ایک بار پھر دھوم دھام کے ساتھ علم و ادب کے دربار عام میں لے آئی۔ میں بھی گاہے گاہے حاضری دینے لگا اور ۱۹۸۴ء کے دسمبر میں نیاز فتح پوری کے سہ روزہ تقریبات جشن صد سالہ کے موقع پر ڈاکٹر صاحب سے آخری اجلاس کی صدارت کروائی۔ اس تقریب میں پاکستان بھر کے اکابر ادب کے ساتھ ساتھ بھارت کے متعدد ممتاز اہل قلم نے بھی شرکت کی تھی اور ڈاکٹر اختر حسین رائے پوری کے ہاتھوں نیاز ایوارڈ کی تقسیم عمل میں آئی تھی۔ بعد ازاں وہ میری حوصلہ افزائی کی خاطر، صحت کی خرابی کے باوجود کئی بار "نیاز یادگاری" لکچر کی سالانہ تقریب میں شریک ہوئے۔ خود بھی خوش ہوئے اور اپنی کڑک دار آواز و فکر انگیز خطبات سے اوروں کا دل بھی خوش کیا۔

ڈاکٹر اختر حسین رائے پوری کا خاندانی نام سید اختر حسین اور اب وجد کا وطن عظیم آباد (بہار) ہے۔ ان کے جد امجد، میر مدن نواب سراج الدولہ کے کمانڈر انچیف تھے، آخر وقت تک انگریزوں سے لڑتے ہوئے شہید ہوئے۔ البتہ، اختر حسین رائے پوری کے والد سید اکبر حسین، بسلسلۂ ملازمت رائے پور گئے اور وہیں سکونت اختیار کر لی۔ چنانچہ ان کے رائے پوری لکھنے کا سبب یہی ہے کہ وہ ۱۹۱۲ء میں رائے پور میں پیدا ہوئے۔ ۱۹۲۸ء میں وہیں سے میٹرک کیا۔ بعد کو کلکتہ یونیورسٹی سے ایف، اے علیگڈھ یونیورسٹی سے بی، اے اور بنارس یونیورسٹی سے سنسکرت میں ایم، اے کی سطح کا امتحان، ساہتیہ النکار، پاس کیا۔ ۱۹۳۷ء میں یورپ گئے۔ اور پیرس یونیورسٹی سے، ۱۹۴۰ء میں ڈاکٹریٹ کی ڈگری لی۔ مقالے کا موضوع تھا، "سنسکرت ادب میں سماج کی تصویر"۔ یہ مقالہ فرانسیسی زبان میں لکھا گیا اور اسی میں شائع ہوا۔

اختر صاحب کی شادی ۱۹۳۶ء میں جاسوسی ناولوں (نیلی چھتری اور بہرام کی گرفتاری) کے مشہور مصنف ظفر عمر صاحب کی بیٹی سے ہوئی۔ ظفر عمر پولیس مردس

سے وابستہ تھے، ایس، پی ہو کر ملازمت سے سبکدوش ہوئے۔

پیرس سے واپسی کے بعد وہ کچھ دنوں ایم۔اے او کالج امرتسر میں تاریخ کے پروفیسر رہے۔۱۹۴۵ء میں، فیڈرل پبلک سروس کمیشن نے انہیں معاون مشیر تعلیم" کے عہدے کے لئے منتخب کر لیا۔قیام پاکستان کے بعد ان کی خدمات ان کی مرضی کے مطابق پاکستان کی وزارت تعلیم میں منتقل کر دی گئیں ۱۹۵۶ء تک وہ ڈپٹی سکریٹری کے عہدے پر فائز رہے۔اسی سال وہ اقوام متحدہ کے ادارہ یونسکو سے منسلک ہو گئے اور ان کا قیام، ایران، فرانس اور سومالیہ وغیرہ میں رہا۔ہر جگہ کی زبانوں اور علمی و ادبی ماحول سے انہوں نے خود کو اس طرح مانوس کیا کہ اردو زبان و ادب کو ان کی تحریروں سے بہت کچھ ملا۔ملازمت سے سبکدوش ہونے کے بعد کراچی میں مستقلا سکونت پذیر رہے۔چند روز بیمار رہ کر کراچی میں داعی اجل کو لبیک کہا۔پی ای سی ایچ سوسائٹی کے قبرستان میں مدفون ہیں۔نماز جنازہ اور تدفین کے وقت قبرستان میں مجھے ادیبوں میں چند ہی افراد یعنی صرف شان الحق حقی، صہبا لکھنوی، مسلم شمیم اور مظہر جمیل نظر آئے۔

زمانۂ طالبعلمی ہی سے لکھنے کا شوق تھا، کلکتہ کے دوران قیام میں اس شوق نے عملی صورت اختیار کر لی، پہلے ہندی پھر اردو میں لکھنا شروع کیا۔۱۹۳۵ء میں وہ مولوی عبدالحق کے ایما پر حیدرآباد چلے گئے، اردو انگلش ڈکشنری کی ترتیب اور رسالہ اردو کی ادارت میں ان کے معاون رہے۔رسالہ اردو میں "ناخدا" کے نام سے کتابوں پر جو تبصرے نظر آتے ہیں وہ اختر صاحب ہی کے ہیں۔اسی زمانے سے تالیف، تصنیف اور ترجمے کا ایسا چسکا لگا کہ زندگی کا محبوب ترین مشغلہ بن گیا۔یہ مشغلہ کسی نہ کسی صورت میں مرتے دم تک جاری رہا، افسانوی مجموعوں کے علاوہ مندرجہ ذیل مطبوعات خصوصاً قابل ذکر ہیں۔

۱۔"شکنتلا"۔اردو ترجمہ، ۱۹۳۹ء میں شائع ہوئی۔

۲۔گورکی کی آپ بیتی (ترجمہ) تین جلدوں میں، ۱۹۴۱ء اور ۱۹۴۶ء کے درمیان شائع ہوئی۔

۳۔پیام شباب، نذر الاسلام کی نظموں کا اردو ترجمہ ۱۹۴۰ء میں منظر عام پر آیا۔

۴۔پیاری زمین (پرل بک کے ناول کا اردو ترجمہ) ۱۹۴۲ء میں چھپا۔
۵۔ادب وانقلاب، تنقیدی مقالات کا پہلا مجموعہ ۱۹۴۴ء میں شائع ہوا۔
۶۔روشنی کا مینار، تنقیدی مقالات کا دوسرا مجموعہ ۱۹۵۷ء میں چھپا
۷۔گرد راہ۔خود نوشت ۱۹۸۴ء میں شائع ہوئی

اردو میں اختر حسین کی کئی بہت نمایاں حیثیتیں ہیں۔ان کی پہلی حیثیت ایک افسانہ نگار کی ہے،واقعہ یہ ہے کہ

اختر حسین رائے پوری کی ادبی زندگی کا باقاعدہ آغاز افسانہ نگاری سے ہوا، ان کا پہلا افسانہ "زبان بے زبانی" مارچ ۱۹۳۴ء کے نگار میں شائع ہوا بعد کو "محبت اور نفرت" میں شامل ہوا پھر یہ سلسلہ ہندی اردو اور انگریزی تینوں زبانوں میں ۱۹۴۸ء تک برابر قائم رہا۔طبع زاد ہندی افسانوں کا ایک مجموعے "آگ اور آنسو" کے نام سے راج کمل پبلشرز دہلی نے شائع کیا۔اردو میں دو افسانوی مجموعہ (۱) محبت اور نفرت (۲) زندگی کا میلہ، علی الترتیب ۱۹۳۸ء اور ۱۹۴۷ء میں شائع ہوئے دوسرا آڈیشن ۱۹۵۶ء میں اردو اکیڈمی کراچی سے بھی چھپا۔اختر صاحب کے متعدد افسانے اور تنقیدی مقالے،ہندی، انگریزی، جرمن، سوئیڈش، فارسی اور روسی زبانوں میں ترجمہ کئے جا چکے ہیں، گویا اپنے نام کے ساتھ اردو کا نام بھی برعظیم کی حدود سے باہر دور دور تک پہنچایا ہے اور اردو ادب کے وقار میں زبردست اضافہ کیا ہے۔

اردو افسانہ نگاری کی تاریخ میں اختر صاحب خاص اہمیت کے مالک ہیں، انہوں نے ایک متوازن نقاد اور افسانہ نگار کی حیثیت سے نہ تو نیاز اور مجنوں جیسے رومانی افسانہ نگاروں کو کم مایہ سمجھا ہے اور نہ بعض ترقی پسند ... ں کی خالص حقیقت نگاری کو ادب کی معراج جانا ہے "محبت اور نفرت" کے افسانوں اور اس کے دیباچے سے صاف پتہ چلتا ہے کہ انہوں نے رومان اور حقیقت دونوں کو زندگی کی سچائی کے طور پر قبول کیا ہے اور اپنے افسانوں میں دونوں کو ذاتی تجربوں اور مشاہدوں کی روشنی میں جگہ ... . فسانہ نگاری کے لئے ایک نئی راہ ہموار کی ہے۔

اپنے اس نقطۂ نظر کی وضاحت کرتے ہوئے، وہ "محبت اور نفرت" کے دیباچے میں لکھتے ہیں کہ "ان افسانوں کے لئے میں اپنے ترقی پسند دوستوں سے شرمسار نہیں

ہوں، بہر حال رومان بھی زندگی کی ایک تلخ حقیقت ہے اور کوئی وجہ نہیں کہ اس کی کلفتوں و چھپایا جائے۔ میں ایسا دن نہیں چاہتا جس کی کوئی رات نہ ہو، اور اس نیند کا قائل نہیں ہوں جس میں سپنے نہیں دکھائی دیتے۔

شعر منثور، شاعری کی سب سے مشکل صنف ہے۔ نظم ایک ہُنر ہے جس کے آزو بازو، بحر اور موسیقی کی دیواریں کھڑی ہوئی ہیں۔ مگر نثر کی شاعری آزاد پہاڑی ندی ہے، صرف تخیل کی رنگینی میں موسیقی کا جادو بھرنا بہت دشوار ہے، اگر لوگ اس صنف کی گہرائیوں تک نہیں پہنچ سکتے تو اس سے ان کی کم مائیگی کا ثبوت ملتا ہے، نہ کہ صنف بذات خود بری ہو جاتی ہے۔"

اردو میں ڈاکٹر صاحب کی دوسری نمایاں حیثیت ایک نہایت جان دار اور کامیاب مترجم کی ہے۔ انہوں نے کالی داس، نذر الاسلام، گورکی اور بعض دوسرے زبانوں کے ادیبوں اور شاعروں کی نگارشات کو اردو میں منتقل کر کے اسے عالمی ادب کے ساتھ ملا کر چلنے کی راہ دکھائی اور ایسی دل آویزی کے ساتھ کہ شاید کوئی دوسرا اس کام کو مشکل سے کر سکتا۔ وجہ یہ ہے کہ ہمارے یہاں ایسے لوگ نہ ہونے کے برابر ہیں جو ڈاکٹر صاحب کی طرح اردو، انگریزی، ہندی، سنسکرت، بنگالی، فارسی اور فرانسیسی وغیرہ پر گہری دسترس رکھتے ہوں اور اردو میں ان کے ترجمے اور ترسیل کا حق بھی ادا کر سکتے ہوں۔

ڈاکٹر صاحب کے ادبی کارناموں کی روشنی میں ان کا تیسرا اہم مقام یہ ہے کہ وہ ایک منفرد اور بے لاگ نقاد ہیں۔ انہوں نے ادب و زندگی، ادب و انقلاب، روایت و بغاوت، طبقاتی کش مکش، اقتصادی جبریت، سماجی مساوات، ترقی پسند رجحانات اور ان کے لوازم سے پیدا ہونے والے لفظیات و معنیات سے اردو کو اس وقت بہرہ ور کیا جب کہ انجمن ترقی پسند مصنفین کا خاکہ لندن میں مرتب ہو رہا تھا باقاعدہ تحریک یا انجمن کا قیام ہنوز عمل میں نہ آیا تھا۔

ڈاکٹر اعجاز حسین رائے پوری کی ادبیت کا چوتھا اہم رُخ، ان کی خود نوشت "گرد راہ" کی اشاعت کے بعد سامنے آیا پہلے اردو کے خود نوشت سوانحی ذخیرے میں ان کی کتاب فی الواقع ایک گراں قدر اضافہ ہے "خود نوشت" کو سوانح نگار کی ذات

وصفات اور اردگرد کی تہذیبی کائنات کے تعلق سے حقیقتاً کیا ہونا چاہیے "گرد راہ" اس کا خوب صورت اور بھرپور جواب ہے۔ اردو میں اس قبیل کی خود نوشتیں ایک ہاتھ کی انگلیوں سے زیادہ نہیں ہیں۔

یہ چاروں پہلو جن کا ذکر اوپر کیا گیا ہے، اختر حسین رائے پوری کی ادبی شخصیت کے بہت اہم پہلو ہیں اور ان سب پر کچھ نہ کچھ لکھا گیا ہے، البتہ ایک پہلو ایسا ہے جس پر اب تک توجہ نہیں دی گئی۔ میری مراد ڈاکٹر صاحب کی ادبی زندگی کے اس سپاہیانہ پہلو سے ہے جسے اردو کے دفاع کے سلسلے میں تاریخی اہمیت حاصل ہے۔ ہر چند کہ اس پہلو کے نشانات ان کی پہلی تنقیدی کتاب "ادب و انقلاب" سے لے کر "گرد راہ" تک بکھرے پڑے ہیں اور یہ نشانات برعظیم کی جدوجہد آزادی، ثقافتی و تہذیبی زندگی، دو قومی نظریے کی اساس، ہندی اردو تنازع، تحریک پاکستان اور پاکستانی ادب کے تناظر میں اتنے اہم ہیں کہ ان کا تذکرہ کسی نہ کسی نہج سے ہونا چاہیے تھا۔ میں ان کے اس پہلو کا تذکرہ چھیڑ رہا ہوں، لیکن ایسا کرنے میں مجھے چند لمحوں کے لیے تحریک پاکستان اور اس کے ثقافتی منظر میں جانا پڑے گا۔

یہ بتانے کی ضرورت نہیں کہ تحریک پاکستان کے محرکات میں متعدد سیاسی و سماجی، اقتصادی و تہذیبی اور مذہبی و ثقافتی عناصر شامل ہیں۔ ان میں سے ہر عنصر اپنی اپنی جگہ اہم ہے اور ہندو مسلم سیاست میں شروع سے لے کر آخر تک زیر بحث رہا ہے تاہم ۱۸۵۷ء سے ۱۹۴۷ء تک کی تقریباً سو سالہ جدوجہد آزادی اس بات کی شاہد ہے کہ تحریک پاکستان کا آغاز حقیقتاً دو قومی نظریے کی اساس پر ہوا ہے اور اس نظریے کا آغاز و ارتقا اور استحکام اور تکمیل میں اردو ہندی کے قضیے نے غیر معمولی کردار ادا کیا ہے

اردو ہندی کا قضیہ جیسا کہ برعظیم پاک و ہند کی تحریک و تاریخ آزادی سے ظاہر ہے، اگرچہ ۱۸۵۷ء کے فوراً بعد رونما ہو گیا تھا لیکن اس میں شدت اس وقت پیدا ہوئی جب آزادی کے دن بہت قریب آ گئے اور کانگریس نے اپنے پچھلے لسانی فیصلوں اور معاہدہ کو پس پشت ڈال کر اپنی اکثریت کے زعم میں یہ طے کر لیا کہ آزادی کے بعد پورے برعظیم کی قومی و سرکاری زبان ہندی اور صرف ہندی ہوگی۔

آزادی سے دس بارہ سال پہلے تک کانگریس اور اس کے ذمے دار رہنما،

مسلمانوں کو دو قومی نظریے اور جداگانہ انتخاب کے مطالبات کی طرف سے غافل رکھنے کے لیے کم از کم اتنا کہتے آئے تھے کہ۔

"آئندہ ہندوستان کی قومی زبان ہندوستانی ہوگی اور وہ ناگری اور فارسی دونوں رسم الخط میں لکھی جائے گی۔"

بعد کو "ہندی ساہتیہ سمیلن" کے ایک اجلاس میں "ہندوستانی" کو "ہندی، ہندوستانی" کے الفاظ سے بدل دیا گیا اور اس کی توثیق، گاندھی جی نے بھی کر دی۔ یہ تبدیلی معمولی نہ تھی۔ اس نے کانگریس کے عزائم اور گاندھی جی کی چالوں کو پوری طرح واضح کر دیا۔ چنانچہ اس کے بعد زبان کے مسئلے نے ایسی سنگین صورت اختیار کر لی کہ ہندوؤں اور مسلمانوں کے درمیان اتحاد کا امکان ہمیشہ کے لیے ختم ہو گیا۔ ڈاکٹر تاراچند نے بہت صحیح لکھا ہے کہ

"Sammelan unfortunately modified the resolution of the Congress and suggested that Hindi-Hindustani should be lingua franca of India. The decision created a great deal of stir, specially among the nationally minded Muslims, who keenly desired a settlement but were disappointed by the resolution. At Indore the decision of Sahitya Sammelan was confirmed with the result that the communal tangle became much worse. The establishment of the Hindi Parchar Sabha and the intensification of attempts to propagate Sanskritized Hindi, led to a reation and the Muslim League decided that Urdue should be considered the lingua france of India."

ہندی ساہتیہ سمیلن اندور کے اجلاس (۱۹۳۵ء) میں کانگریس کی قرارداد میں جو ردّ و بدل ہوا وہ گاندھی جی کے خاص منشا سے ان ہی کی صدارت میں ہوا اور اس پر انہوں نے بڑی مسرت کا اظہار کیا۔ ۴ مئی ۱۹۳۵ء کے "ہریجن" میں انہوں نے لکھا :

"The Hindi Sahitya Sammelan, recently held at Indore passed some useful resolutions. Among them was one, giving a definition of Hindi and other expressing the opinion that all the languages that had descended from or had been largely influenced by Sanskirt should be writen in Dewnagri Script.

The authorized script of the Sammelan still remains Dewnagri". The propagation of the Dewanagri script among Hindus of the Punjab, as elsewhere, will still continue. The resolution in no way detracts from the value of Dewnagri Script."

اس طرح گاندھی جی نے ہندی ساہتیہ سمیلن کی منظور کردہ قرار داد کو کانگریس کی قرار داد بنا دیا اور اسے عملی جامہ پہنانے کے لیے ایک کمیٹی قایم کر دی۔ چند روز بعد اس کمیٹی نے ایک فعال انجمن اور ادارے کی صورت اختیار کر لی۔یہی انجمن "بھارتیہ ساہتیہ پرشد" (انجمن ادبیات ہند) کے نام سے مشہور ہوئی۔اس انجمن یا ادارے کا مقصد یہ تھا کہ برعظیم کے ہر علاقے کے ادیبوں کو اس کا ممبر بنایا جائے اور انہیں یک جا کر کے ہندی ساہتیہ سمیلن کی منظور کردہ قرار داد کی تائید حاصل کر لی جائے۔چنانچہ اس کام کے لیے ۲۴، اپریل ۱۹۳۵ء کو ناگپور میں "بھارتیہ ساہتیہ پرشد" کا ایک اجلاس بلایا گیا اور اس میں ہر زبان کے ادیبوں کو شرکت کی دعوت دی گئی۔ عموماً ایسے ہی لوگ مدعو کیے گئے تھے جن سے توقع کی جاتی تھی کہ وہ کانگریس اور ہندی ساہتیہ سمیلن کی قرار داد کی حمایت میں رائے دیں گے۔ پھر بھی اس میں کچھ ایسے لوگ بھی پہنچ گئے جن کا موقف اکثریت کے موقف سے مختلف تھا۔ان میں انجمن ترقی اردو کے سکریٹری مولوی عبدالحق کا نام یوں سب سے اہم اور محترم ہے کہ انہوں نے بھارتیہ ساہتیہ پرشد کے اس جلسے میں اردو کے دفاع کے سلسلے میں تن تنہا وہ کام کیا جو ایک پوری جماعت ہی کر سکتی تھی۔

مولوی صاحب کی عمر اس وقت پینسٹھ سے اوپر تھی لیکن ان کے ساتھ اس تاریخی اور معرکہ آرا اجلاس میں اردو کی دفاعی لائن میں ایک ایسا نوجوان بھی شامل تھا جس کی عمر اس وقت مشکل سے بائیس تیئس سال تھی۔یہی نوجوان بعد کو ڈاکٹر اختر حسین رائے پوری کے نام سے مشہور ہوا۔اس نوجوان نے بھارتیہ ساہتیہ پرشد کے اجلاس میں خاموش تماشائی کی حیثیت میں شرکت نہیں کی تھی بلکہ اردو کے باشعور مندوب اور سپاہی ہونے کا ثبوت دیا تھا۔بحث میں حصہ لیتے ہوئے قرار داد میں ترمیمات کا مطالبہ کیا تھا۔متبادل تجویزیں پیش کی تھیں اور مسئلے پر دوبارہ غور کرنے پر مجمع کی توجہ مبذول کرائی تھی۔لیکن اکثریت چونکہ ہندی کے پرستاروں اور اردو کے مخالفوں کی تھی اس لیے کوئی شنوائی نہ ہوئی۔من مانے طور پر وہی پرانی قرار داد منظور کر لی گئی کہ آزادی کے بعد پورے برصغیر کی قومی و سرکاری زبان "ہندی، ہندوستانی" ہو گی اور وہ ناگری رسم الخط میں لکھی جائے گی۔

"بھارتیہ ساہتیہ پرشد" کی اس قرارداد کا منظر و پس منظر اور اردو کے سلسلے میں کانگریس اور اس کے متعصب ہندو سیاسی زعما کے معاندانہ رویے کی تفصیلات، مولوی عبدالحق نے اُسی وقت شائع کر دی تھیں اور ان کے ذریعے دو قومی نظریئے اور تحریک پاکستان کو غیر معمولی تقویت ملی تھی۔

"بھارتیہ ساہتیہ پریشد" کے اجلاس منعقدہ ناگپور میں، اگرچہ زبان کے مسئلے پر ڈاکٹر اختر حسین رائے پوری کی تجاویز و ترامیم کا نوٹس نہ لیا گیا، لیکن ادبیات کے حوالے سے اس نوجوان کی بعض باتیں اتنی اہم تھیں کہ ان پر چھوٹے بڑے سب نے یکساں توجہ دی تھی۔ پنڈت جواہر لال نہرو، اچاریہ نریندر دیو، مولوی عبدالحق، منشی پریم چند وغیرہ جیسے بزرگ ادیبوں اور سیاسی رہنماؤں نے برملا تائید کی تھی۔ اس کی تیار کردہ ایک روداد یا بیان پر دستخط کیے تھے اور اس کو جلسے میں پڑھ کر سنانے کی اجازت دی تھی۔ اس روداد یا بیان میں ادیبوں کے فرائض اور ادب کے وظائف کی تشریح کی گئی تھی اور یہ کہنا بے جا نہ ہوگا کہ مولانا حالی کے مقدمہ شعر و شاعری کے بعد اردو میں پہلی بار زندگی و ادب کے رشتوں کو جوڑنے اور ایک دوسرے کے لیے کارآمد و کارگر بنانے پر زور دیا گیا تھا۔ ڈاکٹر اختر حسین رائے پوری کی تیار کردہ یہ روداد، ان کی مشہور تصنیف "ادب اور انقلاب" میں بصورت پیش لفظ اس طور پر ہنوز محفوظ ہے۔

"ہمارے دیس میں یہ پہلا موقع ہے کہ مختلف زبانوں کے ادیب باہمی تعاون کی غرض سے ایک جگہ جمع ہوئے ہیں سوال یہ ہے کہ اس تعاون کی بنیاد کیا ہو۔ کئی تجویزیں اس جلسے میں پیش ہوئی ہیں لیکن ایک بہت اہم مسئلہ نظرانداز کر دیا گیا ہے جس پر سب سے پہلے غور ہونا چاہیے تھا ہم نے یہ تو طے کر لیا کہ ادب کا قالب کیا ہو مگر یہ نہیں بتایا کہ اس قالب کا روپ رنگ کیا ہو۔ پہلے تو یہ دیکھنا ہے کہ کیا کہنا اور کن سے کہنا ہے، کیسے کہنا ہے کا سوال بعد میں پیدا ہوتا ہے۔

ہمارا خیال ہے کہ ادب کے مسائل کو زندگی کے دوسرے مسائل سے علٰحدہ نہیں کیا جا سکتا۔ زندگی مکمل اکائی ہے اسے ادب فلسفہ، سیاست وغیرہ کے خانوں میں تقسیم نہیں کیا جا سکتا ہے ادب زندگی کا تتمہ ہے۔ یہی نہیں بلکہ وہ کاروانِ حیات

کا رہبر ہے۔ اسے محض زندگی کی ہم رکابی ہی نہیں کرنا ہے بلکہ اس کی رہنمائی بھی کرنا ہے۔

ہم سب جانتے ہیں کہ ہماری زندگی کدھر جا رہی ہے اور اسے کدھر جانا چاہیے ادیب انسان بھی ہے اور اسے سماج کی ترقی کے لیے اتنا تو کرنا ہی ہے جو ہر انسان کا فرض ہے۔

انسانیت کے نام پر ہم پوچھتے ہیں کہ کیا آج جب ترقی و پستی کی طاقتوں میں فیصلہ کن جنگ شروع ہو چکی ہے۔ ادب اپنے کو غیر جانب دار رکھ سکتا ہے؟ کیا حسن، آرٹ وغیرہ کی نقاب پہن کر وہ، کار زار حیات سے راہ فرار اختیار کر سکتا ہے۔ کیا وہ واقعہ نگاری کی فصیل پر بیٹھ کر انقلاب و رجعت کی طاقتوں کی تصویر لے سکتا ہے؟ احساس ہر قسم کے آرٹ کی جان ہے تو پھر غریبوں اور مظلوموں کا حال زار ہمیں بے حس کیوں کر رکھ سکتا ہے؟ اگر زندگی کا سب سے اہم مسئلہ یہ ہے کہ سماج کے چہرے سے بے کاری، افلاس اور ظلم کے داغ دھوئے جائیں تو یہ کہنے کی ضرورت نہیں رہ جاتی کہ ادب کا اشارہ کس جانب ہو، وہ کیا کہے، کن سے کہے اور کس طریقے سے کہے؟ چنانچہ ہندوستانی ادیبوں سے ہماری یہ توقع واجب اور جائز ہے کہ وہ یہ ثابت کر دکھائیں گے کہ ادب کی بنیادیں زندگی میں پیوست ہیں اور زندگی، مسلسل تغیر و تبدّل کی کہانی ہے۔ زندہ اور صادق ادب وہی ہے جو سماج کو بدلتا ہے اسے عروج کی راہ دکھاتا ہے اور بنی نوع انسان کی خدمت کی آرزو رکھتا ہے۔ ہمیں یقین ہے کہ ہمارے ملک کا ادب زندگی سے اپنے کو وابستہ کرے گا اور زندگی کے ارتقا کا علم بردار ہوگا۔"

عجب اتفاق ہے کہ جس سال ڈاکٹر اختر حسین رائے پوری نے ادب کے اغراض مقاصد کے سلسلے میں اپنا یہ بیان بھارتیہ ساہتیہ کے اجلاس میں پیش کیا اسی سال جولائی ۱۹۳۵ء کے سہ ماہی "اردو" میں "ادب و زندگی" کے عنوان سے ان کا وہ تاریخی و تنقیدی مضمون شائع ہوا جو بعد میں ان کی کتاب "ادب اور انقلاب" میں شامل ہوا۔

ان کے اس بیان اور مضمون کو ہمارے ادب میں نشانِ راہ کی حیثیت

حاصل ہے ۔ ان سے ہمارے ادب اور ادیب دونوں نے قبول کیا ہے ۔ خصوصیت سے قابلِ ذکر بات یہ ہے کہ یہ بیان اور مضمون ایک ایسے نوجوان ادیب کی کاوشِ ذہن کا نتیجہ ہیں جو ابھی کالج کا طالب علم تھا اور اس کی عمر بائیس تیئس سال کے درمیان تھی۔

ڈاکٹر اختر حسین رائے پوری کا مطالعہ بہت وسیع تھا، وہ کئی زبانوں کے ادب پر نظر رکھتے تھے اور ان کے تقابلی مطالعے سے ان کے ذہن میں خاصی وسعت پیدا ہو گئی تھی ۔ تاریخ کے مضمون سے انہیں خاص دلچسپی تھی ۔ برصغیر پاک و ہند کے مسلمانوں کی تاریخ و ثقافت کے متعلق کتب و مقالات کا مطالعہ ان کا محبوب مشغلہ تھا۔ بینائی سے محروم ہو جانے کے بعد بھی ان کے شوقِ مطالعہ میں کمی نہیں آئی ۔ اپنے ذوق کی کتابیں برابر دوسروں سے پڑھوا کر سنتے رہتے تھے ۔ جیسے ہی انہیں خبر ملتی کہ تاریخ و ادب سے متعلق کوئی اچھی کتاب شائع ہوئی ہے وہ اس کے مطالعے کے لیے بے چین ہو جاتے تھے ۔ پہلے بازار میں تلاش کرواتے دستیاب نہ ہوتی تو سراغ لگاتے کہ کہاں سے اور کس سے مل سکتی ہے ۔ اس سلسلے میں انہوں نے مجھے کئی بار فون کیا۔ مطلوبہ کتاب کی تفصیل پوچھی اور جیسے ہی انہیں معلوم ہوا کہ میرے پاس کتاب ہے تو وہ نہایت پیار بھرے انداز سے کہتے:۔

"میاں کسی سے بھجوادو، ورنہ آپ کہیے تو میں کسی کو بھیج کر منگالوں یقین رکھیے واپس کر دوں گا آپ کو اسی ہفتے مل جائے گی ۔"

واقعی یہی ہوتا، میں انہیں کتاب بھجواتا اور وہ اسے پڑھ کر جلد سے جلد واپس کر دیتے ۔ میری کتابوں میں "غالب شاعر امروز و فردا" اور "ہندی اردو تنازع" انہیں بہت پسند تھیں ۔ فون پر بات کرتے تو میرا حوصلہ بڑھانے کے لیے ان کتابوں کا تذکرہ ضرور کرتے ۔ مغلیہ سلطنت کے آخری تاجدار سراج الدین ظفر اور ان کی زرتیات سے ڈاکٹر صاحب کو خاص دلچسپی تھی ۔ ان سے متعلق ساری اہم کتابیں وہ پڑھ چکے تھے ۔ ظفر کی آخری آرام گاہ رنگون کا بھی انہوں نے اسی دلچسپی کے تحت سفر کیا تھا ۔ ظفر کے خاندان کے جو لوگ بچے تھے ان میں سے بعض سے وہ ملے بھی تھے اور بہت قیمتی معلومات یکجا کی تھیں ۔ چنانچہ ظفر کے بارے میں اگر ان سے کوئی سوال کیا جاتا تو وہ

بہت خوشدلی سے اور پوری تفصیل کے ساتھ جواب دیتے تھے اور ان کی باتوں سے سننے والا بہت کچھ حاصل کرتا تھا۔

ایک بار انہیں کہیں سے خبر ملی کہ ظفر کے بارے میں ایک بہت اچھی کتاب ہندوستان سے شائع ہوئی ہے اور اس میں صرف ظفر کی شاعری پر نہیں بلکہ ان کی سوانح حیات پر بھی مستند و معتبر ماخذوں کی مدد سے بحث کی گئی ہے۔ یہ کتاب جواہر لعل نہرو یونیورسٹی دہلی کے پروفیسر ڈاکٹر اسلم پرویز کی تھی اور کراچی میں دستیاب نہ تھی۔ ڈاکٹر صاحب نے مجھے فون کیا میں نے جواباً عرض کیا کہ کتاب میرے پاس ہے بھجوا رہا ہوں۔ پتہ چلا کہ اس ضخیم کتاب کو اختر صاحب نے دو بار پڑھوا کر سنا خوش ہوئے اور دل کھول کر کتاب اور مصنف کی داد دی۔ یہ باتیں ان کے آخری ایام کی ہیں جبکہ وہ جسمانی طور پر بھی بہت کمزور ہو گئے تھے۔

ایک دن، میں ڈاکٹر صاحب سے ملنے گیا۔ واپس ہونے لگا تو مجھے رخصت کرنے کے لیے ڈیوڑھی تک آئے میں نے بہت خوشامد کی۔ بہت منع کیا لیکن نہیں مانے کہنے لگے کہ۔

> "آپ میری معذوری کی وجہ سے ایسا کہہ رہے ہیں، میں ایسا کمزور نہیں ہوں، اندر سے توانا ہوں، صرف آنکھوں کی روشنی چھن جانے کا کبھی کبھی افسوس ہوتا ہے۔"

میں نے عرض کیا کہ آپ تو آج بھی برابر لکھ پڑھ رہے ہیں، کام کیے جا رہے ہیں آنکھوں کی ظاہری روشنی نہ ہونے سے کیا فرق پڑتا ہے۔ آپ کا دل تو روشن ہے۔ روشن ضمیروں کو بصارت کی ضرورت نہیں ہوتی۔ وہ تو کبھی کبھی دانستہ آنکھیں بند کر لیتے ہیں۔ اس لیے کہ اگر گھر، اندر سے روشن ہو تو پھر روشن دان کی ضرورت نہیں رہتی۔ صائب کا یہ شعر، میری زبان پر برجستہ آگیا

روشن، وفاتح حباب صفت دیدہ بستہ اند
روزن چہ احتیاج اگر خانہ تار نیست

سن کر پھڑک اٹھے، دوبارہ پڑھوایا، پوچھا کس کا شعر ہے میں نے کہا صائب کا۔ کہنے لگے بہت نیا اور عجیب شعر آپ نے سنایا مجھے خوش کر دیا۔ خدا آپ کو خوش رکھے۔

پھر جب بھائی صہبا لکھنوی نے افکار کا اختر حسین نمبر نکالا تو میں نے صائب کے اسی شعر کو عنوان بنا کر ڈاکٹر صاحب کے ایک خاص پہلو پر مضمون لکھا۔ یہ پہلو اکثر کی نظر سے پوشیدہ تھا۔ ڈاکٹر صاحب نے مضمون پڑھوا کر سنا تو خوش ہوئے، فون کیا اور کہنے لگے آپ نے واقعی نیا گوشہ نکالا، یہ بات بہت کم لوگوں کو معلوم تھی۔

حواشی

۱۔ دی پرابلم آف ہندوستانی ص ۱۶ الہ آباد ۱۹۴۴۔

۲۔ اور انگویج پرابلم ص ۳ مرتبہ ہنگورانی کراچی ۱۹۴۲۔

ڈاکٹر فرمان فتح پوری　ستارۂ امتیاز

ایم۔اے۔ایل ایل۔بی۔بی ٹی۔پی ایچ۔ڈی، ڈی لٹ

ڈاکٹر فرمان فتح پوری صفِ اوّل کے محقق و نقاد ہیں۔ دو سو سے زائد قیمتی مقالات اور دو درجن سے زائد بلند پایہ کتابوں کے مصنف ہیں۔ غالب، اقبال، انیس، حسرت موہانی، محمد علی جوہر اور نیاز فتح پوری پر اُن کی فکر انگیز مستند کتابیں ہیں۔ قومی زبان اور تحریکِ پاکستان کے تعلق سے سرسید، قائداعظم اور ہندی اُردو تنازع کے زیرِ عنوان، اُردو اور انگریزی میں اُن کی دستاویزی مطبوعات، سیاسی و ادبی تاریخ میں حوالہ بن گئی ہیں۔ زبان و مسائلِ زبان، شاعری و اصنافِ شاعری، ادبی تاریخ و تذکرہ نگاری اور اُردو فکشن، ان کی تحقیق و تنقید کے خاص موضوعات اور ان کی وسعتِ مطالعہ کے امتیازی نشانات ہیں۔

ڈاکٹر فرمان فتح پوری پاکستانی جامعات کے پہلے اُستاد ہیں جو اُردو زبان و ادب میں بیک وقت پی ایچ۔ڈی اور ڈی۔لٹ کی اعلیٰ اَسناد رکھتے ہیں۔ متعدد قومی اور بین الاقوامی اجتماعات میں شرکت کر چکے ہیں۔ ملک میں بطور اسکالر توقیر و تکریم کی نگاہ سے دیکھے جاتے ہیں۔ ان کی گراں قدر علمی و ادبی خدمات کے اعتراف میں حکومتِ پاکستان نے انھیں سب سے بڑے سول اعزاز "ستارۂ امتیاز" سے سرفراز کیا ہے۔ دیگر اداروں کے علاوہ کراچی یونیورسٹی سنڈیکیٹ بھی انھیں متعدد بار نقد انعام اور طلائی تمغہ دے چکی ہے۔

ڈاکٹر فرمان فتح پوری ۱۹۵۸ء میں شعبۂ اُردو جامعہ کراچی سے منسلک ہو کر پروفیسر اور چیئرمین کے منصب تک پہنچے۔ ۱۹۸۵ء میں وفاقی حکومت کی جانب سے ڈپوٹیشن پر اُردو ڈکشنری بورڈ کے سکریٹری اور چیف ایڈیٹر مقرر ہوئے۔ پاکستان کی بیشتر جامعات اور علمی و ادبی اداروں کی مختلف کمیٹیوں کے رُکن اور پی ایچ ڈی کے طلبہ کے نگراں ہیں۔ ۱۹۶۲ء سے علامہ نیاز فتح پوری کے بنا کردہ ماہنامہ "نگار" بھی ان کی ادارت میں شائع ہوتا رہا ہے۔

اُردو کی ایک جامع لغت کی ترتیب اور بعض دوسرے علمی و ادبی منصوبوں کی تکمیل میں بھی سرگرم رہے ہیں۔